Ulrich Schacht

Letzte Tage in Mecklenburg

Letzte Tage in Mecklenburg

Erinnerungen an eine Heimat

Herausgegeben von
Ulrich Schacht

Langen Müller

3. Auflage 2002

Umschlag: Wolfgang Heinzel, München
Satz: EW Print & medien service gmbh, Würzburg
Gesetzt aus der Garamond ITC
Druck und Binden: Wiener Verlag, Himberg
Printed in Austria
ISBN 3-7844-2867-3

Inhalt

Ulrich Schacht

Wohin wir in Wahrheit gehören

Vorwort

»Wann hat Mecklenburg eigentlich aufgehört?« fragt Ingrid Babendererde, die jugendliche Heldin aus Uwe Johnsons nachgelassenem gleichnamigen Roman, Klaus, ihren Freund. Sie stellt diese Frage während beider Flucht nach Westberlin, und Klaus – gefährlichen Gefühlen in dieser heiklen Situation gänzlich abhold – antwortet kurz und nüchtern: »Hinter dem Bahnhof von Fürstenberg war eine Brücke. Da war die Havel schon brandenburgisch.«
Wir wissen, daß die Frage Ingrid Babendererdes dennoch die zentrale Frage war, um die sich das schreibende Erinnern und erinnernde Schreiben Uwe Johnsons bis zu seinem einsamen, heimatfernen Tod im Jahre 1984 bewegte. Sie war, ohne Überzeichnung, nicht nur das Leit-, sie war auch das Leid-Motiv seiner dichterischen Arbeit, denn dieser Uwe Johnson bekannte an anderer Stelle: »Aber wohin ich in Wahrheit gehöre, das ist die dicht umwaldete Seenplatte Mecklenburgs von Plau bis Templin, entlang der Elde und der Havel . . .« Uwe Johnson, der wohl größte Heimat-Schriftsteller, den die heutigen Mecklenburger hatten (und in seinen Büchern haben), war dennoch und zu unserem Glück mit keinem Wort, das er schrieb und zum Druck frei gab, ein heimattümelnder Zeit- und Schicksalsgenosse – in seinen Büchern wird die Heimat nicht diffus verklärt, sondern schmerzlich exakt rekonstruiert. Und dennoch, es bleibt da dieses Bekenntnis: »Aber wohin ich in Wahrheit gehöre . . .«, ein Wort, das ja wohl nicht nur Sympathie bekennt und verbreitet, sondern das zuerst und zuletzt einen Verlust markiert – keinen beliebigen, einen gravierenden. Auch Uwe Johnson hat diesen Ort, wohin er – aus seiner Sicht – »in Wahrheit« gehörte, nicht freiwillig verlassen, wenngleich er es

später abgelehnt hat, als Vertriebener bezeichnet zu werden – seinen durch die politischen Verhältnisse in der DDR erpreßten Wechsel von Ost- nach Westberlin nannte er, so provozierend nüchtern wie nur irgend möglich, schlicht einen »Umzug«.
In einem vergleichbaren sprachlichen Spannungsfeld müssen auch wir uns wohl bewegen, wenn wir zu reden beginnen von dem, »wohin wir in Wahrheit gehören«, und von dem, was uns von dort nach hier vertrieb: von Wismar und Rostock nach Hamburg und Hessen, von Plau, Hagenow, Güstrow, Neustrelitz nach Marburg, Bayern und Köln – oder einfach: von Mittel- nach Westdeutschland.
Das vorliegende Buch ist ein Versuch, den Verlust von mecklenburgischer Heimat und die Gründe dafür, die politischen, DDR-deutschen, zu artikulieren. Ein Versuch auf drei Sprachebenen: auf der Ebene eines protokollhaft-prosaischen Erinnerns, auf der Ebene poetisch-verdichteter Rekonstruktion und auf der Ebene rhetorisch-reflektierender Selbst-Verständigung aus öffentlichem Anlaß.
Es sind, wie ich meine, Texte entstanden und zusammengetragen worden, die sich auf beeindruckende Weise ergänzen und ein weiteres Mal auf jene »Wunde namens Deutschland« hinweisen, die in diesen Tagen immer zynischer in Abrede gestellt wird: nicht von Schriftstellern und Philosophen, wohl aber von Politikern und ihren Hörigen und Mittätern unter den Meinungsmachern. Wieder, so müssen wir konstatieren, wird in Deutschland das Vergessen jüngster deutscher Verbrechen und Geschichte, die auch Mecklenburg und seine Menschen betreffen, zur Tugend erhoben, wieder wird das vorsätzlich-systematische Verdrängen zur immer raffinierter gehandhabten politischen Methode – nur betrifft es dieses Mal Verbrechen und Schuld eines sich kommunistisch nennenden Regimes auf deutschem Boden, nachdem unsere Mühe anhält, mit der übergroßen Schuld des nationalsozialistischen »Dritten Reichs« zurechtzukommen, irreversible Lehren daraus zu ziehen.
Die wichtigste Lehre aus beiden deutschen Diktaturen ist jedenfalls die, daß nur die Demokratie, die parlamentarische, gewaltengeteilte, der politische Grund sein kann, von dem wir ab 1945 ein für allemal auszugehen haben.

Nun ist Mecklenburg – auch dies sei erinnert, und ein Blick in die Geschichte vor unserer Geschichte genügt – nicht gerade ein Tugend-Land gewesen, wenn es um diese Frage und dieses Bewußt-Sein geht: Leibeigenschaft, die Existenzmethode und -garantie der DDR, hatte in Mecklenburg zu lange Tradition, und was die Nazis betrifft: die hatten in Mecklenburg schon vor dem 30. Januar 1933 auf administrativer Ebene eine Menge zu sagen, und das sollte uns immer noch im Nakken sitzen. Aber hat das andererseits Mecklenburger abgehalten, Demokraten zu sein? Natürlich nicht. Es gab sie, die Demokraten vor und nach 1848 – auch in Mecklenburg. Und sie haben schon damals mit dem bezahlt, was mecklenburgische Demokraten auch heute zu bezahlen haben, so sie in Mecklenburg leben: mit dem Verlust der Freiheit und/oder der Heimat. Fritz Reuter, Johann Heinrich Sievers. Zwei Namen von vielen. Und die Kette der Namen reicht bis heute, weil auch Mecklenburg wieder an der Kette liegt, die – normalisiert – nur »innerdeutsche Grenze« genannt wird und in Wirklichkeit doch nichts anderes ist als eine permanente Tötungsabsicht gigantischen Ausmaßes.

Die Mehrheit derjenigen, die sich in diesem Buch an das Land, wohin sie »in Wahrheit« gehören, erinnern, wurde in der DDR politisch verfolgt: in die Flucht geschlagen, eingesperrt, verkauft, aus dem Lande gepreßt. Und alle sind genau deshalb in der Lage, Walter Kempowski zu verstehen, der einmal schrieb: »Meine Heimat ist Mecklenburg, genauer gesagt Rostock. Das Denken an dieses Land und an diese Stadt ist bei mir schon fast Manie geworden. Hunderte von Fotos habe ich wohlgeordnet in Alben gesammelt, alle verfügbaren Bücher gekauft, ich habe die Kirchen in Pappe nachgebaut, und ich hab vier Romane geschrieben, die in Rostock spielen. Ich denke nahezu unaufhörlich an diese Stadt, und damit ich sie nicht vergesse, steht auf meinem Schreibtisch ein Bierglas voller Rostocker Erde: jawohl. Soweit kann es kommen mit der Heimatliebe. Gelegentlich fahre ich hinüber, leider kenne ich kaum noch Menschen in dieser Stadt, aber die Luft ist mir vertraut, und ich laufe Stunde um Stunde in den Straßen auf und ab, das ist schmerzlichschön, und ich schäme mich nicht, es zu sagen, ich weine dabei! Warum? Um mir diese Frage zu beantworten sitze ich an meinem Schreibtisch, habe vor mir das Bierglas voll Rostocker Erde, die Pappkirchen und die auswendig gelernten Fotos!«

Walter Kempowski, dessen Wiederbegegnungs-Bericht mit Rostock auch in diesem Band zu finden ist, hat sein öffentliches Berichten über das Wiedersehen teuer bezahlen müssen: Seit dem Erscheinen der Reportage im Jahre 1975 darf er nicht mehr nach Rostock reisen.

Dieses Ausgesperrtsein teilt er mit der Mehrheit der Autoren des Bandes und mit vielen anderen Mecklenburgern, Thüringern, Sachsen und Brandenburgern, die aus vergleichbaren Gründen, wie vorhin genannt, in Westdeutschland leben müssen. Die Sammlung selbst wird die andere Seite natürlich nicht motivieren, uns wenigstens jetzt an die Orte der Kindheit, Jugend, eines halben oder gar fast ganzen Lebens – wenigstens für Stunden, allenfalls Tage – zurückkehren zu lassen.

So setzt sich Bestrafung fort. Aber setzt sich aus genau diesem Grund nicht auch das Erinnern fort? Mecklenburg, das naturprächtige Land zwischen Grevesmühlen und Neustrelitz, Ribnitz und Dömitz, Friedland und Boizenburg, Fischland und Fürstenberg, die poetische Provinz zwischen Ostsee und der Mark Brandenburg – heute aufgeteilt in drei künstliche Bezirke, politisch beherrscht von einer Partei, die nur sich meint, wenn sie vom Volk spricht –, dieses Land behält seine Chancen auf gerechtere, demokratische Herrschaft, wenn wir es nur erinnern als *unser* Land, wenn wir weitergeben an unsere Kinder, was uns beglückt und zugleich schmerzt: die geliebte Heimat, die Gründe, die zu ihrem Verlust geführt haben.

Wir können im übrigen, meine ich, auch deshalb eher optimistisch sein, weil das Unglück, das Mecklenburg (wie ganz Mitteldeutschland) getroffen hat, immer noch geringer ist als das, was beispielsweise auf Ostpreußen, Pommern und Schlesien niederfiel. Mecklenburg hat die Schrecken des von den Nazis gewollten und bis zum Wahnsinn betriebenen Weltkrieges, zum Glück, nicht voll auskosten müssen. Es hat – im Vergleich mit anderen deutschen Provinzen – beglückend weniger gelitten. Als der Krieg es auch auf dem Landweg erreichte, war er fast schon wieder vorbei, die fremden Heere abgekämpft und ausgetobt. Es gab keine Schlacht um Mecklenburg wie um Breslau oder um den Ruhrkessel, schon gar nicht wie um Stalingrad oder Caen.

Und so gibt es auch keine Berichte mit apokalyptischen Schreckensszenen, wofür man dankbar sein muß, wenngleich der Schrecken des Krieges auch an diesem Land nicht spurlos vorbeigegangen ist.

Was uns dagegen – über die Stunde Null hinaus – erhalten geblieben ist (wie den Thüringern, Brandenburgern, Sachsen und Anhaltinern), ist der nun inzwischen jahrzehntealte, leise Strom derjenigen, die gezwungen werden, zu gehen: durch die politisch unerträglichen Verhältnisse in der DDR.

Sie alle haben Orte aufgegeben, in die sie »in Wahrheit« gehören, aber sie alle haben einen politischen Ort erreicht, den wir in Wahrheit für ganz Deutschland erreichen müssen. Kann Heimat-Verlust demokratisches Bewußtsein schaffen? Ich hoffe es. Denn demokratisches Bewußtsein in Deutschland ist ja in hohem Maße Heimat-Gewinn und als solcher, wie ich meine, die wirksamste Voraussetzung dafür, daß Rückkehr möglich ist zu dem Ort, wohin wir »in Wahrheit« gehören und den wir Heimat nennen, weil wir ihn ganz einfach lieben.

Sind wir deshalb altmodisch oder gar revanchistisch, wenn wir dies zu bekennen wagen? Natürlich nicht. Aber was halten wir unseren Kritikern vor, wenn sie uns so etikettieren? Nun, vielleicht ihn, einen der unverdächtigsten Zeugen unserer Sehnsüchte, einen der brillantesten Anwälte unserer so menschenfreundlichen Leidenschaft: Kurt Tucholsky: »Nun haben wir auf vielen Seiten Nein gesagt, Nein aus Mitleid und Nein aus Liebe, Nein aus Haß und Nein aus Leidenschaft – und nun wollen wir auch einmal Ja sagen. Ja –: zu der Landschaft und zu dem Land Deutschland. Dem Land, in dem wir geboren sind und dessen Sprache wir sprechen. Der Staat schere sich fort, wenn wir unsere *Heimat* lieben. Warum gerade sie – warum nicht eins von den anderen Ländern? – Es gibt so schöne. Ja, aber unser Herz spricht dort nicht . . . Es besteht kein Grund, vor jedem Fleckchen Deutschland in die Knie zu sinken und zu lügen: wie schön! Aber es ist da etwas allen

Gegenden Gemeinsames – und für jeden von uns ist es anders ... Das ist in schlechten Büchern, in noch dümmeren Versen und in Filmen schon so verfälscht, daß man sich beinahe schämt, zu sagen: man liebe seine Heimat. Wer aber weiß, was die Musik der Berge ist, wer die tönen hören kann, wer den Rhythmus einer Landschaft spürt ... nein, wer gar nichts andres spürt, als daß er zu Hause ist; daß da sein Land ist, sein Berg, sein See, auch wenn er nicht einen Fuß des Bodens besitzt ... es gibt ein Gefühl jenseits aller Politik, und aus diesem Gefühl heraus lieben wir dieses Land. Wir lieben es, weil die Luft so durch die Gassen fließt und nicht anders, der uns gewohnten Lichtwirkungen wegen – aus tausend Gründen, die man nicht aufzählen kann, die uns nicht einmal bewußt sind und die uns doch tief im Blut sitzen ... Deutschland ist ein gespaltenes Land. Ein Teil von ihm sind wir. Und in allen Gegensätzen steht – unerschütterlich, ohne Fahne, ohne Leierkasten, ohne Sentimentalität und ohne gezücktes Schwert – die stille Liebe zu unserer Heimat.«

I.
Berichte über Flucht und Auswanderung
1945–1984

Georg Graf von Schwerin

Vertreibung aus Zettemin

Am 3. Mai 1945 waren die Kriegshandlungen offiziell eingestellt worden, die Russen hatten sich mit den Engländern und Amerikanern die Hände gereicht auf der Linie Wismar-Schwerin-Wittenberge-Magdeburg-Leipzig-Hof. Ein bis zwei Wochen früher hätte dieser Termin eintreten müssen, und Mecklenburg wäre nicht mehr mit Kriegshandlungen überzogen, sondern von den Russen nur besetzt worden. Doch eine größere SS-Formation hatte den Kampf bis zum letzten Quadratmeter, der ihr noch verblieben war, fortgesetzt, wohl wissend, was ihr bei Gefangennahme geblüht haben würde. Kurze Zeit darauf zogen sich die Engländer und Amerikaner wieder zurück und überließen auch das westliche Mecklenburg, Sachsen und Thüringen unbegreiflicherweise den Russen, eine Tragödie, die man sich nicht schauriger hätte ausmalen können, und die wir nicht fassen konnten. Auf einer Zusammenkunft in Jalta sollten die Alliierten dies vereinbart und »das falsche Schwein geschlachtet« haben. Die Grenze im Westen des russisch besetzten Gebietes verlief nunmehr endgültig folgendermaßen: Ostsee – Elbe-Travekanal – Büchen – Wittenberge – Helmstedt – Harzburg – Eichenberg – Wacha – Meiningen – Hof – tschechoslowakische Grenze. Grauenhaft!

Nachdem einige Wochen ins Land gegangen waren, und sich die Gemüter ein wenig beruhigt hatten, wurden auch die bei uns ständig stationierten Russen friedlicher. Der Krieg mit Deutschland, mit uns war zu Ende, nicht aber für sie, wie sie meinten. Gegen wen und wo er weitergeführt werden würde, wußten sie aber auch nicht. Der Umgang mit den Russen gestaltete sich leidlich normal, die unvermutet auftauchenden, bösartigen Plünder-Lastautos nahmen allmählich ab, und

die Sonntage, bisher immer die unangenehmsten Tage, wurden ebenfalls ruhiger.
Nun konnte sich auch unser Wachtmann Nicolai mehr seinem Privatleben widmen und tat es ausgiebig, indem er sich zu seiner Tanja eine zweite Frau zulegte, Liesbeth, ein lockeres deutsches Mädchen, Tochter eines in Rußland vermißten Zetteminer Gutsarbeiters. Sehr zum Kummer Tanjas, eines besonders netten und adretten und ihrem Nicolai treu ergebenen Mädchens. Sie wurde von ihrem lieben Nicolai kurzerhand hinausgeschmissen und das Zimmer abgeschlossen. Da es aber sommerlich warm wurde, stand das Fenster offen, und Tanja die sich mit ihrem Mißgeschick nicht zufrieden gab, war gelenkig und eroberte sich ihren Nicolai immer wieder, ob er wollte oder nicht. Es ergab sich ein entzückendes »Changes les dames« zumal Liesbeth Nicolais Wünschen auch nicht immer zu entsprechen schien. Eines Nachts warf er sie in ihrer elterlichen Wohnung im Dorf, in die er aus Bequemlichkeit, und um sicher vor Tanja zu sein, übergesiedelt war, aus seinem, oder vielmehr ihrem molligen Bett heraus und sperrte sie in den kühlen und feuchten Schweinestallkoben! Nun hatte Tanja wieder Oberwasser; doch nicht für lange, dann begann das Spiel von neuem. Liesbeth und ihre Mutter, die diese Liebschaft zur Wut des ganzen Dorfes begünstigte, fuhren dabei nicht schlecht: sie hatten in Hülle und Fülle zu essen und zu trinken, Liesbeth fuhr in meinem eleganten Coupé spazieren, und einmal ging Nicolai mit ihr am Sonntag sogar offiziell in die Kirche! Grotesker ließ es sich nicht treiben. Zum Schluß hatte sich Nicolai nicht weniger als drei Wohnungen mit Betten zur Auswahl angefordert.
»Wer nicht liebt Wein, Weib und Gesang, der bleibt ein Narr sein Leben lang,« dachte auch Nicolai und wollte kein Narr bleiben. In puncto Weib war alles bereits im besten Lot, Gesang war ihm gottlob nicht gegeben, aber Wein ließ sich noch organisieren, das heißt Alkohol, denn nur Schnaps war für den Russen von Interesse, dann aber ungeheuerlich. Im Brennen dieses Getränkes aus Kartoffeln und Zuckerschnitzeln war jeder Russe ein Meister. Leider verstand es auch mancher Deutsche, und es fanden sich Schweinehunde, die ihm diese Mühe

noch abnahmen, um sich lieb Kind zu machen und Vorteile zu ergattern. Bedauerlicherweise gehörte zu ihnen unser Milchkontrolleur aus dem Nachbardorf, der ab Ende des Sommers ausgerechnet unser Bürgermeister werden sollte. Und schließlich sorgte das russische Väterchen Staat in rührender und verschwenderischer Weise dafür, daß keines seiner Kinder verdurstete. Wöchentlich ab Anfang August kam ein- bis zweimal, bestimmt an jedem Sonnabend, ein kleines grünliches, geschlossenes Lastauto mit unerschöpflichem Vorrat des unedlen Naß' und erweckte in uns immer von neuem große Sorge. War das Spritauto gekommen, dann herrschte bereits am selben Abend gewaltige Besäufnis. Die russische Regierung wußte, warum sie ihre Untertanen dermaßen unter Schnaps setzte: er machte den Russen glücklich und fröhlich und bedeutete ihm Lethe, die ihn seine trostlose Lage für eine Weile vergessen ließ. Denn glücklich war der Russe unter seinem Regime nicht, wie wir oft bemerken konnten. Nicht einmal für Post war gesorgt, so daß zwischen unseren Russen und ihren Angehörigen daheim nicht die geringste Verbindung bestand. Sie lebten seit Jahren getrennt, konnten sterben und verderben, ohne es zu erfahren. Nitschewo, da half nur Schnaps in rauhen Mengen.
Wie verheerend und demoralisierend die Wirkung des Schnapses, insbesondere dieses Fusels war, der ein wenig abgelagert nicht einmal so übel schmeckte, aber voller Gier gleich nach dem Brennen noch lauwarm und für uns völlig ungenießbar ausgesoffen wurde, wurde uns an Nicolai deutlich vor Augen geführt. Er, der anfangs ordentlich und nett gewesen war, sackte moralisch weiter und weiter ab, und damit auch sein Aussehen und Gebaren. In nüchternem Zustande war er schließlich kaum mehr anzutreffen, trat herrisch auf oder litt an Weltschmerz und wollte sich dann immer das Leben nehmen. In dem halben Jahr, während dessen wir ihn ständig gut beobachten konnten, veränderte sich der Mensch Schritt für Schritt erschreckend in dem gleichen Maße, in dem er den Alkohol in immer größeren Mengen zu sich nahm. Tanja war machtlos und konnte uns leid tun.
Auch der Kommandant Kuraschin hatte von Nicolais Verfassung Wind bekommen, die scheinbar selbst für russische Verhältnisse das

erlaubte Maß überschritt. Er erschien eines Tages, traf Nicolai aber nicht an, da er sich im Walde »auf Jagd« befand. Da der Kommandant mir gegenüber immer manierlich und ordentlich gewesen war, fand ich mich aus Höflichkeit ein und wohnte der Inspektion von Nicolais Stube und insbesondere seines Schrankes bei. Wie groß war mein Erstaunen, als Kuraschin dem Schranke mein Büchsen-Zielfernrohr und mein Jagdglas entnahm. Siehe da, hier waren sie gelandet! Mit dem Zielfernrohr wußte Kuraschin nichts zu beginnen, ich setzte ihm daher den Zweck des Instrumentes auseinander, so gut, wie wir uns gegenseitig verständlich machen konnten. Und über das Jagdglas klärte ich ihn auf, daß es das meinige wäre, und ich mich freute, es wiederzusehen. Verstand er mich nicht, oder wollte er mich nicht verstehen: er übergab beides seinem Adjutanten, der die Gläser in das Auto legte, womit sie für immer meinem Gesichtskreise entschwanden.
Eines war mir durch diesen Vorfall klar geworden: die Plünderer unserer in der Försterei Peenwerder versteckten Koffer waren Nicolai höchstselbst und unsere hiesigen Russen gewesen, denn in ihnen hatten sich unter anderem Wertvollen auch unsere Jagdgläser befunden. Also war es doch mein Smoking gewesen, den ich auf Nicolai zu bemerken geglaubt hatte, denn ihn und meinen Frackanzug hatte ich ebenfalls in einen der Koffer gelegt. Der Frackrock, im Walde gefunden, ohne Hose und Weste war das einzige, mir erhalten gebliebene Kleidungsstück. Meine Ordensschnalle, die auch im Walde aufgefunden worden war, hatte Unruh in einem Fuchsbau in einer Schonung wieder versteckt. Werde ich sie jemals wiedersehen?
Inzwischen hatte sich, von den Russen gefördert, eine Art Verwaltung gebildet. Landrat war nach dem Verschwinden des nationalsozialistischen ein Dr. O. geworden, der bislang zurückgezogen und unbekannt in Stavenhagen gelebt hatte. Dorthin war auch das Landratsamt vorübergehend aus Malchin verlegt worden, da Malchin zu sehr zerstört und der nötigen Unterkunftsräume beraubt worden war. Herr Dr. O. besaß zwar keinerlei verwaltungstechnische Kenntnisse, sollte aber ein kluger und trefflicher Mann gewesen sein, der sein Bestes daransetzte, Unheil zu verhüten und den Verwaltungsapparat wieder

leidlich in Gang zu bringen. Seine Tätigkeit bestand aber doch nur im Lavieren, denn ihm zur Seite waren von den Russen verschiedene deutsche Kommunisten eingesetzt worden als Bezirksbürgermeister und Angestellte, die außer ihrem Parteiprogramm erst recht keine Sachkenntnisse besaßen. Nach bewährtem Muster waren es wieder landfremde Elemente, zumeist Sachsen und Thüringer, die bekanntlich schon immer linksgerichtet waren. Den Kreislandwirt, der von der Landwirtschaft keine Ahnung hatte, da er Mechaniker war, vermochte der Landrat mit der Zeit von seinem Posten zu entfernen, indem er ihm einen unwichtigeren gab. Dafür besetzte er ihn mit unserem jungen Rottmannshäger Nachbarn Konrad Wahnschaffe, der Diplomlandwirt und somit der geeignete Mann war. Da Wahnschaffe auf seinem Gute nichts mehr zu sagen hatte, siedelte er mit seiner Familie, die eben noch Zuwachs durch einen Sohn erhalten hatte, von Rützenfelde nach Stavenhagen über. Trotz großer Anstrengungen konnten Dr. O. und Wahnschaffe an der fortschreitenden Mißwirtschaft und dem Verfall nichts ändern.
Der Polizeigewaltige im Kreise war zunächst gottlob unser altbewährter, uns befreundeter, früherer Kreisoberinspektor Hovemann geworden, der auf keiner Jagd hatte fehlen dürfen. Wir fühlten uns daher behördlich nicht ganz vereinsamt, selbst wenn wir Herrn Hovemann kaum sehen und sprechen konnten. Er vermochte sich nur ein Einspännerwägelchen zu organisieren, mit dem er versuchen mußte, im ganzen, großen Kreise herumzukommen. Nur dem Landrat stand ein Auto zur Verfügung.
Toll waren die Herrn Hovemann unterstellten Polizeiorgane, lauter waschechte Kommunisten, da die bisherigen ausgerissen, erschossen, verschleppt oder zum mindesten abgesetzt worden waren, da sie Parteigenossen hatten sein müssen. Zur ersten Kategorie gehörte unser Zetteminer Gendarm, und wir bekamen nun als Nachfolger einen ungebildeten und unausgebildeten jungen Zivilisten mit roter Armbinde, der bisher Landarbeiter auf dem bei Deutsch-Krone gelegenen Gute Rosenfelde, das ebenfalls Wahnschaffe gehörte, gewesen war. Im Treck war er nach Rottmannshagen gezogen, war natürlich

Kommunist und eine sehr unerfreuliche Erscheinung. Hilfspolizist in Zettemin wurde unser guter Diener Brümmer, wohl der einzig anständig denkende Mann in dem Verein. Entsetzt war er über seine »Kollegen«, als er diese bei einer amtlichen Zusammenkunft in Stavenhagen kennengelernt hatte.

So sah unsere Kreisverwaltung aus, und nach etwa zwei Monaten hörten wir, daß Mecklenburg auch eine Regierung in Schwerin erhalten hatte von einigen Kommunisten und Sozialdemokraten, die aber nur von den Russen eingesetzte Puppen waren. Ihre Machtbefugnisse konnten sie so gut wie nicht durchsetzen, denn jeder kleine Posteninhaber tat, was er wollte und was ihm frommte, und was der hinter ihm stehende Russe ausgeführt haben wollte.

Rein äußerlich gesehen, hegte man die vage Hoffnung, dieses und jenes käme wieder in Ordnung, und ein allmählicher, wenn auch sehr langsamer Wiederaufbau im wirtschaftlichen Leben käme wieder in Gang:

Die Geschäftsläden in Stavenhagen schlossen ihre Türen wieder auf und mußten ihre Verkaufszeiten innehalten. Zu kaufen gab es aber aus Warenmangel so gut wie nichts.

Unser Geld behielt zu unser aller Erstaunen seinen vollen Wert. Damit hatten die Russen und Polen bei ihren ersten Durchplünderungen unseres Hauses nicht gerechnet, denn alles Papiergeld hatten sie verschmäht und verstreut. Ich hatte mir die Scheine, oftmals von dreckigen Stiefelsohlen verschmutzt und mit Nägelabdrücken der Stiefelabsätze versehen, bündelweise aus dem Wust auf den Fußböden zusammensuchen dürfen.

Einige wenige Personenzüge liefen wieder, waren aber infolge der unglaublichen Überfüllung lebensgefährlich zu benutzen. Wer mitkommen wollte, mußte oftmals vorlieb nehmen mit einem Platz auf dem Dach, dem Trittbrett oder gar auf dem Puffer. Daß die meisten Fensterscheiben in den Wagenabteilen zerschlagen waren und fehlten – später wurden die Fenster mit Brettern vernagelt –, sei nur nebenbei erwähnt und ebenso, daß es nur noch eine einzige Wagenklasse gab, die dritte.

Die Fernsprechverbindungen, doch nur innerhalb des Anschlußamtes, wurden im Sommer wieder hergestellt, und jede Bürgermeisterei, auch in Zettemin, bekam wieder einen Apparat und Sprechmöglichkeit. Allerdings nur mit den amtlichen Stellen, Ärzten, Apotheken, Krankenhäusern und so weiter, denn Privatleute, Handel und Landwirtschaft mußten sich weiter ohne Telephon behelfen.
Staunen und Verwunderung erregte es, als die erste, schüchterne Postbestellung wieder einsetzte, zunächst nur durch örtliche Boten und dann allmählich weitere Kreise ziehend, ohne Briefmarken, nur mit dem Vermerk bezahlter Gebühren. Nach etwa drei Monaten funktionierte sie innerhalb der gesamten russischen Besatzungszone mit selten häßlichen, kleinen Briefmarken in giftigen Farben und mit Darstellungen des »werktätigen« Volkes. Diese Marken paßten ausgezeichnet zu dem ganzen Russenbetrieb.
Von den drei Parteien, die sich in dem neu eingerichteten, »demokratischen« Staatswesen auftaten, den Kommunisten, Sozialdemokraten und Demokraten rührte sich als einzige nur die kommunistische. Die beiden anderen waren unbedingt der russichen Militärregierung nicht genehm und daher nicht recht lebensfähig. Es gab daher bei uns auf dem Lande und in den kleinen Städten nur zwei Zeitungen, übel hetzende, kommunistische Blätter. Zum Lesen genügten die Schlagzeilen, genau wie in den Zeitungen des »Dritten Reiches«, aber man hatte wenigstens wieder Papier für gewisse, lebensnotwendige Zwekke.
Zur ersten KP-Versammlung in unserem Gasthofe in Zettemin, die sich als landwirtschaftliche Versammlung tarnte und vom Kreislandwirt (damals noch der Mechaniker) einberufen worden war, gingen das ganze Dorf und auch ich hin, da wir annehmen mußten, neue Richtlinien über landwirtschaftliche Fragen zu hören. Der Redner, in seinem Fach gewiß ein guter Zentralheizungsmonteur, trug uns mit der üblichen Versammlungs-Stentorstimme den größten und dämlichsten Quatsch vor; es mutete wie der Abklatsch einer der sattsam bekannten Naziversammlungen an, nur mit verstärktem Vorzeichen. Die Versammlung schloß mit der einstimmig gefaßten Resolution,

daß wir Landwirte gewillt wären, unsere Pflicht zu tun. Als ob das noch einer besonderen Aufforderung oder Bekräftigung bedurft hätte! Enttäuscht und verärgert gingen wir alle auseinander, und zu den folgenden Versammlungen erschien niemand mehr, worauf sie mangels Beteiligung aufgegeben wurden. Von den beiden anderen Parteien war nichts zu hören noch zu sehen.

Von der Regierung und Kreisverwaltung spürten wir nichts, unsere Plagegeister waren die drei Fixsterne in unserer Gegend, die eisern durchhielten, während die anderen Russen mehr oder weniger wechselten: der alkoholdurchtränkte Nicolai, der Grobschmied Wassilji, Wachtmann im Bauernhof Pribbenow, und Nikita mit seiner hellgelben Schirmmütze, Wachtmann in Rottmannshagen und ein fataler Bursche. Da Nicolai ein Schwächling geworden war gemäß dem Sprichwort: »Die Liebe und der Suff, die reiben den Menschen uff,« erschienen die beiden anderen häufig in Zettemin und kommandierten in Nicolais Bereich herum.

Das bekamen Vera und ich eines Nachmittags übel zu spüren. Wir wurden auf den kleinen Hof hinter dem Wirtschaftsrundflügel heruntergerufen und leisteten Folge, da es sich nicht vermeiden ließ, ahnungslos, was die Russen von uns wollten. Unten empfing uns Nikita, total blau, herrschte uns an und verlangte von uns beiden, wir sollten unseren Landauer, der zufällig unbespannt auf dem Wirtschaftshof stand, persönlich nach der Wagenremise im anderen Hausflügel schieben. Es war lediglich eine Schikane, um uns zu demütigen und seinen Machtgefühlen zu frönen. Weigerung unsererseits wäre dem betrunkenen, rohen Patron gegenüber sinnlos gewesen. Wir machten daher gute Miene zum bösen Spiel und schoben und zogen den Wagen zur Remise. Doch nur dem Anschein nach, denn wir brauchten uns nicht anzustrengen: der Zufall wollte es, daß mein Stellmacher und einige unserer Männer zugegen waren, die voller Empörung über die uns angetane Schmach zupackten und uns nicht mitangreifen lassen wollten. Als wir den Wagen fortgebracht hatten und uns außer Sichtweite des Scheusals befanden, schlugen wir uns seitwärts durch die Büsche unseres Gartens und warteten bei einer Familie im Dorfe

ab, bis die Luft wieder rein war und wir in unser Haus zurückkehren konnten. So konnte uns Nikita nicht nochmals zu sich zitieren mit, weiß der Himmel, wie verrückten Befehlen.
Der Landauer wurde bald hernach abgewrackt, der Ledertambour, wie bei allen Kutschwagen, wurde abgeschnitten, die Kissensitze wurden aufgeschlitzt und die Polsterungen herausgerissen. Denn ebenso unverständig wie mit allem gingen die Russen mit unseren Kutschwagen und Kutschgeschirren um, die sie vom ersten Tage an mit Beschlag belegt hatten, und die für mich nicht mehr in Betracht kamen. Mit den Wagen wurde ausschließlich in irrsinnigem Tempo gefahren, ein Waschen, kapitalistischer Luxus, erschien unnütz, da sie doch wieder dreckig wurden. Jeder Wagen hielt eben so lange, bis er kaputt war, und er war es bei dieser Behandlung bald, besonders die geringwertigeren, von denen in kurzer Zeit eine Menge aus der Nachbarschaft mit gebrochenen Rädern oder Deichseln oder sonstigen Schäden bei uns herumstanden. Meine gepflegten Wagen hielten etwas länger, aber auch nicht ewig. Einer nach dem anderen ging in die Brüche oder wurde von fremden Russen fortgefahren. Den Anblick werde ich nie vergessen, wie sich sechs mehr oder weniger besoffene Russen in meinem von mir besonders geschätzten Neußwagen mit den angenehm weichen Federn herumlümmelten und mit ihm auf Nimmerwiedersehen davonfuhren.
Am längsten widerstand unser dunkelgrünes Coupé, das Hochzeitsgeschenk meines Vaters. Zwei Räder hatte ich vorsorglich abmontieren und verstecken lassen, und die vier Gummiräder waren ebenfalls verborgen worden. Trotz harter Bedrohung mit dem Revolver hielt unser alter Kutscher eisern dicht und verriet das Versteck nicht. Aber die Russen fanden die Räder schließlich doch selber, und nun kam das Coupé als letzter Wagen an die Reihe und wurde Nicolais Leibwagen. Zunächst saß er gesittet darinnen wie jeder vernünftige Mensch. Da er aber infolge des Alkohols nicht lange vernünftig bleiben konnte, beliebte er häufig, aus dem Fenster des im Galopp fahrenden Wagens in die Luft zu schießen, was die Pferde so munter anfeuerte. Bald genügte ihm auch dies nicht mehr, und er legte sich lang auf das Dach des sau-

senden Coupés, während zwei weitere Russen hinten auf dem Kofferbrett saßen. Schließlich behagte Nicolai der geschlossene Wagen überhaupt nicht mehr, und er ließ durch meinen Stellmacher und Schmiedemeister den oberen Teil einfach absägen! Ich mußte die beiden Männer zuvor beruhigen, denn diese Unvernunft und Zerstörungswut ging ihnen über die Hutschnur. Was sollte *ich* erst sagen? Mir blieb nichts anderes übrig, als zu resignieren und meinem bequemen und eleganten Coupé Valet zu sagen.
Daß der Russe aber auch mit Tieren wie mit den Sachen umging, roh und rücksichtslos, bis sie erledigt waren, wunderte mich sehr, denn es erschien mir nicht vereinbar mit seinem im Grunde gutmütigen Wesen. Wie behandelte er die Pferde, um nur diese zu nennen! Die beste Gangart vor dem Wagen war Galopp, die zweitbeste ein unmäßiger Stechtrab. Da die Pferde das nicht lange aushielten, mußten dauernd neue daran glauben, wodurch unser mühsam zusammengesuchter, kleiner Bestand mehr und mehr verdorben wurde.
Verdorben wurden in gleicher Weise auch die Jungens aus dem Dorfe, die sich die Russen als Kutscher anbändigten. Sie verrohten selber rasch, verlernten jedes anständige und vernünftige Fahren und verloren jegliches Gefühl für die Pferde und deren Pflege.
Himmel, wie sah es vor unserem Hause, in der Wagenremise, im Kutschstall aus! Wagen mit und ohne Räder, verstreute Wagensitze und -kissen, zerbrochene Deichseln, leere Weinflaschen, abgerollte alte Phonola-Notenrollen und tausenderlei fortgeworfene und zerbrochene Dinge standen und lagen dort in wüstem Durcheinander herum. Ein Aufräumen hatte keinen Zweck und war sinnlos, denn vor dem Hause behaupteten die Russen das Feld, dafür wiederum wir die rückwärtige Parkseite. Der tägliche Anblick dieser Schweinerei war niederziehend, doch wir gewöhnten uns allmählich einigermaßen daran, denn der Mensch stumpfte mit der Zeit ab.
Auch gegen das ewige Geknalle mit Gewehren und Pistolen, das mir anfänglich Schrecken eingejagt hatte, wenn es unmittelbar unter dem Fenster meines Arbeitszimmers oder nachts im Garten loskrachte, worauf ich nicht gefaßt war. Es entsprang dem Bedürfnis der Russen, sich selber Mut zu machen und artete zu gern in Übermut aus.

Nur gegen die Musikliebe der Russen abzustumpfen war unmöglich. Es war zum Verrücktwerden, wenn einzelne von ihnen »musizierend« durch den Garten zogen und auf einer Ziehharmonika bis zur Erschlaffung immerfort dieselben paar Takte einer Melodie oder eines Tanzes spielten mit einer Inbrunst, die eines Besseren würdig gewesen wäre. Oder den Russen zu hören, der sich erfolglos mühte, meinem Pleß-Jagdhorn mit abrupten Stößen einen Ton zu entlocken.
Was war aus dem musikalisch empfindsamen Russen in der verhältnismäßig kurzen Zeit des Bolschewismus geworden! Musik liebte er auch heute noch, wie man aus seinen krampfhaften Bemühungen auf der Ziehharmonika, aus seiner Andacht für das Orgelspiel in der Kirche und aus seiner Begeisterung über das einfache Klavierspiel unseres Pastors ersehen konnte. Diese Musikliebe aber zu pflegen und fortzubilden, war dem Russen genommen, so daß er nicht einmal mehr singen konnte, da er keine Lieder mehr kannte. Nur zweimal im Laufe dieses halben Jahres vernahm ich den typisch russischen, schwermütigen und vielstimmigen Gesang, den wir alle kannten und liebten. Erschreckend war es, zu sehen, auf einen wie tiefen Stand die Russen heruntergedrückt waren. Wenn alle auch lesen und schreiben konnten, so war vom homo sapiens nicht viel mehr übriggeblieben als die zoologische Einreihung. Er war zum Tier herabgesunken, zwar zu einem gutmütigen aber immerhin doch Tier ohne andere Gedanken oder anderen Lebenszweck, als zu fressen, saufen und sich fortzupflanzen. Daneben war er wieder wie ein Kind mit seinem oft freundlichen Charakter und hilfsbereiten Wesen, seiner Freude an grellen Farben und Blumen, seinem vielen Lachen und Tanzen und nicht zuletzt mit seiner Fertigkeit, alles, was ihm unter die Finger kam, kaputtzumachen. Leider waren es keine unzerreißbaren Bilderbücher, sondern lauter wertvolle Dinge, wie unter anderen Radiogeräte und Telephonapparate, die anfangs sämtlich abgegeben werden mußten. Wie Unrat wurden sie auf einen Wagen geworfen und abgefahren. Daß die Russen geschickte Mechaniker sein sollen, wie man behaupten hörte, hielt ich für ein Märchen. Dazu waren sie viel zu ungeschickt, plump, unzivilisiert und geistig niedrig stehend, soweit ich sie

kennenlernte. Bei uns zeigten sie sich als Meister nur im Zerstören, setzten niemals das Geringste instand und schöpften immer aus dem Vorrat, solange er reichte. Dazu besoffen sie sich zwei- bis dreimal in der Woche wie die Schweine, gröhlten und tanzten auf russische Art, indem sie mit den Stiefeln auf die Böden ihrer Stuben trampelten, daß der Kalk von der Decke fiel. Wie oft lugten wir durch das Fenster auf den Platz vor unserem Hause und beobachteten die bis zum Rande vollen, torkelnden Burschen. Wir staunten, daß so etwas möglich war, und lachten, lachten.

Gottlob hatten wir es erreichen und alle Versuche abschlagen können, daß sich die Russen auch in unserem Mittelbau einnisteten. Sie hausten weiter im Wirtschaftsflügel und wollten möglichst auf einem Haufen zusammenbleiben, denn einzeln graulten sie sich.

In allen unseren Räumen und Gästezimmern hatten wir die Möbel durcheinander gequirlt, die Teppiche fortgenommen und versteckt und die wertvollsten Ölbilder abgehängt und verborgen. Es sollte möglichst unelegant und durchgeplündert aussehen. Als Eßraum benutzten wir nach einigen Wochen wieder die Halle, da unser zahlreicher Tisch auf die Dauer im Hausleute-Eßzimmer zu beengt war. Alle unsere Gäste, soweit sie noch rüstig waren, arbeiteten brav auf dem Hof oder auf dem Felde mit oder halfen im Gemüsegarten.

Hier wirkte seit Kriegsbeginn, als unser Gärtner in den ersten Tagen eingezogen worden war, unser prächtiger Tanger, die treueste Seele, die man finden konnte. Ich hatte ihn vor fünfundzwanzig Jahren von meinen Eltern in Wolfshagen übernommen, wohin er schon 1914 als Chauffeur gekommen war. Mangels Pferden und Autos war er mit Freuden als Gärtner eingesprungen und betreute nun unter Veras fachkundiger Leitung Gemüse, Früchte und Blumen mit der gleichen Sorgfalt und Gewissenhaftigkeit. Auch als ihm der fleißige und nette Franzose »Georges« genommen war und ihm keine ständigen Hilfskräfte zur Verfügung standen, sah man dem »Lustgohren« und dem Gemüse- und Blumengarten die bösen Zeiten kaum an. Wir halfen mit Gießen, Unkrautjäten und Heckenbeschneiden »im Schweiße unseres Angesichtes«. Ich hatte ja nichts Besseres zu tun, die »Betriebsleitung«

war für die Katz: die Buchführung lag brach, auf dem Felde und im Walde durfte ich mich nicht zeigen und auf dem Hofe mochte ich mich ungern unter den Russen aufhalten, zumal alle Ställe gähnend leer standen außer dem Schweinestall, den ich nicht betreten durfte. Meine schwarze Cornwall-Stammzucht mit vierzig Zuchtsauen und insgesamt fünf- bis sechshundert Schweinen hatte dem Russen so gewaltig imponiert, daß er zu ihrer Betreuung zwei Tierärzte in Zettemin stationiert hatte, die das Kommando führten. Meine Gartenarbeit gefiel außerdem den Russen wohl, denn körperliche Arbeit erkannten sie an. Im Garten konnte ich mich ihrer Sicht auch am besten entziehen, was immer erwünscht und geboten war.
In die Nachbarschaft kam ich, von Pferd und Wagen beraubt, kaum, ich mochte auch Zettemin und Vera selbst nur für wenige Stunden, die ein Fußmarsch immer beansprucht hätte, nicht allein lassen. Im angrenzenden, verwaisten Pinnow lag russisches Militär, und wirtschaftete der Russe oder richtiger, er ließ alles liegen und verkommen. Im benachbarten Demzin lebte zwar noch unser lieber, infolge Gicht unbeweglicher alter Mäcki Hahn, der sein Haus mit einer Arbeiterwohnung vertauscht hatte; aber es war mir zu weit und zu zeitraubend, ihn zu besuchen. Aus dem gleichen Grunde ging ich auch nicht nach Rützenfelde, wohin Konrad Wahnschaffe mit seiner Familie zunächst ausgewichen war, da es abseits jeder festen Straße lag. Nur seine Mutter besuchte ich zu ihrer großen Freude wenige Male in dem nahegelegenen Rottmannshagen in ihrem kümmerlichen Stübchen im Wirtschaftshause. Stark beeindruckte mich der erstmalige Anblick des ausgebrannten, schönen und stilreinen Rokokoschlosses, und ich freute mich, daß unser alter, verehrter Freund, Exzellenz Wahnschaffe, den Anblick nicht mehr zu erleben brauchte. Wohl allen der vorigen Generation, die vor diesen Zeiten zur Ruhe eingegangen waren, sie hätten sich mit ihnen nie und nimmer abfinden können.
Nur zweimal fuhr ich mit Herrn Parlow in einem im Peenwerder Walde herrenlos aufgefundenen, zweisitzigen Einspännerwägelchen nach Stavenhagen, wo wir geschäftlich zu tun hatten. Pferd und Wagen ließen wir unter der Obhut eines mitgenommenen Jungen vor

der Stadt warten, da wir nicht riskieren wollten, daß uns beide abgeknöpft wurden. Erstaunt und erfreut war ich, das Städtchen verhältnismäßig intakt vorzufinden. Nur einige Brandschäden veränderten das gewohnte Bild des Marktplatzes, auf dem Fritz Reuter nach wie vor behaglich vor dem Rathaus saß. Aber Stavenhagen machte auf mich einen unerfreulichen, bereits östlichen Eindruck mit seinen russischen Plakatbildern, Fähnchen, Girlanden, seinem erheblichen Verkehr russischer Soldaten, Halbsoldaten und immer noch zurückziehenden Trecks.

Es vergingen der Mai, Juni und Juli, die hochgehenden Wogen verloren ihre Schaumkronen, und das Meer der Erregungen glättete sich allmählich. Bestehen blieb nur eine schwere Dünung, in der man sich sein Leben einrichten mußte, so gut es ging.

Die Russen in Zettemin, lauter Zivilisten und Halbuniformierte, wurden in der Woche ein- bis zweimal zusammengezogen. Sie lagerten dann, Männlein und Weiblein durcheinander, im Halbkreis bäuchlings auf dem Rasen hinter unserem Hause oder saßen auf den dort unter der hohen Platanengruppe zusammengetragenen Gartenbänken und -Stühlen und erhielten von einem jüdisch aussehenden Kameraden Vorträge von längerer Dauer. Entschieden waren es Schulungen, um sie bei der Stange ihres Bolschewismus zu halten. Denn das war nötig, da sie sahen, wie wunderbar gut wir in Deutschland ohne ihn lebten. »Wir nicht verstehen, warum Ihr Krieg? Habt doch alles,« sagten sie mir. Daß alle Häuser und Wohnungen in Zettemin – es gab keine Bauern im Ort, und alle Baulichkeiten mit Ausnahme der Kirche, Pfarre und Schule gehörten zum Gut – die meiner Arbeiter waren, wollten die Russen durchaus nicht glauben: in jeder könnte Stalin wohnen, das wären keine Arbeiter, sondern Kapitalisten. Auf besonders gute und schöne Wohnungen meiner Arbeiter hatte ich allerdings von Anfang an größten Wert gelegt, hatte viel gebaut und viel dafür getan in den sechsundzwanzig Jahren meines Wirkens in Zettemin. Schulungen waren daher den Russen bestimmt sehr vonnöten.

Es wollte ja auch keiner der Russen oder Russinnen wieder nach Hause zurückkehren. Nicolai und viele andere besorgten sich Zivilkleidung, und unter dem Siegel der tiefsten Verschwiegenheit vertraute er uns heimlich an, als er wieder einmal selig-blau war, daß er sich drükken und in Deutschland bleiben wollte. Dann würde er uns immer besuchen, wobei er mit seinen Armen die Bewegungen des Autosteuerns machte. Das könnte ihm wohl passen! Wie er, dachten viele. Wie oft kleckerten Carp, einem Russen aus dem benachbarten Gute Duckow und gutem Jungen, der häufig in unserer Küche saß, die dikken Tränen herunter, wenn er an seine unvermeidliche Rückkehr in seine russische Heimat dachte. Desgleichen wollte Wera, die Ukrainerin, ihren Abtransport im Herbst durchaus verhindern durch einen Beinbruch, den sie sich bemühte, beim Radfahren zu erzwingen. Da ein solches Vorhaben aber schwierig ist, und es ihr trotz wiederholtem Fahren gegen eine Mauer nicht gelingen wollte, hatte sie zum mindesten vor, sich vom Transport abzusetzen und zu verdrücken. Ob es ihr später gelungen ist, entzieht sich meiner Kenntnis.

Mitte des Sommers machte sich wieder ein unangenehmer Wind auf, die Wogen kräuselten sich, und unsere leidlich friedlich gewordenen Russen erklärten, es wäre wieder Krieg oder es gäbe einen mit – England. Wir armen Deutschen müßten dann hier daheim bleiben, während sie fortlaufen könnten, war ihre Meinung, oder: »Tommy wird machen großen Kreis, wir aber alle Hände hoch.« Interessant war es, daß schon damals die Russen auf einen kommenden Krieg mit England vorbereitet wurden. Tatsächlich zeigten sie nun jedesmal Angst, wurden furchtbar aufgeregt und verkrochen sich, hielten ihre Transporte an und versteckten sie unter Bäumen, wenn englische oder amerikanische Flieger uns überflogen. Ihr Benehmen auch uns gegenüber schlug allmählich um, und Nicolai, heruntergekommen durch Suff und Liebe, wurde oft anmaßend und eklig.

Viel trug dazu bei, daß sein böser Geist in Gestalt des Vorschnitters aus dem benachbarten Clausdorf erschienen war, der erklärte, er wäre zum Beaufsichtigen des Viehes und zu Nicolais Unterstützung hergekommen. Es währte nicht lange, bis er sogar öffentlich verkündete, er wäre fortan der Graf in Zettemin! Welcher Nationalität er angehörte, war undurchsichtig: bald gab er sich als Russe aus, bald als Pole, bald als Staatenloser, je nach Konjunktur, um nicht abgeschoben zu werden. Seine Frau und einen Haufen unnützer Kinder brachte er mit seinem gesamten Hab und Gut gleich mit und beanspruchte nicht weniger als drei Stuben im Wirtschaftsflügel. Da Nicolai diese Forderung unterstützte, blieb uns nichts anderes übrig, als sie ihm zu geben und noch enger zusammenzurücken. Dieser Mensch ließ Nicolai nicht mehr aus den Augen, war bei ihm wie dessen Schatten und half ihm beim Saufen, das für seine Frau stets die üble Folge hatte, von ihrem Manne fürchterlich vertrimmt zu werden. Als die Russen ihm bei ihrer sinnlosen Knallerei einmal versehentlich ins Bein schossen, zwar ungefährlich aber immerhin schmerzhaft, kühlte sich seine Russenliebe etwas ab. Doch nur vorübergehend, solange er humpeln mußte. Mit seinem Erscheinen begannen fremde Russen und russische Mädchen in zunehmender Menge als Viehhüter zu uns zu kommen, denn Zettemin wurde Viehsammeldepot, wie es das unweit gelegene Jürgenstorf schon seit längerer Zeit war. Viel schlimmer war es aber, daß Zettemin außerdem auch Auffangsort für herumstrolchende Russen wurde.

Zuerst wurden Schafherden der Umgegend angetrieben, unter ihnen auch die alte, im ganzen Reich berühmte und wertvolle Merino-Stammherde aus Basedow. Schließlich waren es rund viertausend Schafe, die wochenlang auf dem Klee, den ich auf großer Fläche angebaut hatte, auf dem unfreiwilligen Brachacker und auf den Waldwiesen gehütet wurden. In den Wald drangen sie zum Glück nicht ein, wie es vorgesehen war, denn die Russen fürchteten sich in ihm und gingen nicht hinein. Trotz der vielen Russen mußten die Güter Zettemin, Rottmannshagen und Kittendorf ihre Schafmeister stellen, da die Russen vom sachgemäßen Hüten und von der Schafpflege keine Ahnung hatten und auch viel zu faul waren. Einen Basedower Prima-Stammbock im Werte von zehntausend Mark verstanden sie aber, ohne weiteres als Sonntagsbraten aufzufressen.

Ferner wurden einige hundert Milchkühe und hundert Stück Jungvieh aus der Nachbarschaft zusammengetrieben und wochenlang in den Koppeln gehalten und auf dem Klee gehütet. Melken mußten unsere Dorffrauen und die russischen Mädchen, Milch sahen wir jedoch keinen Tropfen, wenn uns nicht die Russen oder sonderbarerweise der unfreundliche Clausdorfer Vorschnitter solche ab und an heimlich schenkten. So kläglich gestaltete sich unsere Kost, daß wir sogar diese Menschen dauerten. Die gesamte Milch ging in die Molkerei nach Stavenhagen, wo sie zu Butter für die Russen verarbeitet wurde bis auf die, welche die Russen an Ort und Stelle bei uns genossen, um nicht ewig das Wort »soffen« zu gebrauchen, das für unmäßiges Trinken das bezeichnendste ist. Denn wie sie Schnaps in rauhen Mengen in sich hineingossen, so auch Milch als bestes Gegenmittel, um den Alkohol niederzuschlagen. Der Milchverbrauch war kaum zu glauben.

Schließlich fuhren die Russen noch etwa dreihundert Schweine nach Zettemin zusammen, so daß mit den eigenen rund neunhundert Stück beisammen waren. Es lagerten nämlich hier zwölftausend Zentner anerkannte Saatkartoffeln, die vor dem Russeneinbruch nicht mehr hatten verkauft und verfrachtet werden können. Zwar wuchsen sie schon durch die Erdmieten durch, waren aber zum Teil als Schweinefutter noch verwertbar. Wie oft hatte ich ihr Vorhandensein dem Landrat und sonstigen Dienststellen gemeldet, damit sie noch rechtzeitig zur Ernährung nach Berlin abgefahren werden sollten, wo größter Mangel herrschte. Dort wurden sie mit horrenden Summen bezahlt, während ich sie gern für geringsten Preis oder gar umsonst abgegeben hätte. Doch der Russe stellte keine Eisenbahnwaggons oder Lastkraftwagen, und niemand kümmerte sich darum, bis endlich im August die kaum mehr verwertbaren, geringen Reste doch noch mit Lastkraftwagen nach Berlin geschafft wurden. Wieviel Not hätte bei rechtzeitiger Abfuhr gelindert, wieviel Werte hätten gerettet werden können.

Alles Vieh blieb einige Zeit in Zettemin, wurde dann weitergetrieben und durch neues ersetzt. Zwölf Kühe wurden täglich im unweit gelegenen Bauernhof Pribbenow von den Russen geschlachtet, das übrige ging nach Berlin, wo es angeblich in Dauerware für Rußland verarbeitet wurde.

Bildete das viele Vieh für die Wirtschaft in Zettemin eine große Belastung, so waren die zum Hüten sich ansammelnden und sonst sich einfindenden Russen eine greuliche Plage. Sie überschwemmten unseren Wirtschaftsflügel und wurden schließlich auch noch in Arbeiterwohnungen im Dorf, im Gasthof und in der Schule untergebracht. Sie überfluteten alles und tummelten sich überall herum wie das Ungeziefer, so daß uns der Aufenthalt im Garten, unsere einzige Erholung, auch noch verekelt wurde. Allerorts lustwandelten sie, lagen auf den Rasenflächen mit ihren russischen Mädchen, milde gesagt, mehr als ungeniert oder radelten umher, ihr Hauptvergnügen. Das kannten sie in ihrer Heimat scheinbar nicht und betrieben es daher mit Feuereifer, nachdem sie es rasch erlernt hatten. Wie herrlich war das Spielzeug der Klingel! Sie wurde viel und gern betätigt, auch wenn weit und breit niemand zu sehen war.
Bei diesem Treiben im Garten zitterte ich dauernd, daß unser Silberschatz eines Tages entdeckt werden könnte. Zwar wucherte Unkraut dick über ihm, aber man konnte nie wissen, wie der Zufall spielen würde. Das Suchen nach verborgenen Schätzen hatte bei den Russen nie aufgehört, wobei sie meine alten Kavallerie-Säbel benutzten, mit denen sie in den Erdboden stachen, um einen Widerstand ausfindig zu machen. Im Entdecken von Verstecken hatten sie mittlerweile erhebliche Geschicklichkeit erlangt. Die Dorfjugend, die wie ein Schwarm die für sie interessanten Russen immer begleitete und sich unseren Park als Spiel- und Tummelplatz auserkoren hatte, hatte ich wenigstens herausgetrieben. Der Lärm und das Geschrei waren zu laut geworden, besonders aber die Gefahr, daß sie durch Zufall doch einmal das Versteck entdecken und dadurch den Russen verraten könnten. Gefährlich waren die halbwüchsigen Bengel aus dem Dorf, die die Russen mit Belohnungen zum Suchen und Auffinden angefeuert hatten, wenn die Jungens auch Vera versichert hatten, nie und nimmer würden sie etwas verraten. Durch geschicktes Tauchen holten sie dennoch alle von mir seinerzeit in den Dorfteich hineingepfefferten Militärgewehre und im Parkteich versenkten Weinflaschen heraus.

Bedauerlich war es, daß die Russen und vornehmlich die Russinnen täglich Arme voller Blumen aus dem Garten holten, gottlob aber, ohne daß sie merklich abnahmen, da es deren so viele gab. Besonders die Rosen mußten daran glauben, das »mecklenburgische Unkraut«, wie Septimus Hahn sie zu nennen beliebt hatte, die auf unserem schweren Boden doppelt prächtig gediehen. Jeden Morgen kam es zu einem Wettlauf zwischen Vera und den Russen, wer als erster die neu erblühten Rosen erreichte, ein Wettlauf, den Vera stets gewann. Da unser Garten weit und breit der einzige noch gepflegte war, und die Russen Blumen liebten, kamen sie auch aus der Nachbarschaft zu uns, um im Garten zu räubern; anfangs mit schlechtem Gewissen, später aber ohne jegliche Hemmungen.

Bei den Blumen blieb es selbstverständlich nicht, sie waren zu verschmerzen; viel bedauerlicher war die Räuberei von Gemüse und Obst. Kaum hatte das Gemüse angesetzt, da wurde es bereits herausgerissen und aufgegessen, so daß für uns kaum etwas übrig blieb. Vergeblich war unsere unendliche Mühe, die wir uns mit dem Unkrautjäten zwischen den Zwiebeln und Möhren gemacht hatten. Der russische Koch, der inzwischen eingesetzt worden war, da die Russinnen die Kocherei nicht mehr bewältigen konnten, verbrauchte unheimliche Mengen. Die Zahl der Russen allein in unserem Haus war auf neunzig gewachsen! Zu allem wollten auch noch die vielen Flüchtlinge im Dorfe Gemüse erhalten und bekamen es auch. Unsern armen »Obergärtner« Tanger packte oft die Verzweiflung.

Scheußlich war das Plündern allen Obstes, begonnen mit den Erdbeeren bis zu den Äpfeln, Birnen und Pflaumen im Herbst. Die Russen stiegen in die Bäume oder hieben das Obst mit langen Stangen herunter, warfen danach mit Stöcken oder brachen in vereinfachtem Verfahren die Äste ab. Reif oder unreif war ihnen gleich, das heißt, zum Reifen ließen sie das Obst gar nicht kommen, sie fraßen alles unreif, und merkwürdigerweise bekam es ihnen glänzend. Nur einmal litt der Koch an heftigen Leibschmerzen und entwickelte dabei eine derartige Komik, daß wir alle einen grausamen Spaß hatten. Schon von Natur sah der Mann unbeschreiblich drollig aus, mit seinem viel zu kleinen,

blauen und matrosenartigen Tellermützchen auf dem Hinterkopf und mit seinem schiefen, verknautschten Gesicht, als ob er stets Bauchgrimmen hätte. Nun hatte er es wirklich, und jeder, der ihn erblickte, mußte lachen. Er aber stöhnte gottsjämmerlich, »oh, ih« in allen Tonarten, schnitt die tollsten Grimassen und hielt sich den Bauch. Zuletzt rollte er sich in eine unserer rotseidenen Steppdecken aus einem Gästezimmer ein und legte sich auf den Rasen, um bald wieder zu gesunden. Er war ein gutmütiger Kerl und empfand es schmerzlich, daß niemand von seinen Kameraden und Mädchen mit ihm umgehen wollte, daher hielt er sich mehr an uns. Ursel Gerlach, die ständig in der Küche mithalf, bekam unversehens einen Kuß von ihm, und mit Ida, der »schwarzen Zigeunerin«, wie Nicolai sie unbarmherzig weiter nannte, tauschte er schallende Ohrfeigen, als es mit dem Küssen haperte.
Daß im heißen Sommer keine Epidemie ausbrach bei dem Gefresse von unreifem Obst und bei den jeder Beschreibung spottenden Abtrittsverhältnissen, die nur aus sämtlichen Gebüschen des Parkes bestanden, war ein Gotteswunder. Neunzig Russen und etwa sechzig deutsche Hausbewohner waren einhundertfünfzig Menschen, die täglich mindestens einmal in den Gebüschen verschwanden, da unsere Wasserkunst, getrieben von einem Motorschlepper, meistens versagte. Den Russen sagte ein Klosett sowieso nichts; sie glaubten, es wäre eine Einrichtung zum Händewaschen, allerdings eine verzweifelt unpraktische, da das Wasser immer nur für wenige Sekunden rauschte und gleich wieder entschwand. Sie setzten ihre Häufchen fein säuberlich daneben in die Ecken, wenn es durchaus in der Toilette sein mußte; ein Gebüsch war ihnen weitaus lieber. Auch das war ein Grund, weshalb uns unser schöner Garten verleidet wurde, der sonst nur voller Blumenduft stand.
Im Laufe des Sommers wurden wir eine Zeitlang von zwei Bezirksbürgermeistern regiert: dem berüchtigten »Alfred« in Kittendorf, bestallt von eigenen Gnaden, und einem Angermann in Stavenhagen. Dieser war ein vierundzwanzigjähriger, von den Russen eingefuchster und eingesetzter Thüringer, ein unsympathischer Jüngling mit einer Talmieleganz und einer jüdischen Frau, die ihm beim Regieren behilflich

war. Die Russen wandten ein schlau ausgeklügeltes System an: sie hatten deutsche Überläufer in ihrer Verwaltung ausgebildet, hatten sie mitgebracht und setzten sie nun überall ein, um uns nach ihren bolschewistisch-kommunistischen Grundsätzen zu regieren. Mit deutscher Gründlichkeit besorgten sie es viel nachdrücklicher als die Russen selber. Auf diese Weise mischte sich der Russe offiziell in unsere Regierung und Anbelange nicht ein und erweckte den Anschein, als ob die Deutschen sich selber verwalteten. Inoffiziell und mittelbar beherrschte er uns aber doch mit seinen teuflischen Methoden.
Hart tobte der Kompetenzstreit zwischen den beiden Bezirksbürgermeistern, ein Zeichen der Machtlosigkeit des Landrates und des Durcheinanders in der Verwaltung. Die Leidtragenden, mit doppelter Arbeit für die beiden Stellen Belasteten, waren unser Bürgermeister Lorenz und seine Sekretärin »Löttchen«. Schließlich löste Alfred selber den gordischen Knoten zu seinen Ungunsten, indem er auf der Dorfstraße in Kittendorf einen deutschen Flüchtling, Vater von fünf Kindern, mir nichts dir nichts über den Haufen knallte, als er ihm nicht rasch und genügend ausgewichen war. Die Leiche wurde bald in ihrem Versteck entdeckt, und Alfred auf Befehl der Russen verhaftet und in das Gefängnis nach Malchin gebracht. Dort saß er nur wenige Wochen, bis er auf dringliche Vorstellungen seiner Kommunisten-Genossen, »sie könnten ihren besten Mann nicht missen«, ohne Verhandlung wieder freigelassen wurde. Ich war zufällig Augenzeuge seines Abtransportes, als er in einem offenen Kutschwagen mit zwei der üblichen Zivilpolizisten mit roten Armbinden und übergehängten Gewehren auf dem Wege nach Malchin durch Zettemin fuhr. Ich wunderte mich nichtsahnend, warum Alfred nicht wie üblich allein mit umgehängter Knarre und Patronentasche im grauen Ledermantel in einem geschlossenen Wagen sitzend vorüberfuhr, wie er seiner Würde entsprechend es zumeist auch im heißen Sommer zu tun pflegte. Nach seiner Entlassung kehrte er nur vorübergehend nach Kittendorf zurück, denn seine Untat war so widerwärtig, daß er sich eine andere Gegend für seinen Wirkungskreis suchen mußte. Auf diese Weise wurden wir ihn und den überflüssigen zweiten Bezirksbürgermeister

los, auch als er nach einigen Monaten, nachdem er über die Geschichte Gras hatte wachsen lassen, mit einer neuen Frau nach Kittendorf ohne Amt und Würden zurückkehrte.
Mit dem neuen Bezirksbürgermeister Angermann kamen wir vom Regen in die Traufe. Er kujonierte unseren guten Bürgermeister Lorenz wie er nur konnte, da er ihm zu anständig und geistig weit überlegen war. Leute wie Herrn Lorenz konnten die Kommunisten und Russen nicht gebrauchen.
Gleichzeitig erwuchs Herrn Lorenz ein anderer Feind in Gestalt des Bürgermeisters Köppen im benachbarten Bauerndorf Carlsruhe. Köppen, bisher in unserem genossenschaftlichen Molkereibezirk Milchkontrolleur, war der berüchtigte, den Russen diensteifrige Schnapsbrenner, den ich schon erwähnte. Mit der Begründung, Zettemin und Carlsruhe wären bisher *eine* Gemeinde gewesen unter dem in Carlsruhe wohnenden Bürgermeister, versuchte er mit allen Mitteln fort und fort, Herrn Lorenz aus seinem Zetteminer Bürgermeisteramt zu verdrängen, um diesen Posten selber zu übernehmen. Anfangs erschien er nur ab und an, in letzter Zeit aber täglich, bis er sich offiziell durch Bekanntmachung am Schwarzen Brett als alleiniger Bürgermeister von Zettemin ausgab. Herr Lorenz parierte alle Angriffe und Machenschaften gewandt und energisch und ließ sich vom Landrat selber bestätigen, daß er der alleinige und rechtmäßige Bürgermeister von Zettemin wäre. Da keinerlei grobe Verletzung seiner Amtspflichten vorlag, der einzige Grund zur Absetzung, konnte sie gar nicht vorgenommen werden. Schließlich veranlaßten aber Köppen und der Bezirksbürgermeister Angermann die Verhaftung und Festnahme des Herrn Lorenz unter einem fadenscheinigen Vorwand. Gottlob brauchte er nur eine Nacht in Stavenhagen zu sitzen und wurde dann wieder freigelassen; es wurde ihm aber bedeutet: noch eine Verhaftung, und er würde nicht wieder freikommen. Begreiflicherweise war dies Herrn Lorenz zuviel, und auch wir konnten die Verantwortung nicht übernehmen, ihn zu bitten, sein Bürgermeisteramt weiter auszuüben, da selbst der Landrat ihn nicht schützen konnte. Herr Lorenz bat ihn daher, ihn von seinem Amt zu entbinden, und der Landrat

kam seinen wiederholten Bitten schließlich, doch sehr ungern, im September 1945 nach.
Herr Lorenz übernahm wieder seinen alten Rentmeisterposten, von dem ich ihn für die Dauer seines Bürgermeisteramtes nur beurlaubt hatte. Es paßte insofern gut, da Herr Namacher und seine Frau uns verlassen mußten, weil sein alter Chef ihn anforderte, um seine landwirtschaftliche Buchstelle wieder aufzubauen. Jedes Gut wurde nämlich wieder angehalten, eine ordnungsmäßige Buchführung zu betreiben. Das einzige, das seine Bücher in vollkommener Ordnung bis hierher geführt hatte, war Zettemin gewesen, wie mir Herr Namacher später berichtet hat.
Jetzt hatte Köppen sein Ziel erreicht, wurde unser Bürgermeister und damit auch der Leiter des gesamten Gutsbetriebes. Im Sommer war nämlich die Verfügung ergangen, daß die Bewirtschaftung der Güter, die dem Landrat unterstand, den Bürgermeistern übertragen werde. Damit war Herr Lorenz Betriebsführer in Zettemin geworden, ohne daß mir jemals die Entziehung meiner Befugnisse mitgeteilt worden war. Herr Lorenz hatte das neue Amt mit größtem Takt ausgeübt, und wir hatten alle Maßnahmen stets miteinander besprochen. Das hörte nun mit einem Schlage auf, denn Köppen schaltete mich völlig aus, und ich hörte und erfuhr über den Gang der Wirtschaft nichts mehr. Sogar die Buchführung, die ich bislang bearbeitet hatte, mußte ich abgeben und durfte nicht einmal mehr Einblick in die Bücher nehmen.
Der einzige Spalt, durch den ich das Gutsgetriebe noch ein wenig beobachten konnte, war Löttchen. Sie behielt ihren Posten als Sekretärin des Bürgermeisters, teils aus Selbsterhaltungstrieb, teils auf unser Anraten und teils ihrer Schuhe wegen, denn sie besaß nur noch ein einziges Paar, das geschont werden mußte. Sie hielt wacker durch, bis sie die Verhältnisse nicht mehr ertrug und Anfang Februar 1946 ebenfalls in die britische Besatzungszone übersiedelte. Es war ein Wunder, daß sie als Gräfin noch so lange geduldet wurde und konnte nur mit ihrer Tüchtigkeit und Unentbehrlichkeit für den ungebildeten Köppen erklärt werden. Und damit, daß sich die Russen und Kommunisten

daran gewöhnt hatten, in Zettemin lauter Grafen und Gräfinnen zu sehen, worüber sie sich selber staunend äußerten.
Eine alte Ukrainerin, die sich auf dem Rücktransport in ihre Heimat befand, hatte auch davon gehört und wollte zu gern einmal einen wirklichen, lebendigen Grafen sehen, denn im Osten Deutschlands hätten die Russen alle erschossen. Zufällig ging ich gerade an ihrem Fenster vorbei und konnte ihr gleich gezeigt werden. Und eine Gräfin? Sie hatte Glück, denn in dem Augenblick kam Vera vorüber. Gottlob hatten sich die Russen auf ihrem Wege nach dem Westen etwas abgetobt, und wahrscheinlich waren ihnen die Engländer zu nahe.
Ende August und Anfang September vermehrte sich unsere Flüchtlingsschar noch um zwei weitere Gäste, zufällig wieder zwei Grafen. Eines Tages ließ sich ein alter, abgerissener Herr bei mir melden und wollte mich sprechen. Wer erschien? Graf Döring v. Krockow, der von seiner Frau und Tochter, die vor dem Russeneinbruch eine zeitlang unsere Flüchtlingsgäste gewesen waren, uns aber rechtzeitig wieder verlassen hatten, längst für tot gehalten wurde. Er hatte in Westpreußen in der Nähe seines Besitzes Krockow bis zur letzten Möglichkeit ausgehalten und kam nun nach abenteuerlicher Flucht, auf der er seine beiden Handkoffer und seinen Rucksack eingebüßt hatte, unbeschwert aber in vollkommen erschöpftem Zustande an. Einige Tage Bettruhe brachten ihn aber wieder auf die Beine; er blieb bei uns und wurde uns ein angenehmer Hausgenosse. Aufregend war es leider für ihn, als er am zweiten Tage von einer Russenstreife von seinem Lager aufgescheucht und festgenommen wurde. Die Russen suchten einen Grafen und glaubten, diesen in ihm gefunden zu haben. Die Streife, die unser Haus durchsuchte, benahm sich überaus korrekt, sie bestand aus russischem Militär und war keine Plünderbande. Nachdem sie sich von der Harmlosigkeit des alten Grafen Krockow überzeugt hatte, durfte er wieder in sein Bett kriechen, und die Streife von etwa dreißig Mann rückte wieder ab. Der Feldwebel gab kurze Kommandos, und die Truppe marschierte im Gleichschritt ab, voran der Offizier, der Vera und mich militärisch und höflich grüßte. Wir staunten, denn das hatten wir noch nicht erlebt. Wir kannten nur das außer-

dienstliche Benehmen der Truppe und hatten unseren Spaß an dem eigenartigen Umgangston zwischen den Offizieren und Mannschaften. »Du, mein lieber Kamerad«, sagte der einfache Soldat zu seinem Leutnant oder Hauptmann, hakte ihn dabei unter oder klopfte ihm auf die Schulter, was sich der betreffende Vorgesetzte mit sauersüßer Miene gefallen lassen mußte.

Etwa drei Wochen vordem hatte uns schon einmal eine Militärstreife beträchtlich größeren Stils heimgesucht. Sie fahndete nach Russen, die einem Führer Wlassoff anhingen, der mit den Deutschen gegen die bolschewistischen Russen gegangen war. Die Zahl dieser sogenannten Wlassoff-Leute mußte erheblich gewesen sein, und in unserer Gegend sollte sich eine Menge von ihnen aufgehalten und versteckt haben. Plötzlich war nicht nur das ganze Dorf sondern insbesondere unser Haus von Soldaten umstellt, und niemand durfte heraus. Nur Vera kehrte sich nicht an das Verbot, denn Benita arbeitete allein auf dem Futterboden auf dem Hof, und Vera war in großer Sorge um sie. Das »Du nicht heraus« des Postens an der Tür ließ sie nicht gelten, und mit energischem »Ich muß!« erreichte sie tatsächlich, herausgelassen zu werden und Benita vom Futterboden zurückzuholen. Es war eine unheimliche, undurchsichtige Lage, da wir alle nicht wußten, um was es sich handelte, denn die Russen schwiegen. Sie eilten durch alle Räume des Hauses, wobei Vera und ich sie begleiteten, alle Zimmer aufschließend, die wir und unsere Gäste stets sorgsam abgeschlossen hielten, um nicht plötzlich überraschenden Russenbesuch zu bekommen. Um in keinem Zimmer Russen allein zu lassen, mußten Vera und ich uns trennen, wobei sie das drollige Erlebnis hatte, daß ein Russe nicht allein mit ihr auf den Boden gehen wollte. »Du Handgranate« und »Kamerad erst kommen« war seine Sorge, und erst, als Vera ihm lachend versicherte, sie hätte keine und würde ihm nichts Böses antun, und ein »Kamerad« dazugekommen war, bequemte er sich zaghaft, mitzugehen. Der einzelne Russe war kein Held. Nichts rührten die Soldaten an, stumm sahen sie sich nur in den Räumen um, und auf eine Durchsuchung von Veras Schlafzimmer verzichtete der russische Offizier sogar taktvoll.

Als offiziellen Grund gaben die Russen nach einiger Zeit die Prüfung unserer Ausweise an, die keiner besaß, da uns auf deren Anforderung von der Kommandantur Stavenhagen geantwortet worden war, wir brauchten keine zu haben. Damit alles den Anschein erwecken sollte, daß diese Ausweisprüfung der wirkliche Zweck der Aktion wäre, wurden wahllos einige zwanzig Hausbewohner zum Kirchenplatz getrieben, darunter auch unsere Benita, meine verheiratete Nichte aus Wolfshagen, Rose-Marie v. Busse, und Bärbel Gerlach. Oh, wie jammerte Ida, die schwarze Zigeunerin, denn sie dachte, nun wäre ihr junges Leben dahin, nun wäre alles aus. Geheuer war auch mir selber nicht zumute, ich muß es offen gestehen, dazu sahen die beiden, die Truppe begleitenden GPU-Männer mit ihren roten Armbinden und Maschinenpistolen zu wenig vertrauenerweckend aus. Es lief aber alles gut und harmlos aus. Benita und einige andere Mädchen kamen bereits nach einer knappen halben Stunde wieder zurück, meine Nichte Rose-Marie und Bärbel noch an demselben Abend, und der Rest, der nach Faulenrost hatte laufen müssen, am nächsten Tage. Allen war gottlob nicht das Geringste geschehen, die Russen waren durchweg freundlich zu ihnen gewesen.

Der zweite, noch so spät zu uns gestoßene Gast war der zwanzigjährige Konrad, Louisa Finckensteins einziger Sohn. Wegen Kränklichkeit, »Hei wier en bäten swack up de Bost« würde der Mecklenburger sagen, war er aus russischer Kriegsgefangenschaft entlassen worden und kam nun zu Fuß angewandert. *Wie* glücklich war seine Mutter, ihren Jungen wiederzuhaben und sich nur noch um ein Kind sorgen und bangen zu müssen, ihre damals mit den SS-Panzern geflohene Irmi. Der junge Konrad hatte es in seiner russischen Kriegsgefangenschaft nicht schlecht gehabt, kam aber verständlicherweise schmal, blaß und ausgehungert bei uns an.

Leider fand er einen äußerst dürftig gewordenen Tisch vor, denn der berüchtigte Schmalhans war neben Ursula Gerlach, die die erkrankte Mamsell Gans ersetzte, Küchenmeister geworden. Vorräte waren nicht mehr vorhanden, schlachten durften wir nicht, Milch und Butter bekamen wir nicht, Geflügel und Eier gab es nicht, und der Gemüse-

und Obstgarten war ausgeplündert. Übriggeblieben war nur die gute, alte Kartoffel, unsere Retterin, die in jeglicher Form genossen wurde, zu der kein Fett nötig war: als Pellkartoffel, gestampft oder als Brei. Schlimm wurde es, als das Salz ausgegangen und neues nicht zu beschaffen war. Mit Viehsalz und kleingeschlagenen und zerpulverten Salzlecksteinen aus dem Schafstall hatten wir uns eine Zeitlang durchgeholfen, dann war auch das zu Ende. Den Wert und die Unentbehrlichkeit des Salzes lernten wir erst richtig kennen, als es fehlte, und ebenso den tiefen Sinn der schönen, alten Sitte, Brot und Salz zur Bewillkommnung zu überreichen: beides ist lebensnotwendig. Unsere Ernährung war so kümmerlich geworden, daß es selbst unsere Russen jammerte, und sie uns ab und an sonntags ein Stückchen Fleisch schenkten neben den öfteren Milchgaben. Gleich schmeckte die Suppe herzhafter, denn dünne und wässerige Kartoffel- und Gemüsesuppen, auf denen kein einziges Fettauge schwamm, bildeten unsere tägliche Nahrung, die zwar füllte, doch nie sättigte. Wir alle lernten den richtigen Hunger kennen mitten auf dem Lande, in der fruchtbarsten Gegend Mecklenburgs.

Auch den Russen wurde ab Ende August der Brotkorb ein wenig höher gehängt, und sie durften nicht mehr dermaßen mit allen Lebensmitteln asen und schamlos fressen wie bisher. Dennoch lebten sie im Vergleich mit uns weiter im Schlaraffenlande mit den köstlichen gebratenen Klopsen und Bergen von Bratkartoffeln schon am frühen Morgen, die sie zum ersten Frühstück täglich verlangten.

In dem Maße, in dem unsere Nahrung magerer und dürftiger wurde, schwoll die Menge der Russen in unserem Hause immer noch weiter an und nahm im September Formen an, die zu den ungemütlichsten der Russenzeit gehörten. Die Wohnung unseres Dienerehepaares Brümmer, das seit geraumer Zeit ins Dorf gezogen war, da im Herrenhause immer zuviel »los war«, und alle Blitze dort einschlugen, und ebenso die Stuben darüber im nördlichen Flügel wurden nunmehr eng belegt. Rückwandernde Ukrainer mußten untergebracht werden, die mit gestohlenen Pferden, Planwagen und mit geraubten Sachen bestens ausstaffiert ankamen. Wochenlang machten sie oft Rast in Zettemin, waren aber ordentliche und stille Menschen, die uns nicht belästigten, nur Platz beanspruchten. Sie waren ein völlig anderer Menschenschlag als die Russen und nahmen es todübel, wenn man sie für solche hielt, da sie sich wie Katze und Hund standen.

Doch auch für sich selber verlangten die Russen dauernd mehr Raum, und der verkommene Nicolai machte uns immer häufiger die übelsten Szenen und drohte uns mehr und mehr, unsere eigenen Stuben mit Russen zu belegen. Auch mit russischen Mädchen, die sich immer zahlreicher angefunden hatten; ein an sich glücklicher Umstand, da er unsere Frauen und Mädchen verschonte. Vergewaltigungen blieben daher in Zettemin im Gegensatz zu anderen Ortschaften eine Seltenheit, abgesehen von den ersten Tagen des Russeneinbruchs. Da die russischen Trampel die mitgebrachten eleganten Messingbetten mit seidenen Daunendecken und Volants beim Weiterziehen mit den Viehtransporten nicht mitschleppen durften, schenkte Nicolai sie Vera mit großzügiger Geste: »Da Frau, kannst haben«.

Leider kam dies Geschenk zu spät, denn auf der Suche nach Betten waren die Russen eines Nachts in Veras, neben unserem Schlafzimmer gelegenes Ankleidezimmer eingedrungen, in dem Löttchen und noch zwei weitere Flüchtlingsdamen schliefen. Löttchen war gerade damit beschäftigt, einen knorrigen Ast durchzusägen, als sie jählings aus ihrem Bett gekippt und dieses abtransportiert wurde. Nicht wissen, wie ihr geschah, stand sie mit einem Male frierend und klappernd in ihrem dünnen Nachtgewand mitten im Zimmer. Wie haben wir, aufgescheucht durch den Lärm, gelacht trotz allem Mitgefühl, denn die Situation und der Anblick waren hinreißend komisch. Löttchen blieb nichts anderes übrig, als zu einer der anderen Damen ins Bett zu kriechen, denn ihres war sie nun los.

Notgedrungen gaben wir auch noch die beiden Reservestuben, in denen sich nichts mehr befand, und die Kofferstube über unseren Schlafzimmern frei und erduldeten den Krach und das ewige Treppauf und Treppab der russischen Nagelstiefel. Aber die Durchgangstüren im ersten und zweiten Stockwerk ließ ich vom Stellmacher hermetisch verbrettern und vernageln, denn die Gewißheit mußte ich wenigstens haben, daß die Russen nicht von oben und rückwärts in unsere Räume eindringen konnten, wie sie es sofort versuchten. Wie fluchte mein Stellmacher, als ihm bei dieser Arbeit sein Hammer und seine beste Zange prompt von den Russen gestohlen wurden. Nur einen kurzen Augenblick war er fortgegangen, um neue Bretter zu holen, hatte aber leichtsinnigerweise sein Handwerkszeug liegen lassen.

Trotzdem lagen wir nachts mit einem Ohr lauschend und neuerdings wieder voll angekleidet auf unseren Betten, jeder Überraschung gewärtig. Die Russen hatten es sich angewöhnt, öfters auch unten in das Mittelhaus einzudringen, sei es, um sich einen Koffer im zweiten Stockwerk zu suchen, sei es, um die Ukrainerin Wera zu besuchen, die bei der Familie des Dr. R. hängengeblieben war als Kindermädchen und bei ihr wohnte. Nach ihrer »Befreiung« jedoch als »gnädiges Fräulein«, bedient von Frau R., da die Russen ihr keinerlei Betätigung mehr erlaubten. Greulich war es, wenn wir die rauhen Stimmen der Russen plötzlich unten in der Halle hörten oder gar ihr Ziehharmonikaspiel, mit dem sie nicht einmal dort aussetzten. Um das zu unterbinden, hielten wir von nun ab auch den einzigen Flureingang im Mittelbau unten streng abgeschlossen.

Gelegentlich eines solchen Eindringens entdeckten die Russen mein Harmonium, das Nicolai so begeisterte, daß es vom Boden, wohin ich es in Sicherheit gebracht hatte, in seine Stube heruntergeschafft werden mußte. Da sie unter meinem Arbeitszimmer lag, hatte ich den Genuß, ständig eine Reihe zusammenhangloser Töne und scheußliche Disharmonien zu hören, bis der spielende Künstler über diesen Erfolg dermaßen in Verzückung geriet, daß er in ein Furioso ausbrach und dieses mit einem Trampeltanz beschloß. Doch auch höheren russischen Ortes erschien das Harmonium begehrenswert, denn eines Tages mußte es zum Kommandanten nach Stavenhagen gefahren werden. Auch das war ich nun los.

Mehr Glück hatte Vera, die ihren guten Ibach-Flügel verteidigte wie die Löwin ihr Junges. Alle Angriffe auf ihn hatte sie erfolgreich abgeschlagen, und als einmal einige Mannen mit Stricken und Gurten zum Abtransport im Blauen Salon erschienen, hatte sie kategorisch erklärt:

»Der Flügel bleibt hier!« Und er blieb. Längere Zeit war Ruhe eingetreten, bis eines Tages ein Russe aus Stavenhagen auftauchte und an Vera die Frage richtete: »Kommandant läßt fragen, ob Flügel heil?« Himmeldonnerwetter, geht das mit dem Flügel schon wieder los? Können die verfluchten Kerle den Flügel nicht endlich in Ruhe lassen! Vera lief die Galle über, und wütend warf sie dem Russen an den Kopf: »Sag Kommandant, der Flügel ist heil und sogar *sehr* gut!« Darauf der Russe: »Dann läßt Kommandant Dir sagen, kannst behalten, geht bloß kaputt.« Darauf war Vera nicht gefaßt gewesen, beim Russen kam es tatsächlich immer anders als man dachte. Verblüfft und belustigt hatte sie nunmehr endgültig gesiegt.

Aber etwas entdeckten die Russen zum Glück nicht: unsere Badezimmer. Es wäre auch katastrophal geworden bei ihrem überraschenden Reinlichkeitstrieb, von dem wir aus Rottmannshagen hörten, wo täglich Badehochbetrieb herrschen sollte. Bei uns begnügten sich die Russen mit unserer Waschküche, die dauernd diesem Zwecke dienen mußte. Da unsere Wäsche aber auch gewaschen werden mußte, gab es große Schwierigkeiten mit den Kesseln und Bottichen, da die Russen auf ihr Bad nicht verzichten wollten. Beides mußte daher zu gleicher Zeit vor sich gehen, was unsere Russen nicht im geringsten störte, vielmehr unsere Waschfrauen wegen der erschwerten Arbeit und in puncto Ästhetik.

Benahmen sich die Russen mit ihrer lobenswerten Baderei harmlos und vergnüglich, so taten sie es weniger mit den Türklinken. Sie hatten es sich angewöhnt, sie von allen erreichbaren Türen abzunehmen, teils aus Furcht, damit niemand hereinkommen konnte, und teils aus Vorsicht vor ihren Kameraden, da sie sich untereinander genauso beklauten wie mich und alle anderen. Da jeder Russe einen Türdrücker in seiner Tasche mit sich führte, konnte er sich bequem jede Tür öffnen, falls sie nicht abgeschlossen war. Schaffte es die Türklinke nicht, dann mußte der Dietrich nachhelfen, den wiederum ich ihnen klaute, wenn sie ihn hatten herumliegen lassen. Die Türschlösser, die ich unter allen Umständen geschlossen halten wollte, verstopfte ich daher mit einem feinen Draht, so daß der Dietrich nichts ausrichten konnte, ein Mittel, das sich bestens bewährte.

Die Verständigung mit den Russen bereitete niemals Schwierigkeiten, da sie alle erstaunlicherweise Deutsch verstanden und in primitiver Art auch radebrachen, eine Art zu sprechen, die wir uns mit ihnen ebenfalls angewöhnt hatten. Wir erfuhren, daß in den Schulen in Rußland Deutsch ein Pflichtfach war. Da sie uns verstanden, obwohl sie es sich nicht anmerken ließen, mußten wir mit allem, was wir in ihrer Gegenwart unter uns sprachen, äußerst vorsichtig sein.

Die Ernte war mittlerweile im Gange, in der alle unsere Hausbewohner fleißig mithalfen, und die vom Wetter außerordentlich begünstigt wurde. Arbeitsfreie Sonntage gab es nicht mehr, trotz Kommunismus und allen schönen Versprechungen; dazu war die Zeit zu kostbar. Aus den paar Pferden, die wir uns zusammengesucht hatten, und den wenigen, zumeist ungeübten Menschen mußte auf Befehl der Russen herausgeholt werden, was herauszuholen war. Carlsruher Bauern und Hungerstorfer Siedler halfen mit ihren Pferden und Wagen, nachdem sie ihre eigene Ernte geborgen hatten. Mit vieler Mühe gelang es Herrn Parlow immer noch, soviel Treibstoff heranzuschaffen, daß zwei Traktoren die Getreidefelder mit Hängen und Würgen abmähen konnten. Zum Wasserpumpen, Schroten und Mahlen mußte auch etwas abfallen, denn letzteres war lebensnotwendig geworden, da das Bäckerbrot zu schlecht und zu knapp war.

Ein Sonderkapitel bildete das Dreschen, das am Tage mit Traktor und Treibstoff betrieben werden mußte, während nachts in letzter Zeit wieder elektrischer Strom zur Verfügung stand, den die Zuckerfabrik Stavenhagen erzeugte. Lediglich durch ein Versehen waren wir in den Stromkreis eingeschaltet worden, und wir erhoben ein so lautes Wehgeschrei, als man uns wieder abschalten wollte, daß wir darin belassen wurden. Doch mit dem Nachtstrom hatte es seine Tücken, denn meistens kam er erst, wenn wir zu Bett gingen oder gegangen waren, oft aber auch erst mitternachts oder noch später. Dann mußten die armen Drescher, die bereits um einundzwanzig Uhr antreten mußten, tatenlos an der Maschine warten oder auf der Strohmiete schlafen, eine peinliche Angelegenheit in diesem frühzeitig kühlen Herbst.

Eine fatale Behinderung der Wirtschaft gerade in der Zeit der Rüben-

bearbeitung war die von der russischen Kommandantur Stavenhagen anbefohlene tägliche Gestellung von dreißig männlichen und weiblichen Arbeitskräften zum Abbau unserer schmalspurigen Kleinbahn. Wir mußten an der Strecke Clausdorf-Stavenhagen helfen, eine besonders für die Frauen und Mädchen beschwerliche, lange Tagesarbeit, die zwei bis drei Wochen dauerte. Die Schienen wurden mit langen Hebelbäumen aus den Holzschwellen herausgerissen, auf Güterwagen geladen und in Stavenhagen zusammengefahren und gelagert, um angeblich später nach Rußland geschafft zu werden. Wirtschaftlich war der Abbau der Kleinbahn – nunmehr in des Wortes zwiefacher Bedeutung eine »Kurz- und Kleinbahn« – für alle anliegenden Güter und Ortschaften eine Katastrophe; doch danach fragte der Russe nicht, der nur zerstören konnte und wahrscheinlich auch wollte. Auch dies war uns unentwegten Optimisten, die wir uns an jeden Strohhalm klammerten, ein Zeichen, daß er über kurz oder lang doch abziehen würde, denn sonst würde er das Land und die Produktionsmöglichkeiten nicht derartig geschädigt haben.
Wir paddelten wie der Frosch, von dem ich erzählt habe, von einem Termin zum anderen hoffend, daß wir wieder festen Grund unter die Füße bekommen würden, um mit dem Wiederaufbau der Wirtschaft beginnen zu können. Bisher hatten wir fast unsere gesamte Wohnungseinrichtung durch alle Fährlichkeiten hindurchgerettet und lebten, wenn auch unter großen Einschränkungen und mit Bangen, immer noch in unserem Hause gewissermaßen als die Gutsherrschaft. Dies Bangen war nicht unberechtigt, denn der erste Alarm ließ nicht mehr lange auf sich warten: eines Tages erklärte Herr Parlow öffentlich und laut in meiner Küche, ich hätte nun gar nichts mehr zu sagen und würde enteignet. Es war bitter, sich von seinem ersten Beamten im Stich gelassen zu fühlen, auch wenn er nur als Vertreter von mir angestellt worden war, der Not gehorchend, ohne Auswahlmöglichkeit. Meine Freundlichkeit, Frau und Kinder nachkommen zu lassen, und mein Entgegenkommen in jeder Weise dankte er mir schlecht. Seitdem mir die Leitung des Betriebes aus der Hand genommen worden war, behandelte er mich wie Luft, ich war für ihn nicht mehr vor-

handen. Es ging sogar so weit, daß er das Geflügel, das er von den Dorfleuten erbat, und das sie ihm gaben in der Meinung, es wäre für Vera und mich bestimmt, in seinem eigenen Haushalt verzehrte, bis die Leute dessen gewahr wurden voller Empörung und ihm nichts mehr gaben. Er dachte nur noch an sich, wir waren ihm völlig gleichgültig. Leider konnte ich den Mann nicht mehr entlassen, denn das Recht stand jetzt nur dem Landrat zu, und es mußten beweiskräftige und stichhaltige Gründe vorliegen. Sein Verhalten mir gegenüber zählte nicht mehr.

Auch mein langjähriger Statthalter ließ seine Maske fallen und verkündete allen Leuten beim Dreschen triumphierend, Zettemin würde nun aufgeteilt und besiedelt. Für diesen Fall hatte er sich schon als Eigentum die geräumige, von mir neuerbaute Schnitterkaserne als Wohnhaus und die daran liegenden fünfundzwanzig Hektar Ackerland ausgesucht.

Der Bürgermeister Köppen hatte ebenfalls seine Wahl getroffen. Er baute sich später seine Wohnung, deren Einrichtung dank meiner Möbel und Teppiche besonders hübsch ausgefallen sein sollte, in meinen modernen Schweinestall ein, in dem richtigen Instinkt, dorthin zu gehören. Ich kochte, konnte aber nichts dagegen unternehmen, und der Landrat war machtlos.

Bald wurde er auch abgesetzt und durch einen Kommunisten ersetzt, der Werkmeister in einem kleinen mecklenburgischen Städtchen war und demnach ein durch keine Verwaltungskenntnisse getrübtes Urteil besaß. Wir kannten das aus der Nazizeit: stramme Parteilinie war alles, der Verstand würde schon mit dem Amte kommen. Vor dem Landrat hatte unser Kreislandwirt Konrad Wahnschaffe gehen müssen, und unser Polizeichef im Kreise, der treffliche Herr Hovemann, war bereits seit Wochen verhaftet und im Lager Fünfeichen bei Neubrandenburg festgesetzt worden, wo er dann umkam. Er war zu eng mit den bösen Gutsbesitzern verbunden gewesen. Damit war unser Kreis Malchin von den letzten tüchtigen leitenden Männern entblößt worden, trotzdem sie niemals Nationalsozialisten sondern immer scharfe Gegner des »Dritten Reiches« gewesen waren.

In dieser Auflösung aller vernünftigen und ordnungsmäßigen Bande befanden wir uns, zwar noch unbehelligt, doch wir konnten es uns an den fünf Fingern abzählen, daß es immer schlimmer kommen und schließlich zur Katastrophe führen mußte.

Franz Unruh sorgte vor, anzusehen wie der Fliegende Holländer mit meinem alten Filzjagdhut und meinem wallenden Lodenumhang als Rockersatz, da man ihm sein Jakett ausgezogen hatte, das schmale, abgemagerte Gesicht von einem schwarzen, struppigen Bart umrahmt. Bald war er da, bald entschwand er wieder, um unversehens plötzlich aufzutauchen wie ein Klabautermann. Zwischen Zettemin, dem Krankenhaus in Stavenhagen, wo es noch leidlich zu essen gab, und seiner einigermaßen erhalten gebliebenen Wohnung in Berlin geisterte er mit der Bahn oder auf Kartoffel-Lastautos unstet umher. Selbst den Russen war er unheimlich, und sie mieden ihn. Das machte er sich zunutze und schleppte heimlich unter seinem weiten Lodenumhang unbehelligt Silbersachen, kleine Kunstgegenstände, Bildchen und so weiter fort, um zu retten, was noch zu retten war.

Noch in die letzte Amtszeit des anständigen aber machtlosen Landrates fiel die Bildung der Siedelungskommissionen. Auch in Zettemin wurde durch den Bezirksbürgermeister Angermann eine ins Leben gerufen, zu welchem Zweck um die Mittagszeit in der Arbeitspause alle Einheimischen und Flüchtlinge am Gutshofe versammelt wurden. Mein Statthalter befand sich, wie es nicht anders zu erwarten war, mit Begeisterung unter den wenigen, die einen Posten in der Kommission übernahmen, von meinen Leuten gingen nur zwei, neuzugezogene, hinein, und der Rest waren Flüchtlinge. Alle übrigen drückten sich voller Empörung und wollten mit diesem Eigentumsraub nichts zu tun haben.

Fünf Hektar sollte jeder an eigenem Grund und Boden erhalten oder, wo dieser minderwertig war, siebenundeinhalb, lautete die Bestimmung im russischen Besatzungsgebiet, während in den Zonen der Engländer, Amerikaner und Franzosen, wenigstens einstweilen, keine Enteignungen und Aufteilungen vorgenommen wurden. Zum Leben waren diese für unsere Gegend winzigen Siedlungen zu klein, zum Verhungern zu groß, und eine Ablieferung zur Versorgung der Städte war ausgeschlossen. Jeder meiner Leute wurde gezwungen, Siedlungsland zu nehmen, andernfalls wäre er seiner Wohnung verlustig gegangen, hätte mit seiner Familie auf der Straße gelegen und wäre selber ein Vertriebener geworden. Wir konnten ihnen auf ihre Fragen, was sie tun sollten, da sie kein gestohlenes und erst recht nicht mir geraubtes Land nehmen wollten, immer nur dringend raten, um ihrer selbst willen dennoch zu siedeln. Sie sahen es schließlich ein und taten es dann mit dem Vorbehalt, das Land nur treuhänderisch zu übernehmen, um es uns sofort zurückzugeben, wenn eine Aufhebung dieser die Volksernährung zerstörenden Maßnahme wieder erfolgen sollte. Denn daß sie einmal rückgängig gemacht werden müßte, glaubten wir fest. Wie unglücklich meine Leute mit der ihnen aufgezwungenen Siedelei waren, erklärten sie uns immer wieder: ein sorgenfreies Leben hätten sie bisher geführt, hätten ihren Lohn und ihr reichliches Deputat erhalten, gleich, ob die Ernten gut oder schlecht ausgefallen waren. Und für alle Reparaturen der Wohnungen und sonstigen Bedürfnisse hätte ich gesorgt, so daß sie es gar nicht besser hätten haben können. Nun aber erwartete sie Arbeit über Arbeit, Sorgen, Not und nur geringer Verdienst.

Sogar unser gepflegter Wald war zu einem Drittel für die Aufteilung vorgesehen, während der größere Teil von zweihundert Hektar verstaatlicht werden sollte. Zum Glück wurde mein Förster in seiner Stellung belassen, und ich war überzeugt, daß er alles bis zur Grenze des Möglichen tun würde, um die Forst vor der Devastierung zu bewahren. Hatte er sie doch in siebenundzwanzigjähriger, liebevoller Pflege mit großer Sachkenntnis aufgebaut und trotz dem unmäßigen Rotwildbestande zu der wertvollen Höhe gebracht. Dem Walde hatte unsere besondere Liebe gegolten, ihn hatte ich zu meiner Sparbüchse gemacht, in ihn hatte ich stets alle herausgeschlagenen Einnahmen für Kulturzwecke wieder hineinfließen lassen.

Den Gemüsegarten übernahm unser prächtiger, alter Tanger als Handelsgärtnerei, den Park unser guter Brümmer, deren beider Zuverlässigkeit und Anhänglichkeit wir über fünfundzwanzig Jahre erprobt hatten. Tanger, der Treueste der Treuen, ohne den Zettemin nicht denkbar war, starb nach zwei Jahren, und Brümmer wurde späterhin von dem Bürgermeister außerdem mit dem Hausmeisteramt betreut, so daß wir wenigstens Haus und Garten einstweilen in den besten Händen wußten.

Bisher hatte ich in keiner Weise irgendeine amtliche Mitteilung über alle Maßnahmen erhalten. Es herrschte darüber Schweigen, und die Behörden taten, als ob ich gar nicht existierte. Ein Rundschreiben an alle Bürgermeister war die erste schriftliche Verlautbarung, die mir vor Augen kam und mir die Hoffnungslosigkeit unserer Lage offenbarte. Ich nahm mir Abschrift und lasse sie hier wortgetreu folgen:

»Stavenhagen, den 24.9.1945

An alle Herren Landbürgermeister des Bezirks Stavenhagen

Ich habe wiederholt feststellen müssen, daß die Gutsbesitzer sich noch als Eigentümer betrachten. Ich weise auf die Verordnung der Bodenreform hin, wonach mit Wirkung vom 1. 5. ds. Js. jeder Guts- und Großgrundbesitzer enteignet ist. Dazu gehören auch Schloß und Wohnraum des ehemaligen Besitzers.

Sollte irgendeinem Besitzer Einblick und Einmischung in die heutigen Verfügungen gewährt werden, sehe ich mich gezwungen, den betreffenden Bürgermeister oder auch Gutsverwalter zu bestrafen. Es steht keinem ehemaligen Besitzer zu, irgendwelche Einsprüche gegen Anweisungen des Landrats und des Bezirksbürgermeisters zu erheben. Dieses ist der Bevölkerung sowie den gesamten Besitzern bekanntzugeben.

Der Bezirksbürgermeister
gez. Angermann.«

Was sollte nun aus uns werden? Vorsorglich stellte ich Anträge auf Belassung von Restgütern, deren Größe bis zu hundert Hektar festgesetzt war, für Vera und mich in Zettemin und für Benita in Wolde bei der Siedelungskommission des Landratsamtes Malchin und bei der des Landratsamtes Burg Stargard für unseren, der Himmel weiß wo, und wahrscheinlich in Gefangenschaft befindlichen Botho in Mildenitz. Hieß es doch zunächst, daß wir als Nicht-Parteigenossen der NSDAP und Nichtflüchtlinge Restgüter erhalten würden. Alle drei Anträge

wurden aber abschlägig beschieden mit der Begründung, daß die Voraussetzungen auf uns nicht zuträfen. Es wurde aktive, antifaschistische Betätigung verlangt, daß hieß, daß man zum mindesten im Konzentrationslager gesessen haben und ein »Opfer des Faschismus« geworden sein mußte, wie der Fachausdruck lautete. Damit konnten wir allerdings nicht aufwarten. Der Sinn war, alle Gutsbesitzer, die »schmutzigen Feudalreste«, zu entfernen, um freie Bahn für den Raub zu haben und um jede Möglichkeit zu unterbinden, daß Kristallisationspunkte für etwaigen Widerstand gegen die sogenannte »Bodenreform« zurückblieben. Die Russen waren gute Lehrmeister, die deutschen Kommunisten gelehrige Schüler.
»Das sind keine Kommunisten, das ist Mob«, sagte Kadow zu uns, ein in Hamburg ausgebombter und in Zettemin untergekommener Kommunist. Er war ein anständiger Mann, mit dem uns in dieser Russenzeit geradezu Freundschaft verbunden hatte, und mit dem wir täglich unser Schwätzchen gemacht hatten. Immer hatte er, der scheinbar durch heimliche Kanäle orientiert wurde, uns Mut und Hoffnung auf einen Umschwung gemacht und uns im Falle der Not seine Wohnung zur Verfügung gestellt, in der er uns vor den Russen verstecken wollte: wir sollten nachts nur an sein Fenster klopfen. Es gab auch anständige Kommunisten, Idealisten, die sich gar nicht klar darüber waren, was der Kommunismus bedeutete und wohin er führte. Wer bisher Kommunist gewesen war und nun die Russen erlebt hatte, hatte umgelernt durch den denkbar besten Anschauungsunterricht. Jeder Kommunist in der Freien Welt spricht wie der Blinde von der Farbe: er sollte eine Freifahrkarte erhalten in die Länder, in denen die Regierungsform verwirklicht ist, die er herbeisehnt, und er würde von seinem Wahn geheilt werden. Der 3. Oktober 1945 war für uns der »dies irae«, der wie ein Blitz die dunklen Wolken zerriß und unsere furchtbare Lage grell beleuchtete. Vormittags kam Löttchen bleich und mit erschrocken aufgerissenen Augen und bat Vera und mich in das Bürgermeisterbüro. Auf meine Frage, um was es sich handelte, antwortete sie nur, es wäre etwas sehr Schlimmes. Wir gingen hinunter und fanden außer Löttchen und Köppen noch die Frau des Bezirksbürgermeisters

Angermann aus Stavenhagen, die Jüdin, vor. Mit scharfer, keifender Stimme eröffnete sie uns ohne Umschweife, daß wir nicht nur enteignet sondern auch mit unserer Tochter, mit meiner fünfundachtzigjährigen, unbeweglichen Mutter und mit meinem Bruder und seiner Frau ausgewiesen wären. Die Enteignung umfaßte auch die Beschlagnahme unseres Privatvermögens und gesamten Privateigentums. Sie würde nun ständig die nächsten Tage hier bleiben, um alles an Möbeln, Hausrat und so weiter aufzunehmen und aufzupassen, daß nichts entfernt würde. Die Ausweisung wäre in besonders entgegenkommender Weise erst auf den 5. Oktober festgesetzt worden, während den meisten nur wenige Stunden, manchem sogar nur eine einzige, zugebilligt worden wären. Wir hätten demnach zwei Tage Zeit, um alles zu packen, was wir mitnehmen wollten auf einem zweispännigen Kastenwagen, der uns bis zur nächsten Bahnstation zur Verfügung gestellt werden würde. Mehr dürfte es keinesfalls sein, auch kein Geld in größerer Summe und kein Schmuck von höherem Wert. An Geld besaß ich sowieso nur 250,- RM, da mir alles geraubt und die Bankkonten gesperrt waren, und Vera hatte auch nur noch 800,- RM. Den großen Schmuck verheimlichten wir selbstverständlich.

Wohin wir uns begeben wollten, war uns freigestellt, Bedingung war nur, uns wenigstens dreißig Kilometer von Zettemin zu entfernen. Sollten wir nicht wissen wohin, dann würden wir in dem Lager in Neukalen oder in einem Privatquartier in Dargun untergebracht werden. Wir dankten für beides, denn was ein Lager bedeutete, noch dazu eines, in dem bis jetzt rücktransportierte Ukrainer gehaust hatten, konnten wir uns denken. Desgleichen, daß wir nie wieder aus ihm herauskommen würden, wenn wir erst einmal in ihm gefangen säßen. Auch Dargun kam nicht in Frage, denn dort würden wir stets »greifbar« und weltabgeschieden leben müssen, ohne das Geringste zu erfahren. Wir fragten daher telegraphisch – wenigstens innerhalb Mecklenburgs konnte man wieder telegraphieren – bei Ruth Oertzen in Rostock an, ob sie uns aufnehmen könnte, und erhielten umgehend die rührend gute Zusage. So wußten wir wenigstens, wohin wir abziehen konnten.

Am nächsten Tage wurde mir folgendes Schriftstück ausgehändigt:

»Zettemin, den 4.10.1945

Auf Grund der Verfügung, daß alle Besitzer und deren Sippe bis zum 6.10.45 ihre Güter verlassen und ihren neuen Wohnsitz mindestens 30 km davon entfernt nehmen müssen, ist Graf Schwerin mit seiner Familie darauf angewiesen, Zettemin zu verlassen und in einer anderen Gemeinde zu leben.

Der Bürgermeister
gez. Köppen«

Das Ärgste, das uns außer Ermordung oder Verschleppung treffen konnte, war uns widerfahren: wir wurden mittellos und ohne jegliche Entschädigung von Haus und Hof vertrieben, auf die Straße gesetzt und in den flutenden Strom der Flüchtlinge gestoßen. Es war unfaßbar; dafür alle Kämpfe, Not und Mühsal unseres Hierbleibens! Bis hierher hatten wir wenigstens im Hause alles so gut wie vollzählig hindurchgerettet, nun war auch das mit einem Schlage vernichtet, und das Fünkchen Hoffnung auf ein gutes Ende verloschen. Der einzige, dafür allerdings köstliche und befriedigende Lohn und Trost war der, durch unser Bleiben bewirkt zu haben, daß unseren Leuten all ihr Hab und Gut erhalten geblieben und das Band zwischen ihnen und uns durch gemeinsam getragenes Leid unzerreißbar geworden war.

Telephonische Vorstellungen bei dem Landrat von seiten meines Bruders, daß wenigstens er und seine Frau von der Ausweisung nicht betroffen würden, gaben ihm die Erlaubnis, in Zettemin zu bleiben, da die Ausweisung nur die engste Familie, Mann, Frau und Kinder, betreffen dürfte. Doch was hätte das Recht genützt? Sich dem Befehl der Frau Angermann zu widersetzen, wäre mit so vielem Ärger und Schwierigkeiten verbunden und im Endergebnis doch fruchtlos gewesen, daß Alexander und Enni sich entschlossen, mit uns abzureisen.

Einen harten Kampf, daß meine Mutter in Zettemin zurückbleiben durfte, hatte ich mit Frau Angermann zu bestehen, die zunächst nichts davon wissen wollte. Sie behauptete dauernd, der Transport meiner Mutter ginge gut zu bewerkstelligen, indem sie in ihrem Bette liegend auf den Kastenwagen geladen würde. Daß sie die Fahrt lebend nicht überstehen würde, ging sie nichts an und rührte sie nicht im minde-

sten. Ihrer Mutter wäre es auch nicht besser ergangen, sie wäre in einem Sammellager von den Deutschen (sprich: von dem hundsgemeinen SD und den SS-Kommandos) vergast worden. Frau Angermanns Wut- und Rachegefühle konnte ich nun einigermaßen verstehen, ich ließ aber nicht locker, zumal ich Kenntnis erhalten hatte, daß der bedeutend jüngeren und körperlich rüstigen, alten Frau Wahnschaffe erlaubt worden war, in Rottmannshagen zu bleiben. Was der einen recht war, sollte der anderen billig sein, und ein Telephonat der Frau Angermann mit dem Landrat ergab schließlich auch die Genehmigung zum Bleiben meiner Mutter. Gott sei Lob und Dank! Sie durfte in ihrem bisherigen Zimmer weiter wohnen und von ihrer alten, guten Helene auch fernerhin gepflegt werden. Es sollte sich in ihrem einförmigen, traurigen Leben nichts ändern abgesehen von der bitteren Einsamkeit, wenn wir alle fort sein würden.
Der Kommunismus hatte an mir ganze Arbeit geleistet, er war sogar über das Ziel hinausgeschossen. Das Wort »Kommunismus« besagt, daß jeder an allem Besitz teilhaben soll, mir aber war auch mein Anteil genommen worden. Mit Galgenhumor stellte ich fest, daß man mit mir den Überkommunisten geschaffen hatte. Das war Frau Angermanns Werk, denn die Beschlagnahme unseres Privateigentums erfolgte ungesetzlich, wenn man überhaupt von einem Gesetz sprechen wollte, denn alle Maßnahmen beruhten lediglich auf Verfügungen der von den Russen eingesetzten, willkürlichen Regierungen in Mecklenburg, Brandenburg, Schlesien, Sachsen und Thüringen. Nach dem eigenartigen »Gesetz« der »Bodenreform« fiel nur der Grund und Boden und alles, was zum landwirtschaftlichen Betriebe gehörte, unter die Enteignung, während der übrige Privatbesitz unangetastet dem Eigentümer belassen werden sollte. In einem längeren Zeitungsartikel hatte der mecklenburgische Ministerpräsident diese, auch seine Auffassung, klipp und klar dargelegt und machte die Landräte und Bürgermeister für die Durchführung in diesem Sinne verantwortlich. Je nun, niemand kümmerte sich darum, Landräte und Bürgermeister taten, was ihnen beliebte. Mein Schreiben, an den Ministerpräsidenten persönlich gerichtet, blieb unbeantwortet, und es war nichts dage-

gen zu unternehmen, als Frau Angermann mit keifender Stimme anordnete, daß wir nur einen kleinen Kastenwagen mit Sachen mitnehmen dürften, denn alles wäre beschlagnahmt, und unsere Möbel und unser Hausrat würden unter die bedürftigen Flüchtlinge und Siedler verteilt werden. Unsere rund zweitausendfünfhundert Bände moderner Literatur umfassende Bibliothek, unsere Liebe und unser Stolz, bei deren Anblick selbst die Angermann entzückt war, sollte einer Leihbibliothek zugeführt werden.

Die letzten Stunden in der Heimat

Die Galgenfrist von zwei Tagen benutzten wir zum Zusammensuchen der nötigsten, uns noch verbliebenen Sachen, die wir mitnehmen wollten. Vornehmlich aber sichtete ich alle meine Akten und Papiere, um die wichtigsten an mich zu nehmen und alle übrigen zu vernichten. Schweren Herzens überantwortete ich alle Briefe und Erinnerungen an meine Lieben von meiner Kindheit an dem Feuer, und es erschien mir, als ob ich damit die Brücken zur Vergangenheit abbrach und das Gewesene auslöschte. Die Photographien von Vera, den Kindern und meinen Eltern nahm ich jedoch an mich, denn ich wollte nicht, daß sie in die Hände wildfremder Rohlinge fielen, wie ich es mit den herumflatternden Bildern unserer Pinnower Nachbarn Maltzahn erlebt hatte.

Die Familienbilder in den Wohnräumen und die geschlossene Reihe meiner Ahnenbilder im Eßzimmer und im Treppenhaus mußten zu meinem Schmerz an den Wänden hängen bleiben, da Zeit und Möglichkeit fehlten, sie fortzuschaffen. Als später im Eßzimmer und im Hause die Dorfschule untergebracht wurde, kamen die Ahnenbilder gottlob in die Kirche, wo ich sie einstweilen geborgen wußte. Sie lagen mir besonders am Herzen, da es die einzigen, noch existierenden unserer Linie waren nach der Vernichtung aller ihrer Schlösser.

Während ich mich in meinem Arbeitszimmer beim Sichten befand, stürzten sich Frau Angermann und Herr Parlow vor meinen Augen auf meine Schreibpapier-, Büchervorräte und Schreibausrüstung und begannen, alles fortzuschleppen, was sie gebrauchen konnten. Als sich aber Herr Parlow gar meine Rechenmaschine unter den Arm klemmte und mit ihr abzog, sah ich rot: das war zu unverschämt. Aber was half es,ich mußte mich beherrschen und stillehalten. Frau Angermann blieb auch nachts in Zettemin, um zu verhindern, daß wir etwas heimlich entfernten, und nahm pro forma ein Verzeichnis aller Möbel auf, denn das sah sachlich und gewissenhaft aus. Wie wir später erfuhren, vervollständigte sie als erste ihre Wohnung in Stavenhagen mit unseren besten Sachen. Zum Glück hielt sie sich im Hintergrunde, wir zitterten aber immer, daß sie plötzlich irgendwo auftauchen könnte, denn wir verschleppten und verbargen, soviel wir konnten. Zum Glück kündete ihre scharfe Stimme immer rechtzeitig an, wo sie sich befand. Brümmer und Emma, die Beschließerin, übertrafen sich selbst: sie halfen uns, wo und wie sie konnten. Vieles schafften wir mit ihrer Hilfe in das Zimmer meiner Mutter, das im ganzen Hause die größte Sicherheit bot, denn aus Scheu und Rücksicht auf die alte gebrechliche, im Bett liegende Frau wurde es als einziges niemals planmäßig durchstöbert.

Der folgende und letzte Tag war mit der gleichen Betätigung ausgefüllt und mit dem Zusammenstellen von drei Metallbetten mit Inhalt und dem Packen einer kleinen Kiste mit Lebensmitteln und vier weiteren mit dem notwendigsten Koch-, Eß- und Waschgeschirr. Drei von den Russen aufgeschlitzte aber noch reparaturfähige, leider nicht mehr abschließbare Handkoffer und ein uralter Reisekoffer nahmen die geringen, uns verbliebenen Reste an Wäsche und Toilettengegenständen, Kleinigkeiten, an denen unser Herz hing und die uns nützlich sein konnten, und die wichtigsten Papiere auf. Mehr durften und konnten wir nicht mitnehmen, denn mein Bruder Alexander und Enni hatten auch noch einiges Gepäck, und alles zusammen durfte nicht mehr Raum beanspruchen, als ihn ein zweispänniger Kastenwagen bot.

Der Tag verging nur zu rasch, und wir wurden kaum mit dem Nötigsten fertig; am nächsten Morgen sollte unsere Abfahrt erfolgen. Abgearbeitet und müde saßen wir nach dem Abendessen zum letztenmal im grünen Wohnzimmer um den niedrigen, runden Marmortisch am Kamin, in dem so oft ein lustiges Feuer wärmespendend und besinnlich stimmend gebrannt hatte. An diesem Abend war er dunkel, und es fehlte auch die Flasche guten Weines. Ich konnte es nicht wagen, die letzte Flasche alten Burgunder aus ihrem Versteck in den Untiefen der Couch herauszuholen oder an das Versteck hinter den Büchern unserer Bibliothek heranzugehen. Dunkel war auch das Zimmer, nur von dem flackernden Schein der letzten Kerze schemenhaft erleuchtet, da der elektrische Strom erst spät abends eingeschaltet wurde. Wir ruhten aus, und jeder hing seinen Gedanken nach.

Da öffnete sich die Tür, und ein unbekannter russischer Offizier trat herein begleitet von unheimlich aussehenden fremden Soldaten oder Halbsoldaten lungerten im Zimmer herum, die Lage wurde ungemütlich. Was wollten die durchaus nicht freundlich blickenden Fratzen? Die Antwort ließ nicht lange auf sich warten.

Nachdem sich der neben mir sitzende Offizier umständlich eine Zigarette mit Zeitungspapier gedreht und entzündet hatte, radebrach er einige Brocken von einem Loch in der Erde und Silber. Sofort wußte ich, was geschehen war, stellte mich aber unwissend und verständnislos, um zunächst herauszuhören, inwieweit unser Silberschatz wirklich entdeckt worden wäre, und um Zeit zum Überlegen zu gewinnen. Die mögliche Entdeckung unseres Silberversteckes hatte mich alle die Monate hindurch gequält und besorgt. Noch heute am späten Nachmittag, als ich mich bei meiner Mutter aufhielt, war mir der Gedanke daran sogleich wieder gekommen, als ich Nicolai mit umgehängtem Gewehr und von einer aufgeregten Dorfjungenschar begleitet in der Richtung des Gemüsegartens am Fenster vorbeieilen sah. Nun war das Unglück am letzten Tage unseres Aufenthaltes in Zettemin doch noch geschehen, wie sich im Laufe der stockend mit dem russischen Offizier geführten, kümmerlichen Unterhaltung ergab. Es blieb mir schließlich nichts anderes übrig, als unsere Absicht, das Silber verborgen zu halten, zuzugeben, denn ein Leugnen hätte die Lage nur verschlimmert. Ich wurde nun unter Bewachung in das oben im Wirtschaftsflügel gelegene Wohnzimmer Nicolais geleitet und mußte zwischen zwei Russen auf dem Sofa Platz nehmen. Mir gegenüber am Tisch saß ein mir unbekannter, junger Offizier der Kommandantur Stavenhagen, ein weißer Rabe, wie ich seinesgleichen bisher unter den Russen nicht erlebt hatte: ruhig, sachlich, sauber, fast mochte ich sagen sympathisch. Desto ekelhafter sahen seine Trabanten aus, die teils am Tische saßen, teils herumstanden und das Zimmer restlos füllten. Beleuchtet wurde die Szene von zwei Lichtstumpen, die auf Flaschen steckten.

Es setzte ein greuliches Verhör ein, bei dem sich besonders widerwärtig der früher umgängliche Nicolai hervortat, der mich anschrie und bedrohte. Um das Silber ging es weniger, und das Thema wurde bald fallen gelassen, als ich erklärte, ich wäre nur zur Ablieferung von Gold- und Silberbarren, nicht von verarbeitetem Gebrauchssilber verpflichtet gewesen. Die Russen vermuteten vielmehr, daß ich, wie das Silber, Schußwaffen versteckt oder aus dem Versteck herausgenommen und rasch wieder anderwärts verborgen hätte. Da ich nicht so töricht gewesen war, das zu tun, konnte ich ihren Wissensdurst nach weiteren Verstecken nicht stillen und ebensowenig ihre Frage beantworten, wer das Versteck geöffnet hätte. Das hätte ich gern selber gewußt, denn es kannten das Versteck außer Vera und mir nur Herr Parlow und Unruh, die seinerzeit die Schätze versenkt hatten, und schließlich der gute Tanger, der sich jedoch eher hätte in Stücke reißen lassen, als es zu verraten. Unruh schied aus, da er längst in Berlin war, und es von mir oder Benita anzunehmen, wie die Russen es taten, war ungereimt. Schrecklich wurde auch der armen Benita zugesetzt, die in das Zimmer nachgeholt worden war. Sie war scheinbar beobachtet worden, als sie nachmittags im Garten verborgenen, kleinen Schmuck an sich genommen hatte, um ihn auf die Reise mitzunehmen. Als die Russen einsahen, daß aus mir nichts herauszuholen war, ließen sie von dem Verhör ab, und ich wurde aufgefordert, den Inhalt aller meiner Taschen zu entleeren und auf den Tisch zu legen. Donnerwetter, das fehlte gerade! Kurz zuvor hatte ich wegen der am nächsten Morgen erfolgenden, unfreiwilligen Abreise Veras kostbares Brillantenkollier und Ohrgehänge, die sie heute nachmittag aus dem Versteck im Walde herausgeholt hatte, in meine hintere Hosentasche gesteckt. Dazu noch andere wertvolle Dinge aus dem Waldversteck, darunter meine goldene, liebe Springdeckeluhr mit Kette, von meinem Urgroßvater stammend, die mich seit meiner Einsegnung ständig begleitet und nie im Stich gelassen hatte. Ich mußte auspacken, ob ich wollte oder nicht. Als ich fertig war, wurde ich von oben bis unten abgetastet mit negativem Erfolge, denn ich hatte alle Taschen restlos geleert. Meine alte, goldene Taschenuhr samt Kette entschwand als erstes Stück in der Kartentasche des Offiziers, und mein Taschenmesser mit vielen Instrumenten wurde ebenfalls von ihm vereinnahmt. Alle anderen kleinen Gegenstände, einschließlich meines Portemonnaies mit vollem Inhalt nach genauer Durchsicht, wurden mir feierlich Stück für Stück von dem Gentleman zurückgereicht. Als mir als letztes sogar der helle, kleine Brustbeutel aus weichem Leder und das Brillantenkollier mit den Ohrgehängen, das die ganze Zeit ausgebreitet auf dem Tisch gelegen hatte, zurückgehändigt wurde, war ich paff. Dies Wunder konnte ich mir nur damit erklären, daß der Wert dieses Schmuckes den Russen gar nicht klar geworden war, da keiner der Anwesenden jemals einen solchen gesehen hatte. Den Freudenstrahl, der mich durchzuckte, ließ ich mir nicht anmerken; gelassen, aber innerlich jubelnd, steckte ich den Beutel mit dem Inhalt, der nunmehr unser ganzes Vermögen darstellte, wieder ein.

Es hatte bereits zweimal ein Unstern über den Steinen gestanden, doch beide Male war alles gut abgelaufen. Am Nachmittage vor dem abendlichen Russeneinbruch hatte Vera sie unserem Freunde Franz Unruh mit anderen wertvollen, kleinen Dingen in einem Blechkasten zum Vergraben im Walde übergeben. Die Russen waren aber gekommen, bevor Unruh sein Vorhaben hatte ausführen können, und durchwühlten sein Bett, in dem er den flachen Blechkasten versteckt hatte. Als Vera dies voller Schrecken bemerkt hatte, hatte sie Unruh angewiesen, hinzustürzen und mit einer Wolldecke den Kasten zu raffen. Es war gelungen, und nach zwei Tagen war es ihm geglückt, den Blechkasten im Walde zu vergraben. Aber erst nach Wochen hatte er Vera das Versteck zeigen können, dessen Lage nicht einmal ich kannte.

Am heutigen Nachmittage war es Vera zunächst unmöglich gewesen, den Kasten wiederzufinden. Verzweifelt hatte sie ihn gesucht, denn ein Dachs hatte ausgerechnet an dem Baumstumpf gearbeitet und das Versteck verschüttet. Endlich war es ihr doch noch gelungen, den Schatz wiederzufinden, zu heben und sicher heimzubringen. Nun war er mir von den Russen erst abgenommen und dann wiedergegeben worden. Es sollte noch unglaubwürdiger kommen. Als ich in unsere Wohnräume zurückgeführt wurde – die Russen ließen mich nicht mehr aus den Augen –, stöberten dort überall die Russen herum, und der Teufel schien mit einem Male los zu sein. Sie hatten in einem unserer Handkoffer die Kerzen gefunden, die uns der nette, kleine Franzose Raymond geschenkt hatte, nachdem er sie den Russen entwendet hatte, und beleuchteten mit ihnen ihr Unwesen. Uns verblieben dafür die primitiven russischen Lichtspender, kleine Blechbüchsen mit Loch und Docht im Deckel und blakendem Flämmchen, das von einer mörderisch stinkenden, petroleumartigen Flüssigkeit gespeist wurde. Zu sehen war dabei so gut wie nichts.
Als ich einen Augenblick mit Vera allein sein konnte, berichtete ich ihr von meinem Verhör und der unfaßbaren Rückgabe des Schmuckes, griff in meine hintere Hosentasche und – erstarrte: sie war leer! Hatten mir doch diese verfluchten Russen den Beutel mitsamt den Brillanten wieder aus der Tasche herausgestohlen, ohne daß ich das Geringste verspürt hatte! Nun waren wir auch noch unseres letzten Rettungsankers beraubt, mit dessen Hilfe wir unser zukünftiges Leben neu gestalten wollten.
Zum Nachsinnen wurde mir keine Zeit gelassen, denn ich wurde genötigt, unter Bewachung durch finster blickende Russen in die Wirtschaftsküche zu gehen. Dort mußte ich am breiten und langen Küchentisch Platz nehmen, auf dem zwei Kerzen brannten. Mir gegenüber setzten sich derselbe Offizier, der mich verhört, sich aber meine Sympathie durch das Verschwindenlassen meiner goldenen Taschenuhr verscherzt hatte, und die ekelhafte Frau Angermann. Die geräumigen Blechmottenkästen aus dem Gartenversteck standen bereit und wurden entleert. Alles Silber wurde auf dem Tisch, der durch

Ansetzen eines zweiten verlängert worden war, aufgebaut, und ich konnte zum letztenmal die schönen Dinge betrachten: den schweren, schalenförmigen Rokoko-Tafelaufsatz mit der Menge der eingelassenen Taler aus dem Dreißigjährigen Kriege, die beiden hohen, je neunkerzigen Rokoko-Kandelaber, die uns oft bei festlichen Diners geleuchtet hatten und die nun doch nicht rechts und links an meinem Sarge brennen werden. Vier Kaffee- und Teeservices, ein Haufen großer und kleiner Platten, Schüsseln, Saucieren, Büchsen und so weiter und Eßbestecke für vierundachtzig Personen blitzten und blinkten mich an, denn das Putzen des Silbers war die Leidenschaft unseres guten Brümmer gewesen. Die beiden Tische standen und lagen rappelvoll, da auch das Silber meiner Mutter und Benitas hinzugekommen war. Der Offizier nahm auf Russisch mit kyrillischer Schrift ein genaues Verzeichnis auf, da alles Silber nur »sichergestellt«, beileibe nicht gestohlen wurde! Er, Frau Angermann und ich mußten das Verzeichnis unterschreiben, und ich erhielt feierlich eine Durchschrift überreicht. Danach wurde alles wieder in die Blechbehälter hineingeworfen und diese auf ein kleines Lastauto geladen, das nahe der Wirtschaftsküche gehalten hatte. Damit war alles Silber meinen Blicken für immer entschwunden. Der Offizier entließ mich, drückte mir beim Abschied wie ein Gentleman die Hand, und ich durfte unter Bewachung wieder nach unseren Wohnräumen gehen.

Ich kam nur bis in die Halle, wo die Russen eifrig beschäftigt waren, in Veras Beisein unsere fünf mühsam von Brümmer und dem Stellmacher gepackten Kistchen mit Geschirr und Eßvorräten wieder aufzubrechen und alles herauszureißen. Was dabei nicht in die Brüche ging, mußte abermals eingepackt werden.

Plötzlich herrschte unter den Russen gespielte Aufregung: eine Kiste fehlte, es waren nur noch vier vorhanden. Alles Suchen nützte nichts, denn die Russen selber hatten sie beiseitegeschafft. Gerade sie war für uns lebenswichtig, denn sie enthielt unsere Nahrungsmittel. Als sich die Gemüter beruhigt hatten, und alles wieder verstaut war, begaben wir uns hinauf in unsere Schlafzimmer, um dort das letzte zu packen und uns zur Ruhe zu begeben.

Oh weh, wie sah es dort aus! Unter der Führung von Frau Angermann waren die Russen auch dort dabei, alles, aber auch alles aus den Koffern herauszureißen, auf die Betten oder den Fußboden zu werfen, kaputtzumachen oder an sich zu nehmen, was ihnen begehrenswert erschien. Es war ein Jammer, die letzten und notwendigsten Dinge zu verlieren, die man sich noch hatte zusammenklauben können. Plötzlich gab es auch hier große Aufregung: ein Russe hatte unglückseligerweise in einer Tasche meiner Pelzjoppe eine Schrotpatrone gefunden, die wahrscheinlich von der letzten Jagd im vergangenen Winter herrührte. Bedrohung mit der Faust vor meiner Nase mit unendlichem Wortschwall und mein Versuch, den harmlosen Fund zu erklären, bildeten nochmals einen dramatischen Höhepunkt, der aber nicht mehr in die Tiefe meines Gemütes drang, denn ich war bereits so abgestumpft, so müde, müde.
Während die Russen bei mir alles durcheinanderwarfen, war Vera schon wieder mit dem Einpacken ihrer durcheinandergewürfelten Sachen in ihrem Schlafzimmer nebenan beschäftigt. Als sie damit fertig war, und die Russen sich verzogen hatten, kam sie zu mir herein, um mir zu helfen. Doch da hörten wir die Russen schon wieder in ihrem Schlafzimmer rumoren, und es zeigte sich, daß sie wieder alles aus dem Handkoffer herausrissen. Vera wollte es verhindern mit den Worten: »Nun laßt das doch, Ihr habt ja eben erst alles schon einmal durchwühlt«, sie wurde aber nur mit einem »Raus!« hart angelassen. Wie alles einmal ein Ende hat, hatten es auch dieser nächtliche Wirrwarr und die Plünderei, denn es war mittlerweile Mitternacht geworden. Die Russen zogen sich zurück und machten es sich auf den Sesseln und Fußböden im grünen Wohnzimmer, auf den Fluren, in der Halle, allüberall bequem mit unseren Kissen und Diwandecken, schwatzten, rauchten ihre Zeitungspapierzigaretten oder schliefen.
Vera, Benita und ich, todmüde, wollten es auch tun, zuvor aber packte Vera ihren Handkoffer zum dritten Male beim flackernden Schein der russischen, stinkenden Tranfunzel. Als alles im Handkoffer verstaut war, und auch sie sich mit einem Seufzer der Erleichterung endlich zur Ruhe legen wollte, fiel ihr etwas Helles auf, das auf dem Boden lag.

Ach, laß es liegen, dachte sie, doch ihre Ordnungsliebe siegte, sie erhob sich, bückte sich, hob es auf und konnte es kaum fassen: es war der helle, lederne Brustbeutel mit den Diamanten! Ihn hatten nun wieder die Russen verloren. Jetzt wurde uns ihr unverständliches, sich immer wiederholendes Durchwühlen unseres Gepäckes verständlich: sie suchten, was sie verloren hatten. Nie wieder sollten sie den Schmuck in die Hände bekommen, dafür sorgte Vera, indem sie ihn nun sicher einnähte.

Bedeutend wohler war uns jetzt zumute, wenn man von einer solchen Gemütsverfassung in unserer Lage sprechen wollte. Wir legten uns angekleidet auf unsere Betten, schliefen aber kaum, da wir immerfort die Ohren spitzten, da Russen jeden Augenblick hereinkommen konnten. Sie hatten im obersten Stockwerk die mit starken Brettern vernagelte Verbindungstür aufgebrochen und tobten frühmorgens hemmungslos im ganzen Hause herum. Zum Glück blieben wir unbehelligt, frühstückten aber am nächsten Morgen äußerst ungemütlich neben unseren Betten und Koffern inmitten des Tohuwabohu, das die Plünderei des gestrigen Abend angerichtet hatte. Wir wurden gefangen gehalten, durften unsere beiden Zimmer nicht verlassen, und niemand im Hause durfte mit uns sprechen. Die Lage war dermaßen ungemütlich und undurchsichtig geworden, daß wir unsere Abfahrt als Erlösung herbeisehnten, aber wir ahnten nicht, wann sie erfolgen würde. Wie uns später klar wurde, lag der Grund der Verzögerung unserer Abreise darin, daß wir den Zug in Stavenhagen versäumen sollten.

Wir legten uns wieder auf unsere Betten, um ruhend die Zeit totzuschlagen, da wir doch nichts beginnen konnten. Jede Viertelstunde kam ein russischer Offizier herein, setzte sich stumm ein Weilchen auf einen Stuhl neben unseren Betten, starrte uns an und verschwand wieder. Ein anderer brachte mir die Ordensschnalle meines Bruders Alexander, die beim Durchwühlen seiner Sachen entdeckt worden war, und überreichte sie mir feierlich. So unterschiedlich beurteilte das eigenartige Volk den Wert einer Dekoration, denn meine, die nun in einem Fuchsbau ruhte, war nicht so ehrenvoll behandelt worden:

mit ihr hatten die Russen meinen Förster an seinem Hosenlatz dekoriert!
Die Stunden schlichen dahin, bis es für mich noch einmal eine besondere Überraschung gab: es öffnete sich die Tür, herein traten ein fremder Offizier und einige Soldaten mit Maschinenpistolen über den Schultern, und ich wurde aufgefordert, mitzukommen. Ich war auf meine Exekution gefaßt. Auf dem Treppenflur sah ich mich mehreren Offizieren und GPU-Männern der Kommandantur Stavenhagen gegenüber, die mich höflich empfingen und fragend auf einen Wäschekorb wiesen, der mit Silbersachen vollgehäuft war. Ich erkannte gleich lauter Dinge aus der Sammlung Oppenheim, aber auch verschiedene große Tabletts, die ich als mir gehörig angab. Unsere Hausrussen, wenn ich sie so bezeichnen darf, hatten sie längst selber in Benutzung genommen. Damit war der Fall erledigt, und ich nahm allen Mut zusammen, um mit Würde das letzte Mal die Treppe hinunterzugehen. Oh Wunder! Mit innerem Jubel stellte ich fest, daß man mich in mein Arbeitszimmer führte, das gerammelt voll mit einigen zwanzig Soldaten, GPU-Männern, Offizieren und Kommissaren in Ledermänteln war. Wortführer war der trotz allem nicht unsympathische, junge Offizier, der mir am gestrigen Abend das Tafelsilber abgeknöpft, Verzeihung, »sichergestellt« hatte. Es folgte eine ergötzliche, satirische Komödie: feierlich überreichte mir der Offizier einen Haufen Schlüssel! Was sollte ich mit ihnen beginnen, da alles aufgebrochen, Schränke und Schubfächer ausgeräumt und nicht mehr verschließbar waren? Ausgehändigt wurde mir nach Abschluß auch der Türschlüssel zur Bibliothek, nachdem ich mich zum Schein vorher hatte vergewissern müssen, daß nichts von der Oppenheimsammlung seit gestern fehlte, deren Reste wir dort zusammengetragen hatten. Damit war ich entlassen und kehrte in unser Schlafzimmer zu Vera und Benita zurück.
Gott sei Dank bekamen wir einen Teller Suppe, da es längst Zeit zum Mittagessen geworden war, und der Magen uns gewaltig knurrte. Dann begann das Warten auf unsere Abfahrterlaubnis auf den Betten liegend von neuem, bis es unvermittelt gegen vierzehn Uhr hieß, wir dürften losfahren. Ich ließ es mir nicht zweimal sagen, denn wir hatten

nur einen Gedanken: fort von hier so rasch wie möglich. Ich bestellte den zweispännigen Kastenwagen, der uns gnädigst gestellt werden und uns sowie meinen Bruder und meine Schwägerin mit unserem Gepäck zur nächstgelegenen Bahnstation Stavenhagen bringen sollte. Wir nahmen Abschied von meiner lieben, alten Mutter, die friedlich in ihrem Sessel am Bette saß. Das Furchtbare allen Geschehens war ihr, Gott sei Dank, gar nicht mehr zum Bewußtsein gekommen, war nicht mehr in die Tiefe ihrer Seele gedrungen. Ein gnädiges Geschick hatte sie durch ihr langes Siechtum so abgestumpft, daß es sie vor dem grausamen Abschiedsschmerz bewahrte. Auch wir hofften und glaubten, es wäre eine Trennung von nicht allzu langer Dauer, während es eine für immer in diesem Leben wurde. Sie starb nach zweieinhalb Jahren in ihrem altgewohnten Zimmer, nachdem ihr zu allem Leid noch kläglicher Frost in den beiden folgenden Wintern nicht erspart geblieben war. Sie hatte sie nur durchhalten können, indem sie fest im Bette liegengeblieben war.

Danach verabschiedeten wir uns von allen unseren Hausleuten und Gästen, die die Halle füllten und mit den Tränen kämpften. Auch Frau Pastor Witt war gekommen, während ihr Mann es nicht hatte über sich bringen können, der traurigen Abfahrt beizuwohnen. Die Treppe füllten neugierig blickende Russen, während den Russinnen die Tränen herabliefen.

Zwei Familien zeigten sich bezeichnenderweise nicht: die des Försters und des Ersatzinspektors. Beide hatten ein schlechtes Gewissen und hielten ihr Fernbleiben für diplomatisch. Auch hatte mein Förster es mir tödlich übelgenommen, daß ich ihn gewaltig angepfiffen hatte, als er Benita und die anderen Mädchen seinerzeit in Peenwerder den Russen ausgeliefert hatte. Dafür drückte uns Frau Angermann herzlich und mit allen guten Wünschen die Hand und betrachtete sich von Stunde an als die alleinige Herrscherin über Zettemin, die Schlange! Brümmer und Tanger, die Getreuen, und viele helfende Hände verstauten unterdessen unser Gepäck. Leider fehlte Benitas Handköfferchen, in den sie ihre allerletzten, ihr noch verbliebenen, bitternotwendigen Habseligkeiten gepackt hatte. Die verdammten Russen hatten ihn vormittags von den anderen in der Halle zusammengestellten Sachen auch noch fortgestohlen. Die Ärmste besaß nun nichts mehr und mußte sich, leichtbeschwingt wie ein Vöglein, auf die Reise begeben in ihrer alten, zerrissenen, blauen Arbeitshose und auf ausgelatschten Sandalen, da sie nicht einmal mehr einen Rock und Schuhe ihr eigen nannte.

Bei dem Aufladen schob sich ein netter Flüchtling, ein Schlachtmeister aus Pommern, mit dem uns ein besonderes Vertrauensverhältnis verband, wie von ungefähr an Vera heran und flüsterte ihr zu: »Fahren Sie nicht über Stavenhagen sondern über Malchin. Es ist nicht nötig, daß Herr Graf dem Stavenhagener Kommandanten noch einmal in die Hände gerät.« Er folgerte richtig, denn infolge unserer hinausgezögerten Abfahrt wären wir gezwungen gewesen, die Nacht in Stavenhagen zu verbringen, da der einzige, tägliche Zug nach Güstrow bereits um die Mittagszeit durchgefahren war. Die Gelegenheit, uns nochmals gründlich nach dem Schmuck zu durchsuchen und zum letztenmal auszuplündern, hatten sich die Russen schlau ausgedacht. Es hatte begonnen, zu regnen, und war kalt: »Zum Abschiednehmen just das rechte Wetter.« Sollte ich lachen oder heulen?: Da stand Brümmer, der Gute, wie in altgewohnten Zeiten bei einer Abreise und hielt mir meine Spazierstöcke – die Plünderer hatten kein Interesse für sie gehabt– zur Auswahl hin, welchen ich mitzunehmen gedächte! Ich verzichtete dankend, denn mit unnützen Dingen konnte ich mich unmöglich noch beschweren.

Wir kletterten auf einer Leiter auf den Kastenwagen: Vera, Benita, mein Bruder, meine Schwägerin und ich und setzten uns bequem auf die weichen, zusammengerollten Bettmatratzen. Vorn auf den Sitz neben dem Kutscher schwang sich unser guter Brümmer, der uns beim Abladen am Bahnhof behilflich sein wollte. Die Pferde zogen an, und mit Segenswünschen und unter dem Winken der Zurückbleibenden, die sich gewaltsam die Tränen verhielten, um uns den Abschied nicht noch schwerer zu machen, fuhren wir ab. Jetzt erst gab ich dem Kutscher den Befehl: nicht nach Stavenhagen sondern nach Malchin.

Wie wir uns später haben erzählen lassen, sollten sich die uns Nachschauenden gewundert haben, daß wir nicht nach links sondern nach rechts in die Dorfstraße einbogen. Glücklicherweise war Löttchen Keyserlingk im rechten Augenblick der rettende Einfall gekommen: »Sie werden den Feldweg nach Stavenhagen nehmen.« Daß dies einen erheblichen Umweg bedeutet hätte, war der ortsunkundigen Frau Angermann nicht klar, und sie erhob daher keinen Einspruch. Auch diese Klippe war glücklich umschifft worden.

Gott sei Lob und Dank, nun waren wir frei! Dies Gefühl war in mir so stark, daß ein Abschiedsschmerz, Haus und Hof und alle unsere Getreuen verlassen zu müssen, nicht aufkam. Das letzte halbe Jahr und diese letzten Tage mit ihren Schreckschüssen und dauernden Aufregungen machten mir den Abschied in der Tat leicht. Es war ja auch kein Abschied für immer, denn Vera und ich hatten so felsenfest das Gefühl unserer über kurz oder lang erfolgenden Rückkehr, daß es mir vorkam, als ob wir nach erfüllter Pflicht und erledigter Arbeit nun zu einer Erholungsreise aufbrachen. Gefühle in *solchen* Augenblicken trügen nicht.

Wir klapperten durch das Dorf, das ausgestorben zu sein schien: niemand ließ sich blicken, und alle Fenster und Türen waren verschlossen. Unsere Leute hatten den schmerzlichen Anblick unserer Vertreibung nicht mitansehen wollen. Sie wußten, was wir ihnen gewesen waren und ahnten, was ihrer, auf sich allein gestellt, harrte.

Wir fuhren an der alten gotischen Feldsteinkirche der Zisterziensermönche mit ihrem gedrungenen Turm, in dem die Dohlen hausten, an der nun endgültig verdorrten Hitler-Eiche und an dem Pfarrgehöft vorbei. Hier hatten in Fritz Reuters »Stromtid« Mining un Lining gelebt und Mining im »großen Wassergraben« mit Fritz Triddelfitz gesessen. Vorbei ging es am Schießberg, um den der wackere alte Pastor mit Bibel und fliegendem Talar den leibhaftigen Teufel dreimal gejagt und vertrieben hatte, und an der alten knorrigen, verkrüppelten Kiefer im Grenzrain, an der sich vor langen Zeiten ein alter Mann aufgehängt haben sollte. Erinnerungen flogen vorbei auf Schritt und Tritt, während wir auf unserem Hausrat auf dem Kastenwagen thronten wie arme Leute, die umzogen. Die wußten immerhin, wo sie sich wieder häuslich einrichten und ihr Haupt würden niederlegen können, wir aber wußten es nicht. Eigenartig spielte der Zufall: auf einem fremden, kleinen Kastenwagen eines Stavenhagener Fuhrunternehmers hatte ich vor siebenundzwanzig Jahren meinen Einzug in Zettemin gehalten, auf ähnliche Art zog ich wieder davon. Gesegnete Jahre des Glückes und des Leides hatten mir jedoch einen Reichtum beschert, den mir niemand, auch kein Russe und kein Kommunist, rauben konnte, da er in mir selber ruhte.

Wir überfuhren eine kleine Bodenwelle, der putzige Kirchturm, das letzte Zeichen von Zettemin, wurde kleiner und kleiner, bis auch die Wetterfahne auf seiner Spitze untertauchte. Dann ging es über die Gutsgrenze, und wir waren losgelöst von der heimatlichen Erde, von Zettemin. Tiefe, schwere Regenwolken fegten unter dem Himmel dahin und ließen mir die trostvolle, froh und zuversichtlich stimmende Strophe des alten Kirchenliedes immerfort durch den Sinn gehen.

»Befiehl du deine Wege
und was dein Herze kränkt
der allertreusten Pflege
des, der den Himmel lenkt.
Der Wolken, Luft und Winden
gibt Wege, Lauf und Bahn,
der wird auch Wege finden,
da dein Fuß gehen kann.«

FRIEDRICH GRIESE

Ein Dichter muß gehen

An einem der nächsten Nachmittage kommt von dorther, wo die Chaussee in die Stadt einbiegt, ein dumpfes, polterndes Dröhnen und Stampfen: russische Panzer. Wir sind darauf vorbereitet, aber im Augenblick verstummt wie auf ein lautlos gegebenes Zeichen jedes Leben im Hause. Später können wir uns darauf besinnen, wann es da drüben wieder still wurde.

In dieser Nacht schlafen wir nicht. Am Morgen sehr früh hören wir Schläge gegen die Haustür, ich bin vor Hellwerden nach unten gegangen und öffne. Vor mir steht ein Soldat im Mantel, mit einem Handbeil im Gurt. Er geht an mir vorbei, über die Diele in mein Arbeitszimmer, die Tür dahin ist offen. Dort hält er, seitlings hat er Bücherregale, russische Dichter, was er ja nicht wissen kann. Mit einer lässigen Handbewegung reißt er eine Broschüre heraus, die den Briefwechsel Leo Tolstois mit der Gräfin A. A. Tolstoi enthält, seiner Tante, Hofdame bei der Tochter Nikolaus I. Mein Zugreifen kommt zu spät, und da das Buch ja geheftet ist, öffnet es sich beim Fallen, liegt dann zwischen uns und zeigt ein Bild des Dichters in seinen jüngeren Jahren. Der Soldat sieht hinunter, legt beide Hände gegen das Gesicht und ruft: »Rußki!« Dann läuft er zur Tür hinaus und über die Wiesen, in den Büschen vor dem Wald verschwindet er.

Bald darauf ist ein junger Offizier bei mir, der sich in deutscher Sprache vorstellt: »Leutnant Michail.« Sein Bursche war hier, er hat gesagt, der Professor hat russische Bücher, Tolstoi, ob er sie sehen darf? Er besieht sie, beschaut das Bild, dankt und geht. Ihm folgen andere Offiziere, sie fragen nach meinen russischen Büchern, sehen einige durch, auch sie danken, bevor sie gehen.

Am Nachmittag kommt ein Adjutant, der General läßt fragen, ob er seinen Besuch machen darf? Jüngere Offiziere begleiten ihn dann, wir trinken Tee und rauchen russische Zigaretten, alles kann nicht einfacher sein: der Professor hat russische Bücher, er ist ein Freund Rußlands. Nach ihrem Weggang meldet sich ein Soldat, die Maschinenpistole umgehängt, er deutet an, daß er die Wache für das Haus übernimmt. Einige Stunden später ist die Ablösung da, Tag und Nacht steht ein Posten vor dem Eingang. Die Truppe hat den Wald hinter dem Haus bezogen.

Am Abend des ersten Tages sagen wir, daß er uns den Dank des toten Tolstoi gebracht hat. Als die drei Kieler Jungen sich damals anboten, meine russischen Bücher zu verstecken, bis alles vorüber sei, brauchten diese ihren Platz nicht zu räumen.

Wir haben aber die Empfindung, daß es nicht so bleiben wird. Mehrere Male kommt ein Mann in das Haus, nicht in Felduniform, den der Posten aber jedesmal durchläßt. Er geht stets mit Nina nach oben in ihr Zimmer, und immer dauert es lange, bis er herunterkommt. Sie sagt hinterher nicht, was mit ihr gewesen ist; ihren Andeutungen entnehmen wir, daß sie über uns verhört wird.

An einem Tag nimmt er meine Frau und mich mit, bringt uns in eins der neuen Häuser, die am Stadtrand stehen, und dort zu einem Mann, der dieselbe unbekannte Uniform trägt. Er fragt nach unseren Papieren. Ich habe nichts bei mir, unsere ältere Tochter, die mit dem Rad von Greifswald bis zu uns gefahren und jetzt Ärztin des Krankenhauses ist, bringt sie; in ihrem Arztkittel mit dem roten Kreuz kommt sie überall durch. Wir werden in die Küche gewiesen; Nina, die mit uns gekommen ist, bleibt zurück. Am Morgen läßt uns ein Posten heraus. Der Offizier schiebt mir die Ausweise zu, er sagt: »Papiere in Ordnung, können gehen.« Im Hause finden wir alles so vor, wie wir es verlassen haben.

Mir fällt ein kleines Zwischenspiel ein. Im Zimmer des Mannes, dem wir vorgeführt wurden, saß am Eingang eine Sekretärin, um den Hals hatte sie eine schmale Goldkette. In diesem Augenblick wußte ich, daß in der Tasche meiner Wildlederweste ein Amulett steckte mit der

Inschrift: »Alle deine Tage.« Ich fand es vor Monaten neben dem Bach, es war in einer halb geöffneten Eichel wie festgeklemmt, hatte also den Winter über an seinem Platz gelegen und gehörte vermutlich einem Mädchen; unsere Bemühungen, das Schmuckstück der Besitzerin zurückzugeben, waren vergeblich gewesen. Die Weste trug ich auch jetzt, ich griff in die Tasche und gab ihr den Fund. Als wir am Morgen wieder an ihr vorüberkamen, nickte sie mir zu. Das Amulett hing nicht an der Kette; ich dachte: was für ein kluges Mädchen.

Der nun wieder beginnende gleichmäßige Ablauf der Tage mit den Soldaten um unseren Wohnplatz dauert drei Wochen. An einem Morgen ist die Wache nicht da, und dann wird es drüben laut. Junge Offiziere, die öfter im Hause waren und jetzt marschfertig sind, kommen gelaufen, sie umarmen mich, küssen mich auf die Schulter, und einer von ihnen sagt: »Vater, nun schlecht.« Wir wissen nicht, warum es nach ihrem Abzug schlecht werden soll; sie wissen es, sagen es aber nicht. Am Abend liegt das Haus in einer Stille, die uns nach diesen Wochen ungewiß und sogar bedrohlich vorkommt.

Am nächsten Morgen kommt mir auf dem Weg am Wald ein Wagen entgegen, der also zu uns will. Als er neben mir ist, erkenne ich den Fahrer; während der Bauzeit hier draußen hat er uns öfter herausgebracht und war auch später bei Begegnungen stets freundlich. Er bückt sich jetzt tief über das Steuer und ist schon vorbei. Da hat sich also etwas verändert, diese drei Wochen waren für unsere Stadt lang genug dazu, denke ich. Jetzt liegt es wohl an seinen Fahrgästen: hinter ihm habe ich zwei Männer gesehen, die breite, rote Armbinden trugen. Ich halte an, schaue zum Ret-Hus hinüber und sehe, daß der Wagen davor hält. Die beiden gehen die Stufen zum Eingang hinauf und sind dann schon im Hause. Ich denke an das Wort, daß es nun schlecht für uns wird, und gehe zurück. Alle Türen sind offen. In meinem Arbeitszimmer habe ich die Männer vor mir; sie gehen an den Regalen entlang, mustern die Reihen der Bücher und beachten mich nicht. Der eine ist klein, er forscht besonders eifrig; bald werde ich in ihm den sogenannten Kulturdezernenten des Polizeiinspektors kennen lernen, zu der Zeit weiß ich auch schon, daß er Adolf Lentze heißt.

Dann kehrt er sich mir zu und sagt, daß ich und meine Frau von nun ab unter polizeilicher Aufsicht stehen, Haus und Wohnplatz zu verlassen haben, und dann fordert er die Schlüssel zu sämtlichen Türen und Behältern. Wir gehen hinaus, er schließt hinter uns ab. Von der Eingangstür reißt er das Blatt herunter, das vor dem Abrücken von einem der Offiziere angeheftet wurde; in russischer Schrift besagt der Text, daß dieses Haus zu achten und zu beschützen ist. Ich hebe es auf, glätte es und stecke es zu mir; sie sehen mich erstaunt an, mit Blicken, die strafend sein sollen, hindern mich aber nicht. Wir haben das Blatt bis zu unserer Flucht über die Grenze aufbewahrt und besitzen es noch heute: das letzte Andenken an den Herbst, der geben sollte.
Die beiden steigen in den Wagen, sie schauen sich dabei nach dem Hause um wie Diebe, die große Beute gemacht haben. Als ich mich vorhin beim Ankommen an den Fahrer wandte, der neben dem Wagen stand, schwieg er und sah in die Gegend. Ich denke, daß ich es nach der Begegnung unterwegs hätte lassen können; es ist mir aber nicht leid, alles wird dadurch nur noch deutlicher. Bis gestern waren es also die Russen, und sie waren, wie ich sie mir nach meinen Büchern vorgestellt hatte. Diese drei sind nun die ersten Deutschen, mit denen wir es in dieser Zeit zu tun bekommen haben, und auch sie sind so, wie ich sie mir in der letzten Zeit zuweilen vorstellte.
Wo werden wir nun bleiben? Richtiger: wer wird uns aufnehmen? Die Ukrainerin Nina ist nicht mehr da, sie könnte uns nun freilich auch nicht helfen. Dann denken wir an die Bekannte, die einen Laden für Kunstgewerbe unterhält; vielleicht wird sie es wagen, uns eine Unterkunft zu geben? Wir kommen bei ihr an, sie tut es. Da der Hund Bello bei uns ist, nimmt sie auch ihn auf.
An einem der nächsten Tage gehe ich den Weg zu unserem Haus. Ich sehe, daß auf dem gepflasterten Weg zur Garage ein helles Feuer ist, das von Zeit zu Zeit aufflackert und also immer neu genährt wird. Als ich davor ankomme, ist es mein Archiv, das zu Asche gemacht wird: frühere Manuskripte, die vielen Briefwechsel aller Jahre, Andenken an eine Zeit, die einmal war. Auch das Bild des Jungen ist darunter, der aus der Stellmacherlehre lief, weil er in der Welt ein Ingenieur werden

wollte, das einzige Bild für uns Brüder auf dem Hof da oben, ich kann die letzten Fetzen neben dem Gluthaufen gerade noch erkennen. Vor dem Eingang steht ein breiter und sehr hoher Wagen, der schmutzig und bis obenhin mit meinen Büchern beladen ist, der erste Erfolg des Kulturdezernenten. Im Hause wirtschaften einige Frauen, die sich an den Fenstern zeigen und mich neugierig beäugen. Eine davon kenne ich, sie hatte sich derzeit bei der Kreisleitung beschwert: meine Frau habe in einem Geschäft nicht mit dem Hitlergruß gegrüßt, sie sei gerade darin gewesen.

»Laß fahren dahin, mögen sie es nehmen«, denke ich, als ich noch einmal an dem Wagen entlanggehe, keine vergangene, eine zerstörte Welt, aber wurde vorher nicht auch so vieles zerstört? Meine Bücher waren einer der Hauptgründe, daß wir blieben, wir meinten, wir könnten sie nicht zurücklassen; jetzt haben sie mich verlassen, wird es für meine eigenen in Zukunft auch so gehen? Dann nehme ich den Weg zur Stadt; was nun kommen wird, ist leicht einzusehen, auch sie ist jetzt ein verunreinigtes Buch, aber es ist offen, man wird darin lesen können.

Was dann kommt, braucht seine Zeit. Der den neuen Herren Ausgelieferte wird genau überwacht, wie ich einige Male merke. Die Schonfrist soll ihn wohl gefügig und zu einem Bittenden machen, vor allem dadurch, daß er sein Haus hinter dem See täglich vor Augen hat.

Was weiter kommt, ist: daß ich zu meinem ersten Verhör gebracht werde, vor einen Mann, der vor einigen Wochen noch ein Steinschläger war und jetzt der Polizeiinspektor ist. Einer seiner Leute holt mich ab. Man hat ihn mir beschrieben, in seinem Zimmer im Rathaus habe ich ihn jetzt vor mir, mit dem von Arbeit und politischem Haß gezeichneten Gesicht, dem hart vorspringenden Kinn und den tiefliegenden, stechenden Augen, die mich gewollt scharf ansehen. Mit ihm sind einige andere in dem Raum, von denen ich den Kulturdezernenten kenne, der sich weit zurück in eine Ecke gesetzt hat. Alle hängen breit in ihren bequemen Stühlen, nur neben dem Tisch des Inspektors steht ein junger Mensch, der ihm wohl vorlegen soll, was er wünscht. Ich denke, wie schnell doch diejenigen, die sich Unterdrückte nannten, äußerlich die Art derer annehmen, die sie bis dahin als ihre Unterdrükker ansahen. An der Tür stehend, bekomme ich Zeit, mir die Gesichter anzuschauen. Sie erschrecken mich nicht, auch in den hinter uns liegenden Jahren gab es sie, nur trugen sie damals eine andere Uniform. Ich habe in den letzten Tagen als ein Straßenfeger wirken müssen und höre jetzt, was ich nicht hören soll; leise sagt der Inspektor zu dem, der neben ihm sitzt: »Es geht nicht mehr, er muß runter von der Straße.« Es gibt also einige in der Stadt, die er nicht unbeachtet lassen darf und denen meine Straßenbeschäftigung nicht gefallen hat? Er spricht nicht über meine Arbeit, meine Bücher und was sonst davon vorliegt, wahrscheinlich wissen sie gar nicht, worin das alles bestanden hat; dafür wendet sich der Inspektor mir mit seinem harten und groben Gesicht zu und fragt: »Ihre Parteizugehörigkeit?« Natürlich will er mich damit überrumpeln, ich antworte: »Seit dem Frühjahr 1942.« Er sieht die anderen an, er lacht, sie lachen auch. »Hört ihr, wie er lügt? Sie meinen wohl 1932?« Er spricht es so, als ob er ausdrücken will, mein Vater habe mich schon nach meiner Geburt bei der Partei einschreiben lassen. Ich habe meine Mitgliedkarte vor dem Gang hierher eingesteckt und lege sie nun vor ihm auf den Tisch. Er sieht sie kurz an, die hohe Ziffer darauf bekommt er wohl nicht so schnell zusammen, aber das Datum liest er, und da stößt er mir die Karte zu. Er wendet sich zu den anderen, sie sprechen etwas miteinander, das ich nicht verstehe; dann sagt er zu dem Jungen: »Bring ihn raus.« Das Verhör ist zu Ende? Ja, es ist zu Ende.

Beim zweiten Verhör wenige Tage später geht es um ein Buch, das man bei mir gefunden haben will. Ich sage, daß ich es nie gehabt habe, er antwortet: »Und wenn ich es Ihnen hier vorlege?« Damit geht er hinaus, und sogleich springt der Kulturdezernent, der heute allein dabei ist, von seinem Stuhl auf und flüstert mir erregt zu: »Wenn die alle weg sind, kommt meine Zeit, Sie müssen mir dann helfen, sagen Sie ja.« Er ist der erste, der Bücher bei mir gestohlen hat, wie ich weiß, was meint er jetzt? Will er mir eine Falle stellen? Es ist mir aber gleichgültig, ich sage laut: »Nein.« Er fällt auf seinen Sitz zurück, der Inspektor ist wieder da; er sagt, das Buch könne zur Zeit nicht bei meinen Akten gefunden

werden, und damit ist auch dieses Verhör zu Ende. Im Grunde werde ich gar nicht verhört und soll durch diese Vorführungen gefügig gemacht werden. Wie könnte ich deutlich zeigen, daß es aussichtslos ist? Was jetzt vorgeht, sehe ich als eine Vergeltung für das an, was hinter mir liegt, das ist alles. Und gerade das kann ich den beiden nicht sagen, die auf ihre Art Vergeltung an denen üben, die sie in ihrem kleinen Bereich bekommen können und die ihnen in Wirklichkeit doch nicht so zur Verfügung stehen, wie sie es sich gedacht haben. Hinter ihnen ist die Zeit der Angst und der Verfolgung, die sie bewältigen müssen.
In diesen Tagen höre ich, der Polizeiinspektor wolle unser Ret-Hus, er habe gesagt, gegen mich werde sich schon etwas finden. Das ist richtig; es gibt genug Beispiele dafür, daß noch jede Zeit der Gewalttätigkeit gegen die Nachgebliebenen der vorhergehenden etwas gefunden hat.
An einem Vormittag holt mich ein anderer seiner Leute ab. Meine Frau darf einen Rucksack für mich packen, der dann ein Stück Seife, ein Hemd, ein Paar Strümpfe, zwei Handtücher, einige Behälter mit Tabletten, die sie von dem Apotheker aus einem Geheimfach bekommen hat, und andere kleine Dinge enthält. Ich lege noch ein Anschreibebuch und einen Bleistift hinzu, mein Bewacher schaut nicht hin, ein älterer, in der Stadt bekannter Mann, der seine neue Gesinnung beweisen muß. Er führt mich durch die Straßen, und zuweilen äußert er etwas, das nach seiner Meinung wohl ein Trost für mich sein soll. Vor einem ziemlich hohen, sehr breit gebauten Haus halten wir, jeder kennt es schon: es ist der Keller. Der Mann meldet mich dem russischen Posten vor dem Eingang, der von anderer Art ist als die Soldaten, die wir während der drei Wochen in unserer Nähe hatten. Er übernimmt mich, wir gehen in das Haus, steigen vom Flur aus eine kurze Treppe hinunter, in den nächsten Raum schiebt er mich hinein. Drinnen liegen zehn oder zwölf Männer, die mir nicht bekannt sind und in ihren bürgerlichen Röcken wie geschundene Sträflinge aussehen. Von jetzt an gehöre ich zu ihnen, ich bin wirklich runter von der Straße, das Ret-Hus steht dem Steinschläger zur Verfügung.
Dies dauert etwa sechs Wochen. Wir haben Schwerkranke unter uns,

die auf ihr Ende warten. Für mich gibt es einige kurze Verhöre, die wiederum keine sind und von einem Offizier vorgenommen werden; seine Uniform kenne ich von dem ersten Verhör, bei dem Nina half. Wie umständlich hatte ich mir alles vorgestellt, und wie einfach geht es vor sich. Meine Vorlesungen und die Literaturpreise nennt er nicht, wie sie schon im Rathaus nicht genannt wurden, aber dann liegen auf seinem Tisch zwei meiner Bücher: »Ur« und »Das letzte Gesicht«. Ich soll ihm Titel und Inhalt erklären; was vor einem deutschen Verhörleiter schon schwierig wäre, erweist sich hier als unmöglich, er versteht ja nicht einmal meine Worte richtig. Als ich merke, daß es sinnlos ist, und meine Bemühungen kurz abbreche, sieht er mich scharf an und sagt: »Du – großer Faschist!« Der Posten führt mich ab, zurück in den Raum, der mit Kopfsteinen ausgelegt, am Tage unser Sitzplatz und in der Nacht das gemeinsame Bett ist, Unterlagen und Decken haben wir nicht.

An einem Vormittag werden wir auf einen Lastwagen verladen, der schon draußen hält. Unser Ziel ist das Zuchthaus Alt-Strelitz; wie wir gehört haben, werden dorthin diejenigen gebracht, die nicht wiederkommen sollen. Am Abend des Tages sind wir darin, liegen mit achtzehn Mann in einer Zelle, die während ihrer früheren Verwendung für zwei Häftlinge bestimmt war. Wir richten uns ein, bekommen zweimal täglich einen Becher Suppe, die aus Wasser, wenigen Stücken Rüben und Kartoffeln besteht, zwei Scheiben Brot, naß und süß, weil der Teig mit Melasse vermengt wurde, kein Fett, kein Fleisch, kein Gemüse. Verhöre gibt es nicht mehr.

Zum Herbst des Jahres kommen wir mit sechshundert anderen in das Lager Fünfeichen bei Neubrandenburg; der Fußmarsch dahin dauert den ganzen Tag, wir alle sind schwach von dem Aufenthalt in der Zelle und vom Hunger, aber wir müssen vorwärts, die Posten, die nebenherlaufen, nach vorn und zurück, haben scharfe und große Hunde, die sie nur mit Mühe bändigen. Etwa zehntausend Häftlinge wurden in den vergangenen Wochen hier zusammengetrieben. Der Leichenwagen fährt an jedem Tag den Weg zwischen den Baracken: ein flacher, sehr breiter Wagen, auf dem die Toten in zwei Schichten liegen.

In der Mitte stoßen die Köpfe aneinander, schmutzige Decken sind darübergezogen, die grauen, nackten Füße ragen über die Ränder wie die Reste von Tierleichen, jetzt noch weniger als sie, weil jene ja verwertet werden können. Als ich an einem der ersten Tage ungesehen auf die Waage in dem sogenannten Revier trete, sehe ich, daß ich im Zuchthaus sechzig Pfund verloren habe. Kann ein Mensch das aushalten? Wie man sieht, kann er es.

Was ich erst nach meiner Entlassung erfahre, ist, daß sich in dieser Zeit wichtige Männer für mich verwenden: Johannes R. Becher, Kultusminister in Berlin, Willi Bredel, Leiter des Kulturbundes für Mecklenburg, Professor Eduard Spranger, Rudolf Pechel, früher Herausgeber der Deutschen Rundschau, in der meine ersten Arbeiten erschienen. Der Polizeiinspektor und Funktionär in Parchim hatte es eilig mit mir, die Mühlen der Amtsstellen mahlen langsam, aber wieviel guter Wind gehört dazu, daß sich die Steine überhaupt drehen. Im Frühling des nächsten Jahres bringen mich zwei Soldaten nach Neubrandenburg, zum erstenmal sehe ich zerstörte Häuser, leere Straßen mit tiefen Löchern darin. Dann stehen wir vor einem Zug, die Fenster sind mit Brettern vernagelt, vielleicht geht die Fahrt zu einem anderen Lager? Meine Soldaten sind jedoch freundlich zu mir, wir steigen ein, ich bin krank, habe eine Entzündung im Leibe und hänge nur noch auf meinem Platz. Als wir nach einer Tagesreise, die öfter durch einen langen Aufenthalt unterbrochen wurde, aussteigen, sehe ich, daß ich auf dem Schweriner Bahnhof bin. In einem Gefängnislazarett liefern sie mich ab.

Hier bleibe ich mehrere Wochen. Ein russischer Arzt operiert mich ohne Narkose; beim Aufschneiden der schweren Geschwulst am Rückgrat besudelt Eiter und Blut seinen weißen Rock, aber das Herz ist noch nicht ganz tot, wie er bei seinem Hantieren tröstend sagt.

Als ich soweit bin, daß ich unter Beihilfe stehen kann, muß ich mich fertig machen. Vorher sind der Arzt und eine Dolmetscherin bei mir, sie erkundigen sich nach meinem Befinden. Ich sage, daß es mir gut geht, und muß mich dann rasieren, ich soll zu einem großen Mann, wie die Dolmetscherin ankündigt. Mit dem schadhaften Apparat bekomme ich den langen Bart, der mir gewachsen ist, aber nur stellenweise herunter; als sie einmal zu mir hereinsieht, sagt sie: »Bart weg, sehr gut.« Hinterher besehe ich mich in einem Stück Spiegel, das auf dem Fensterbrett liegt, mir fällt die Dorfschule unter unserem Lehrer Peters ein: so habe ich mir damals den alternden und kranken König Etzel vorgestellt.

Der große Mann, zu dem ich gebracht werde, ist Leiter der SMA, der Sowjetischen Militär-Administration für Mecklenburg-Vorpommern. Er befragt mich nach vielem und hat Nachsicht mit meinem schlechten körperlichen Zustand. Zum Schluß höre ich, daß ich morgen nach Hause fahren darf; wenn ich es später kann, soll ich arbeiten, wie ich bisher gearbeitet habe. Was für eine Ankündigung nach alledem, das mit mir vorgenommen wurde! Der Mann, der mir dies erklärt, ist der Oberst Serebrisky, mein Lebensretter; denn wenn sich manche Gutmeinende auch für mich einsetzten, so konnte ja nur er meine Entlassung verfügen.

In dieser Nacht wohne ich auf seine Anweisung als einziger deutscher Gast in einem bekannten Hotel, das mit russischen Offizieren belegt ist. Alle machen mir beim Hereinkommen und dann auf dem Gang zu meinem Zimmer höflich Platz; der eine, der mich nicht beachtet, ist der Wirt, der mich von früher kennt, dem ich aber meinen Namen nenne, weil ich ihm bei meinem Zustand ja vielleicht fremd bin. Er hört und wendet sich dann ab, wie dies schon der Fahrer vor dem Ret-Hus tat. Der russische Koch sorgt für meine Verpflegung, die viel zu reichlich und vor allem zu schwer für mich ist, aber ich esse alles; hinterher setzt mir die Mahlzeit mehr zu als die Krankheit. Ich erlebe jedoch den Morgen, schleppe mich bis zum Bahnhof, meine Frau und unsere ältere Tochter kommen vom Zug, der Oberst hat sie am Abend telefonisch verständigt. Sie gehen an mir vorüber, kennen mich also nicht; erst auf meinen Anruf wissen sie, wer hier steht. In unserer Stadt angekommen, habe ich ein Zimmer im Krankenhaus, das die Tochter leitet, in den folgenden Wochen erhole ich mich. Vor meinem Bett liegt der Hund Bello, eine der Schwestern führt ihn täglich durch den Park, der bis an das Seeufer geht. Dort standen einmal die Kranken, als

unsere Schwäne mit vier Jungen ihren Besuch machten. Uns scheint, seit jenem Tag sei mehr als nur ein Leben vergangen.
Sommer und Herbst sind vorüber, im Winter wird es schwieriger, das Zimmer, das wir am Stadtrand bekommen haben, ist sehr klein. Im Ret-Hus wohnt noch niemand, es ist geplündert worden, nicht von den Russen, von Parchimer Einwohnern und ihren Frauen. Die Türen stehen Tag und Nacht offen; es gibt hier keinen, dessen Füße so schmutzig sind, daß er nicht durch alle Räume gehen darf. Es ist aber nicht schwer für uns, alles liegt weit zurück.
Bei einer meiner Wanderungen durch die Stadt sehe ich, daß vor dem großen Haus am Wall ein langer, sehr breiter Wagen steht. Er hat Bücher herangebracht, die über die hohen Seitenbretter reichen. Der Kulturdezernent ist noch immer am Werk; es heißt, wenn ihm in einer Bibliothek einige Bände besonders gefallen, läßt er alle als zeitfeindlich abfahren. Auf dem Wagen hantiert ein Mann mit einer Forke, wie sie im Herbst beim Aufschichten der Rüben auf den Feldern benutzt wird, damit wirft er seine Ladung durch das geöffnete Fenster.
Meine eigenen Bücher sollen mir zurückgegeben werden, der Befehl ist von Oberst Serebrisky gekommen. Ich höre, daß sich ein Teil in der neuen Volksbücherei befindet. Deren Leiterin ist eine Holländerin aus einem der früheren Häftlingslager, wie in der Stadt gesagt wird. Als ich mich bei ihr melde, ist sie dabei, die Bücher in Regalen zu ordnen; es ist erst der Anfang, bis zur Decke liegen sie gestapelt. Sie liest das Schriftstück und sagt, ich solle selbst suchen. Ich kann den Hügel aber nicht umwühlen, nur hier und da sehe ich ein Buch, das einmal mir gehört hat; es kommt auf den Handwagen, der Eigentum unserer Hauswirtin ist, und so bringe ich die zwanzig oder dreißig Bände durch die Stadt.
In dieser Zeit kommt ein Telegramm aus Schwerin: Johannes R. Becher liest im Kulturbund, er möchte mich sprechen. Ehm Welk leitet die Vorlesung ein. Hinterher bespricht Becher manches mit mir, das wichtig für mich werden kann; er bittet, nicht zu vergessen, daß er im Ernstfall auch nur ein Schriftsteller ist. Für die Nacht bekomme ich ein Liegesofa im oberen Teil des Hauses, es fährt kein Zug mehr, und die

Hotels sind belegt. Ein Mann vom Vorstand bringt mich hinauf, er zeigt mir in einer Nische der Zwischenwand das Becken und den Wasserhahn für das Waschen. Bevor ich mich hinlege, mache ich dort Licht und sehe dabei, daß ich einen großen Raum neben mir habe, es wird Bredels Arbeitszimmer sein. An der Wand gegenüber hängt ein Bild. Da die Deckenbeleuchtung den oberen Teil im Dunkel läßt, gehe ich um den Tisch; ich möchte das Gemälde, das alt und wertvoll zu sein scheint, genauer betrachten. Dabei fällt mir ein Schriftstück auf, das mitten auf der Platte liegt und dessen Titel mehrere Male rot unterstrichen ist. Ich schaue hin: es ist mein Name.

Diese Nacht macht mir zugänglich, was ich sonst nie vor Augen bekommen hätte, die Anklageschrift des Kulturdezernenten, bestimmt für den Offizier im Keller, der mich verhört hat. Ich nehme sie mit herüber und lese! Zum Schluß heißt es darin: »Und wenn die Offiziere auf seine Sammlung russischer Dichter verwiesen haben, so sage ich dazu, daß er sie alle hat, Gogol, Dostojewski, Tolstoi usw., aber von Maxim Gorki nur drei (!) Bücher, das sagt mehr, als tausend Bände erzählen können. Denn wer unter allen russischen Schriftstellern Gorki so gut wie gar nicht hat, der sagt damit, wie er zum früheren Rußland der Kulaken steht und wie zum heutigen Rußland Gorkis und seines großen Freundes Lenin! Sie, Herr Major, als Russe müssen besonders deutlich empfinden, was für ein Mensch das sein muß, der als Ausländer die bürgerlichen Dichter der Vergangenheit Rußlands gelesen, aber vom Künder des neuen Rußland nur drei Bücher zu stehen hat. Der ganze Charakter seiner eigenen Werke spricht nicht dafür, daß er Gorki gelesen hat, und wenn schon aus seinen Werken der Feueratem Gorkis wehte und die schrille Stimme des Sturmvogels riefe, so fordere ich seine Verhaftung, seine Anklage, seine Verurteilung!«

Das alles ist nicht nur dumm und schlechter Stil, es ist verlogen, pathetisch und sogar anreißerisch, aber die Übersetzung in das Russische wird es nicht bemerkbar gemacht haben. Jetzt fällt mir ein, daß bei einem der Verhöre der Dolmetscher von Kulaken gesprochen hat. Die Anklage stammt also von dem Mann, der mir für später, wenn er die Herrschaft in unserer Stadt erlangt haben würde, von einer Zusam-

menarbeit sprach. Einige Jahre später werde ich ihm noch einmal begegnen, da ist aber auch er nicht mehr im Lande.
Die Stunden bis zum Morgen reichen, das Schriftstück zu kopieren; als ich damit fertig bin, wird es draußen hell. Ich gehe die Treppe hinunter, schließe die Haustür auf und werfe den Schlüssel in den Briefkasten, wie mir beim Heraufkommen gesagt wurde, der Hausmeister ist daran gewöhnt. Mit dem ersten Zug fahre ich zurück. Unterwegs denke ich, daß Bredel mir freundschaftlich gesinnt ist, was ich dann, als ich nicht mehr im Lande bin, auch in seinen Briefen an mich erfahre; sollte er, der ja meine Übernachtung in diesem Hause veranlaßte, das Schriftstück auf den Tisch gelegt haben, damit ich Kenntnis davon bekäme? Es war nicht schwer, vorauszudenken, wie dies zustande kommen könne. Dann meine ich aber, daß ich damit wohl zu viel annehme, und lasse es bei den Tatsachen.
Dies sind die Tage, in denen wir in unserer Stadt hören, Heinrich Alexander Stoll sei nach seiner Zeit in Italien wieder im Lande, er habe Jugendgruppen um sich gebildet, mit denen er sich politisch unterhalte. Der Erfolg sei gewesen, daß diese Jungen und Mädchen plötzlich verhaftet worden seien. Niemand wisse, bei wem er wohne, es sei aber erwiesen, daß er Zuträger für den Kulturdezernenten sei.
Wir bekommen nicht die Zeit, dem nachzugehen; denn jetzt kümmert sich die Polizei wieder um mich. Einer der Männer sagt, daß wir ein anderes Zimmer im Innern der Stadt beziehen müssen, ein zweiter kündet für den nächsten Tag an, ein russischer Offizier werde unsere Wohnung beschlagnahmen. Er kommt, spricht Deutsch und sagt, der Raum sei ihm als leer angegeben worden, wir dürfen bleiben. Als andere Belästigungen folgen, fahre ich an einem Vormittag nach Schwerin und suche dort Ehm Welk auf. Er ist Direktor der neugegründeten Volkshochschule und hat also gute Beziehungen zur Kommandantur. Ich sage ihm, daß ich bisher keine Eingabe bei Serebrisky zu machen brauchte, jetzt ist es notwendig geworden; ich habe sie bei mir und bitte, sie ihm bald zu geben. Er erwidert, daß er es nicht kann, der Oberst ist nach Moskau rückversetzt worden und war zuletzt noch in Berlin. Ich danke für die Auskunft und sage, daß mir dann alles klar

ist. Dabei erinnere ich mich an das Wort Bechers, im Ernstfall sei auch er nur ein Schriftsteller.
Ich suche einen Tierarzt auf, den wir früher in unserem Dorf gesehen haben, er gibt dem Hund Bello die tödliche Spritze. Meine Frau bringt einen alten Mantel, wir hüllen ihn darin ein, tun eine Ölhaut herum und legen ihn auf den Handwagen, der unten am Hause steht und auf dem meine Bücher lagen. Dann fahren wir ihn zum Wald, begraben ihn dort, am Kopfende senken wir ein Eichenpflänzchen ein. Wir lassen den Freund auf dem Hügel, von dem aus ich zuweilen, wenn er neben mir lag, über die Wiesen schaute.
Beim Zurückkommen fragen wir uns, ob es ein Zufall war, daß der erste russische Soldat, der zu uns kam und eine Broschüre aus dem Regal riß, dabei an Tolstoi geraten mußte? Wäre das Verhältnis zwischen uns und der Truppe nicht ein ganz anderes geworden, wenn es sich um ein deutsches Buch gehandelt hätte? War es weiter ein Zufall, daß mir im Haus des Kulturbundes die Anklage in die Hände kam? In dem alten Dorf gab es das Sprichwort: Der Zufall kennt seinen Herrn. Es besagte, daß ein Mensch in einem entscheidenden Augenblick immer nur seinen eigenen Zufall haben kann, das nämlich, was ihm zufällt. Und war es beide Male nicht so gewesen? Das Sprichwort lehrt zugleich, welche Verflachung die deutsche Sprache über sich ergehen lassen mußte, daß die Zeit aus dem, was einmal als eine Notwendigkeit angesehen wurde, ein Gelegentliches für den täglichen Gebrauch machte.
In der Nacht packen wir die Reste letzten Eigentums; es ist nicht viel, wir sind also bald damit fertig. Ein Fuhrmann, den wir kennen, weil er uns in den Jahren vorher stets die Kohlen für den Winter gebracht hat, fährt sie am Morgen zum Bahnhof; es fällt nicht auf, hier werden häufig Zimmer geräumt und bezogen. Auch wir hätten dazu gehört, wenn der russische Offizier, der angeblich unser Zimmer beschlagnahmt hatte, nicht so freundlich zu uns gewesen wäre. Zwei Bahnbeamte, die wir ebenfalls kennen, schieben die Bündel in unseren Zug, der nach Wismar fährt. In einem kleinen, unbeachteten Gasthof kommen wir dort unter. Bei uns ist unsere jüngere Tochter, die während meiner

Lagerzeit von Wien zurückkam; die ältere ist nicht mehr im Krankenhaus, sie führt in Kiel ihr Studium fort.
An einem der nächsten Tage fahren wir nach einer geglückten Vorsorge bei Herrenburg über die Grenze, dann sind wir in Lübeck, es ist uns aber nicht weit genug. In dem Dorf Velgen, am Rande der Lüneburger Heide, ist die Flucht zu Ende. Wir sehen große, sehr alte Höfe und einige kleinere Häuser, in einem von ihnen bekommen wir eine Stube. In dem Hause wohnen gute Menschen, der bejahrte Vater führt ein Tagebuch über das, was im Dorf und in der Gegend geschehen ist; auch wir werden nun unseren Platz darin bekommen. Wir nehmen uns vor, hier acht Wochen zu bleiben; inzwischen werden wir sehen, wo wir den endgültigen Aufenthalt zu suchen haben.
Am ersten Abend sagen wir, daß wir nichts mehr besitzen, aber auch nichts entbehren. Wie frei ist es hier, beinahe fühle ich mich wie im alten Dorf. Was wir zurücklassen mußten: mögen sie es behalten. Die schwere Zeit ist vorüber. Nun, zuletzt, ist alles leicht.
Es kam aber anders.

Lo Warnecke

Wie eine Handvoll Unkraut

Alles war wie ein Wunder an diesem Maienmorgen des Jahres 1946. Das reine Blau des Himmels, der Wind, der die glänzend grünen Wipfel der Kiefern kämmte und von fern das auf- und abschwellende Rauschen der großen Wälder der Nossentiner Heide mit sich trug. Ein Wunder schien mir auch der kleine schwarze Trecker mit den beiden Anhängern, auf denen wir mit unseren Kindern und den Resten unserer Habe saßen, bereit für ein neues Leben, einen neuen Anfang. Nach einer mißglückten Flucht mit unserem viel zu schwerfälligen Treck, Rückkehr auf unseren nun von einem kommunistischen Bürgermeister unter russischer Aufsicht bewirtschafteten 3000 Morgen großen Betrieb, auf dem ich dann mit allen anderen Dorfbewohnern auf dem Felde arbeiten mußte, nach vielen Entbehrungen und Demütigungen sahen wir nun endlich wieder ein Ziel vor uns: einen Bauernhof in Hohen Wangelin, den wir gepachtet hatten. Der einzige Lichtblick in dem hinter uns liegenden Jahr war die Rückkehr meines Mannes aus russischer Gefangenschaft gewesen. Man hatte ihn nach überstandener Krankheit, er hatte nacheinander Typhus und Ruhr gehabt, als arbeitsunfähig und für eine Auffütterung nicht mehr in Frage kommend, entlassen. Gleich nach seiner Rückkehr holte ihn die Volkspolizei. Nach einer fünfmonatigen unbegründeten und willkürlichen Haft im Warener Gefängnis schickte man ihn nach Hause, nachdem unsere Enteignung offiziell ausgesprochen und wir von unserem Hof ausgewiesen worden waren. Jetzt war das alles überstanden, und wir wollten neu anfangen. Lange hatten wir gezögert, die Pachtung in Wangelin zu übernehmen, denn für uns als ehemalige Gutsbesitzer war es sicher ein Wagnis, einen landwirtschaftli-

chen Betrieb zu übernehmen, durch den wir zu den Altbauern gehören würden, die bei den neuen Machthabern ebenfalls nicht beliebt waren. Trotzdem hatten wir uns zu der Pachtung entschlossen. Wir mußten unseren vier Kindern, das Jüngste war erst 11 Monate alt, ein Dach über dem Kopf und eine einigermaßen gesicherte Ernährung schaffen. Das war jetzt das Wichtigste. An eine Übersiedlung in den Westen dachten wir in diesem Augenblick gar nicht, wir hatten im Westen auch keine Verbindungen, alle unsere Bindungen lagen in Mecklenburg und Pommern, hier kannten wir die Menschen und die Verhältnisse, hierher gehörten wir. Wir waren uns auch darüber klar, daß der Besitzer des Hofes – Beckmann –, der in Wangelin außer dem Bauernhof von fast 100 ha Land noch einen Kolonialladen und eine Büdnerei besaß, die Sorge um den Hof und die Schererei mit der Ablieferung und den Russen los sein wollte. Da kamen wir ihm gerade recht, als er von unserer Existenz hörte, und er drängte uns regelrecht, den Hof als Pachtung zu übernehmen.
Nun war es also so weit, und Beckmann hatte uns seinen Trecker geschickt, um uns von Nossentiner Hütte, wo wir seit unserer Ausweisung in einem Behelfsheim untergekommen waren, abzuholen. Unser Trecker knatterte durch das Dorf Wangelin, und nun konnte ich unser neues Zuhause sehen: weiß, niedrig, quer über die Anhöhe über dem Dorf gebaut, wirkte das Haus einladend wie eine Henne, die gleich mit freundlichem Glucken ihre Flügel anheben wird, um ihre Kücken unterschlüpfen zu lassen. Aus dem tiefgezogenen braunroten Ziegeldach, in dem mehrere Löcher das graue Gebälk sehen ließen, schien mir das halbrunde Dachfenster zuzublinzeln. Mein Herz klopfte: Was für ein schönes Haus!
In einem letzten kühnen Anlauf nahm unser Trecker die Anhöhe, ging scheppernd in eine Kurve – wir hielten. Unsere Kinder waren als erste von ihrem Anhänger herunter, rannten um das Haus und waren verschwunden. Vorsichtig luden wir den Kinderwagen mit dem schlafenden Baby ab. Über die flachen graurosa Stufen zog ich den Wagen ins Haus. Mein Mann hatte mich schon auf den Anblick vorbereitet, der sich mir bot, als ich auf den Hof hinaustrat: Es gab kein einziges

Wirtschaftsgebäude, Ställe und Scheunen waren abgebrannt; zwischen den rauchgeschwärzten Ruinen wucherten Brennessel und anderes Unkraut. Unsere Söhne Vincent und Albrecht tauchten mit hochgeröteten Wangen in den Mauerresten auf: »Hier ist es prima« rief Vincent und Albrecht hielt ein paar krumme, rostige Nägel hoch: »Sieh mal, alles noch brauchbar!« sagte er. Ihre Schwester Tinchen sprang aufgeregt von einem Bein auf das andere. »Tine, zieh die Hose hoch« rief ich automatisch, wie fast immer, wenn ich sie sah, und Tine griff mit beiden Händen durch ihr Kleid in das ausgeleierte Gummi ihrer Hose und zerrte sie hoch. Arme Tine, den ganzen Tag hörte sie von allen dieses »Tine, zieh die Hose hoch«, und von ihren Brüdern wurde sie nur noch 'Tine Schlotterbüx' genannt. Aber das würde jetzt auch besser werden, dachte ich, alles würde jetzt besser werden, und auch der Anblick der Hinterfront des Hauses, der abblätternde Putz und die offengähnende Türhöhlung, aus der man die Tür herausgenommen und wahrscheinlich zu Brennholz gemacht hatte, schreckte mich nicht. Das Haus war nach hinten völlig offen. Neben einer nach oben führenden Treppe sah ich einen schmalen Raum mit unverputzten Wänden und einem vergitterten Fenster ohne Glas. Im Hintergrund vor einem gemauerten Herd lag ein großer Haufen alten Strohs. Das also war meine Küche! Auch hier gab es keine Tür, man konnte ungehindert von außen eintreten. Zu meiner Befriedigung gab es aber auf der einen Seite meiner Küche zwei einfache Stalltüren, die in zwei weißgekalkte Kammern führten; die eine war leer, das konnte eine Speisekammer werden, die andere war fast ganz von einem Dunghaufen ausgefüllt. Das Haus hatte unten drei Zimmer, die wir bewohnen sollten – ungewöhnlich viel für unsere jetzigen Verhältnisse! In dem vorderen Raum, der unser Wohnzimmer werden sollte, strömte mir Helligkeit entgegen, die Fenster hatten Glas, und draußen sah ich den Platz mit den großen Pappeln, und auf der linken Seite zwei Schleifen des tiefblauen Wangeliner Sees und den hellen Sandweg, der an ihm entlang bis zur Chausee nach Vollratsruhe führte. Der Zweig einer Kletterrose schwankte vor diesem friedlichen Bild im leichten Wind. Ich betrachtete das Zimmer. Es war groß, quadratisch und wirkte schon jetzt, leer und trotz des schmuddeligen Fußbodens anheimelnd. Ich wußte schon, wie ich die wenigen Möbel, die wir aus unserem Haus in Kraase hatten mitnehmen dürfen, stellen würde. Das ganze Haus atmete Wärme, Trockenheit, Helligkeit. Ich fühlte plötzlich einen unbändigen Tatendrang: Ich wollte es einrichten! Anfangen! Leben!

Am Abend, als wir beim Essen saßen, waren unsere Zimmer schon eingerichtet, mein Mann hatte Stroh und Dung aus Küche und Kammer entfernt, und das Baby schlief schon ruhig in seinem Bett. Für diesen Abend hatte es noch Milch gehabt, die mir Freunde in Nossentiner Hütte mitgegeben hatten. Am nächsten Morgen würde ich mich um eine Milchquelle bemühen müssen. Wieder einmal war das die Sorge 'Nummer Eins'. Im Augenblick gab es nur wenige Kühe im Dorf, und für uns gab es gar keine Kuh, obgleich wir als Selbstversorger galten. Selbstversorger, das bedeutete, daß man Brot, Fett, Fleisch, Milch und Eier selbst produzieren mußte. Alle landwirtschaftlichen Betriebe waren Selbstversorger, also auch wir. Nur hatten wir keine Kuh, kein Schwein, kein Huhn, kein Korn. Wir waren ganz auf Beckmanns Einsicht angewiesen, denn er war zugleich Bürgermeister, und von ihm hing es ab, ob und welche Lebensmittelkarten wir bekommen würden. Auch in bezug auf die Wirtschaftsgeräte waren wir auf ihn angewiesen, denn auf diesem Hof gab es gar nichts, nicht einmal einen Wagen. Der Wagen, der für uns vorgesehen war, und der auf Beckmanns Hof hinter dem Laden stand, war 'zappzerapp' von den Russen mitgenommen, als sie einen Tag vor unserem Einzug nachts bei Beckmann eingedrungen waren und die ganze Schnapszuteilung für das Dorf rausgeholt hatten. Ein großer Schaden für Wagelin, denn für Schnaps konnte man fast alles einhandeln. Als Beckmann – in gehörigem Abstand, aber doch laut protestierend – von oben aus einem Fenster zeterte, lachten Sie nur freundlich, riefen »Du schlafen!« und fuhren mit dem für uns bereitgestellten Wagen davon. Aber wenigstens Pferde sollten wir schon am nächsten Morgen bekommen. Wir hatten sie schon gesehen: sie waren elend und klapprig, und Albrecht war ganz blaß geworden, als er sie sah. Er verstand mit seinen 10 Jahren schon

eine ganze Menge von Pferden. An diesem Abend aber sprachen wir nicht über die Sorgen, die uns belasteten, weil wir die ganzen Unzulänglichkeiten unseres neuen Anfangs einkalkuliert hatten. Der erste Abend im neuen Heim sollte nicht getrübt werden.
Draußen, zwischen den hohen Pappeln, sank die Dämmerung herein, das Dorf war still. Ich lehnte meinen vom vielen Schleppen schmerzenden Rücken gegen die Stuhllehne und fühlte mich feierabendlich-friedlich, als plötzlich der Hufschlag eines Pferdes laut wurde. Eine Faust schlug grob gegen die Fensterscheibe, und ein rundes Russengesicht, dicht an die Scheibe gepreßt, schaute zu uns herein. Einen Augenblick verharrte der Russe vor dem Fenster, dann sahen wir seinen Arm mit erhobener Peitsche hochfahren, den herumgerissenen Pferdekopf – und er war verschwunden. »Gardinen« sagte ich träge. »Ich muß Gardinen beschaffen.«
Und so fingen wir also an: ohne Geräte, ohne Vieh, ohne Maschinen. Mein Mann arbeitete hart. Die Kartoffeln waren schnell und unter günstigen Wetterverhältnissen in die Erde gekommen. Wir hatten sogar Hilfskräfte unter den anderen Flüchtlingen gefunden, obwohl wir sie nicht, wie die anderen Bauern, beköstigen konnten. Sie arbeiteten für Korn und Kartoffeln, die sie nach der Ernte bekommen sollten. Auch die Heuernte war gut hereingekommen. Das Nächste würde nun die Ernte des Schafschwingels sein, mit dem die meisten unserer Felder bestellt waren, einem Gras, das in Friedenszeiten als Saatgut vor allem nach Australien für Schafweiden ausgeführt worden, und für den kargen Wangeliner Boden besonders geeignet war. Es gab nicht viele für diesen Anbau geeignete Böden in Mecklenburg. Die silbern-violetten Felder, über die der Wind in Wellen lief, waren schön.
An einem heißen Juninachmittag saß ich auf unserem Ruinenhof und versuchte, einen Brief an meine Schwester Toni zu schreiben, die inzwischen in den Westen gegangen war, und die sich dort auch mühsam durchschlug. Neben mir, auf einigen Ziegelsteinen dampfte über einem offenen Feuer ein Waschkessel, in dem ich Lupinen für die Pferde kochte, als Ersatz für Hafer, den wir von Beckmann fast gar nicht mehr bekamen. Ab und zu mußte ich mich vorbeugen, mit einem

Stock die dicken Bohnen umrühren und den Birkenstamm, der mit einem Ende weit unter dem Kessel hervorragte, wieder nachschieben. Das war eine bequeme Art des Feuerns. Der Kessel war offensichtlich einmal in einer Waschküche eingemauert gewesen; mein Mann hatte ihn im Walde gefunden. Nun tat er uns gute Dienste. Ich rückte etwas vom Feuer weg, es war heiß, ich fühlte mich etwas schwindelig und mußte mich krümmen, weil meine Därme sich krampfhaft zusammenzogen. Leibschmerzen und Durchfall gehörten jetzt zu unseren Tagen und Nächten, wie Müdigkeit und Schlaf. Es stand wirklich schlecht mit unserer Ernährung. Auf die Zuckerkarte für den Monat Mai hatten wir jetzt im Juni Bonbons bekommen. Fleisch gab es gar nicht, auch nicht regelmäßig Mehl und nur manchmal 100 Gramm Butter pro Kopf. Ich lockerte die Bänder meiner Schürze aus rotem Bettinlett und legte mich flach nach hinten auf den Haufen Stangenholz, auf dem ich saß. An dem tiefblauen Sommerhimmel zogen dickbauchige Wolken träge dahin. Satt sehen sie aus, dachte ich, dick und satt. Mein Gott! Ich mußte plötzlich lachen: konnte man denn an gar nichts anderes mehr denken? Ich setzte mich auf und griff wieder nach Papier und Bleistift. Dies sollte doch ein Geburtstagsbrief an meine Schwester Toni werden.

Vor mir liegt dieser Brief, den ich vor so vielen Jahren schrieb, schon etwas vergilbt und an den Rändern eingerissen, und für einen Augenblick bin ich wieder in Wangelin, fühle den raschen Sommerwind, der vom See herüberweht, die heiße Sonne auf meinen nackten Beinen und rieche den würzigen Duft des brennenden Birkenholzes. »Schön ist das Zigeunerleben« lese ich auf dem mürben Papier, »so würdest Du wohl sagen, wenn Du mich hier neben dem offenen Feuer auf einem Holzhaufen sitzen sehen könntest, auf dem Babys Windeln zum Trocknen ausgebreitet sind. Wie gern hätte ich Dir ein Päckchen mit irgend einer netten Kleinigkeit geschickt, ich war deswegen in Waren, zwei Kastenwagenstunden hin und zwei Kastenwagenstunden zurück, über Sandwege, durch große Wälder, vorbei an riesigen Kahlschlägen für 'Russenholz', gelb von Ginster, traumhaft schön vor der dunklen Kulisse des Waldes. Aber in Waren gab es

nichts zu kaufen außer Trödel.« Ich lese weiter, und mein Blick haftet auf einem Satz, der dick unterstrichen ist: »Manchmal fragt man sich, wozu das alles« steht da, »man ist für alle nur ein Dreck! Und dann das Heimweh! Ja, ich gebe es zu, ich habe Heimweh, und wie könnte es auch anders sein; trotzdem – ich bin gern hier. Wangelin ist schön. Der Wind blättert in den Pappeln vor unserem Haus, freundlich blinkt der See zu mir herüber, und um unser Fenster ranken duftende Kletterrosen. Ja, dies ist unser neues Zuhause, und ich bin gern hier. Es ist eben Mecklenburg. Aber nun muß ich noch schreiben, was Du mir schicken möchtest, wenn es geht. Erstens Tannalbin gegen unseren rasselnden Dauerdurchfall, dann Streichhölzer, Stopfgarn, Knöpfe aller Art, Nähnadeln, Pillen aller Art, wenn möglich etwas schwarzen Tee, Bleistifte, Griffel, Süßstoff, Traubenzucker und – 'schräben Schrift', denn unsere Zeitungen hier sind unlesbar, ferner Nägel, Holzteken für Schuhsohlen, eigentlich kann ich alles gebrauchen.« ––
All dies schrieb ich damals. Wenn ich heute zurückdenke, dann weiß ich, daß die Zeit in Wangelin zu den schönsten Zeitabläufen meines Lebens gehört. »Heute ist ein Fest«, sagten meine Kinder, wenn wir einmal Fett in unserer Soße oder im Brennesselgemüse hatten, und wenn sie dann mit andächtigen Gesichtern aßen, war ich zufrieden. Ich freute mich auch immer von neuem an unserem Wohnzimmer, das wirklich hübsch geworden war mit den dunkelroten Gardinen, die ich aus einer alten Portière genäht hatte, und der großen Vase, die noch aus Kraase stammte, und die mit einem Ginsterstrauß oder anderen Blumen das Zimmer wie eine Lampe erhellte. Langsam ging es auch aufwärts bei uns. Wir besaßen schon vier Hühner, die in einem Käfig in der Kammer neben der Küche hausten. Was für ein Augenblick, als ich das erste Ei aus ihrem Burken nahm! Noch warm, rund und rauhschalig fühlte ich es in meiner Hand, und eine Welle von Freude und Zuversicht hüllte mich von den Fußspitzen bis zu den Haarwurzeln ein. Mit keinem Gedanken dachte ich an die 120 weißen, gackernden Hühner in meinem modernen Hühnerstall in Kraase, aus dem die Mamsell jeden Tag die Eier in die Küche gebracht hatte. Was bedeuteten sie gegen dies erste Ei in meiner Hand!

Es war nun Zeit, den Schafschwingel zu mähen. Mein Mann fing schon morgens um 4 Uhr mit dem Mähen an, wenn der Tau noch auf den Gräsern lag, und arbeitete bis es abgetrocknet war, weil der empfindliche Schafschwingel bei Trockenheit leicht ausfällt; abends in der Kühle ging es weiter bis in die Nacht. Es war mühsam, da wir keine richtige Mähmaschine hatten und alles mit einer kleinen Grasmähmaschine machen mußten. Aber am Ende hatten wir unseren Schafschwingel zur gleichen Zeit gemäht wie die anderen mit ihren großen Maschinen. Ja, es ging aufwärts bei uns. Aber dann traf uns ein neuer Schlag! Mein Mann rutschte in der Scheune, in der man uns einen Platz für den Schafschwingel zur Verfügung gestellt hatte, von der Leiter und brach sich das Bein. Es war ein komplizierter Bruch, und er mußte im Krankenhaus in Malchow bleiben. Nun wurde auch für mich alles noch schwerer. Ich mußte die Roggenernte ohne ihn einbringen, und als ich es trotz aller Schwierigkeiten zu dem von den Russen festgesetzten Termin geschafft hatte, war ich stolz wie nie zuvor! Ich fühlte mich nun ganz zugehörig zur Dorfgemeinschaft. Unsere Kinder machten mit in dieser Zeit, und wenn sie helfen mußten, taten sie das ohne Murren. Albrecht fuhr die Hungerharke bei der Roggenernte oder er fuhr 'bis zu', wenn er nicht den Kuhhirten Heiner Dutt vertreten mußte, der öfter mal ausfiel, wenn er einen über den Durst getrunken hatte oder von einer seiner undefinierbaren Krankheiten befallen wurde. Vincent und Tine besorgten die Hühner und behielten sie den Tag über im Auge, und abends wuschen sie das Geschirr ab und räumten die Küche aus, die ja immer noch keine Tür hatte und so allzu einladend wirkte. Zwar waren die Kinder brandmager und hatten überall an den Beinen eitrige Stellen, die damals als 'Hungerödem' bekannt waren, aber wenn man sie heute nach ihrer Kindheit fragt, dann sagen sie einstimmig: »In Wangelin war unsere schönste Zeit!« Manchmal, wenn die Schwierigkeiten mir über den Kopf zu wachsen drohten, dachte ich fast wehmütig an unseren Treck. Damals war ich nie allein gewesen, meine Mutter hatte immer zur rechten Zeit das rechte Wort gefunden, und mit meiner Schwester Toni hatte ich mich auch in den schwierigsten Situationen ohne Worte verstanden.

Damals waren die Ereignisse über uns hereingebrochen und über uns hinweggerollt, ohne daß wir sie beeinflußen konnten, und ich brauchte keine Entscheidungen zu treffen. Jetzt mußte ich dauernd Entschlüsse fassen und Entscheidungen treffen und hatte niemanden, mit dem ich mich beraten konnte. Auch das Baby machte mir große Sorgen: es konnte mit nun anderthalb Jahren noch nicht einmal stehen. »Rachitisch« hatte der Arzt gesagt und bedenklich den Kopf geschüttelt. Nach drei Wochen kam endlich mein Mann aus dem Krankenhaus. Alles wurde wieder leichter, und dann änderte sich unsere Situation grundlegend: wir bekamen eine Kuh! 10 Kühe und einige tragende Starken, aus weniger ausgeplünderten Gebieten, in denen zuerst die Alliierten gewesen waren, wurden der Gemeinde zugeteilt. Wir bekamen eine Kuh und eine magere, hustende Starke. Beckmann nahm die Starke in seinen Stall. Von der Kuh wollte ich mich um keinen Preis trennen, und da wir keinen Stall hatten, stellten wir sie in die Kammer neben der Küche, wo ja schon die Hühner hausten. Es störte uns gar nicht, daß unsere 'Ollsch', wie wir die Kuh liebevoll nannten, immer durch die Küche mußte, und daß sie einmal, als wir nicht aufgepaßt hatten, als sie von der Weide kam, die vorbereiteten Bratkartoffeln aus der Pfanne auf dem Herd fraß und manchmal einen 'Pfannkuchen' fallen ließ, der auf dem Zementboden der Küche zerplatzte und nach allen Seiten spritzte. Die Tatsache, daß die Kinder rundere Bakken bekamen und die eitrigen Stellen an ihren Beinen abheilten, überwogen alle diese kleinen Schwierigkeiten. Wir hatten nun auch ein Ferkel, und da in der Kammer kein Platz mehr war, wohnte es in der Küche in einer Kiste, die wir neben die nicht vorhandene Tür stellten, wo es ja reichlich Luft hatte. Wir nannten es 'Nauke', und es hatte vollen Familienanschluß.

Als die Ernte eingebracht und auch die Kartoffelernte vorbei war, drängten die Russen auf die Ablieferung des Korns. Hundert Prozent der von den Russen festgesetzten Ablieferungsmenge sollten sofort abgeliefert werden, das hieß, daß die Bauern weder Brot- noch Saatgetreide behalten durften. Wer aber konnte überhaupt hundert Prozent abliefern? Das Ablieferungssoll war für die Bodenklasse von Wangelin viel zu hoch angesetzt von Leuten, die nichts davon verstanden, und niemand konnte mehr als 35 Prozent abgeben. Eine Russenwache, die das Dreschen überwachen sollte, wurde ins Dorf gelegt und schnüffelte überall herum. Es gab keine Möglichkeit, etwas Korn für den Eigengebrauch auf die Seite zu bringen. Wir hatten mit äußerster Anstrengung hundert Prozent abgeliefert, was nur gelingen konnte, weil wir sehr viel Schafschwingel hatten, der höher angerechnet wurde. Trotzdem wurde mein Mann eines Abends von Russen und SED-Funktionären abgeholt und ins Gefängnis gebracht, wo auch schon einige andere Altbauern saßen. Nach zwei Tagen wurden alle wieder entlassen, und wir gingen erleichtert wieder an unsere Arbeit.

Anfang Dezember erschien der Gemeindesekretär bei uns mit einem Papier, das er uns, vor Verlegenheit stotternd, vorlas. Es war ein Befehl der Roten Armee. Er las:

»Befehl der Roten Armee, Kommandantur Malchow: Mit sofortiger Wirkung ist der Landwirt Franz Warnecke, Hohen Wangelin, wegen Sabotage enteignet. Die Enteignung betrifft das gesamte Inventar in Haus und Hof. Des weiteren wird der Landwirt Franz Warnecke mit sofortiger Wirkung mit seiner Familie aus dem Lande Mecklenburg ausgewiesen. Es darf nur Handgepäck mitgenommen werden.«

Die nächsten Stunden waren wie ein böser Traum. Volkspolizisten kamen, steckten unsere kakelnden Hühner in einen Sack und warfen ihn auf ihren Wagen. Die Kuh wurde hinausgeführt und mit viel Hallo aufgeladen. Als sie Nauke, unser Ferkel, an den Ohren aus seiner Kiste zogen, ging ich aus der Küche. Wie betäubt sah ich dann zu, wie sie alle Möbel aufschrieben und beschlagnahmten. Als sie auch das Babybett aufschrieben, protestierte ich. Sie blieben ungerührt. Dann packten wir: Handgepäck! Was konnten wir schon mitnehmen mit drei Kindern und einem Baby, dazu mein Mann auf Krücken. Wir wollten jedoch nicht gleich aufgeben, und ich fuhr nach Malchow zum russischen Kommandanten, um ihn umzustimmen. Er warf mich raus. Auch in Schwerin auf der Landesregierung, wo ich es noch einmal versuchte, konnte und wagte man es nicht, uns zu helfen. So mußten

wir also gehen. Unser Abschied von Beckmann fiel kühl aus. Er hatte nichts zu unserer Unterstützung getan, im Gegenteil! Als die Russen auch ihm wegen der Ablieferung im Nacken saßen, hatte er ihnen einen Tip gegeben, wer seine Pächter auf dem Hof waren, um sie abzulenken: Großgrundbesitzer! So hatte die Sache ihren Lauf genommen. Wir waren die einzigen, die des Landes verwiesen wurden.
Am nächsten Morgen kam ein Wagen, der uns zur Bahnstation Karow bringen sollte. Wir luden auf, die Pferde zogen an. Mein Mann neben mir blickte starr geradeaus. Sein Gesicht war streng. Auch ich sah mich nicht mehr um. Das Bild des Dorfes an diesem kalten, sonnigen Morgen würde ich trotzdem für immer bewahren: unser Haus auf der Anhöhe, die drei Schleifen des Sees, tiefdunkelblau unter dem harten Wind, die rötlich schimmernden Stämme der kahlen Pappeln, die anmutig gewellte Linie der Dorfstraße. Dieses Bild trage ich für immer in mir. Eine Zeitlang war hier eine Heimat gewesen, aber es sollte nicht sein. Wie eine Handvoll Unkraut hatte man uns herausgerissen und in den Wind geworfen. Ab jetzt würde ich mich hüten, einen Ort jemals wieder Heimat zu nennen.
Letzte Tage in Mecklenburg? Dies waren sie für uns, auch wenn wir noch einmal wieder zurückkamen, noch einmal wieder anfingen. Nach einem Winter in Erxleben in der Altmark, wohin wir von den Behörden verwiesen wurden, bei einem Bauern, der wegen seiner Flüchtlingsfeindlichkeit im ganzen Ort verrufen war, hörten wir, daß der russische Kommandant in Malchow gewechselt hatte, und die Strafen, die wegen der Nichterfüllung des Solls verhängt waren, jetzt aufgehoben seien. Da fuhren wir zurück nach Wangelin. Inzwischen hatte meine Schwester Toni uns Zuzugsgenehmigung im Westen besorgt, aber wir ließen sie ungenutzt und fuhren zurück. Wir wollten Mecklenburg nicht verlassen. Oft werde ich gefragt: »Ja, hattet Ihr denn noch nicht genug?«, und ich kann darauf nur antworten, daß ich nicht daran glaube, daß man irgendwo 'eine neue Heimat' finden kann, wie es immer heißt. Ich glaube, daß der Mensch nur eine Heimat haben kann, ganz gleich, ob er sie schon in seiner Kindheit findet oder erst später. Es gibt nicht einmal eine Heimat hier, einmal eine Heimat dort.

Und ich gehöre auch nicht zu den Menschen, die das Wort 'Heimat' nur verschämt und wie um Entschuldigung bittend oder mit ironisch verzogenen Mundwinkeln spöttisch aussprechen können, weil es gerade nicht modern ist, davon zu sprechen. Heimat ist für mich etwas Natürliches, etwas, das jedem Menschen zusteht.
Wir fanden in Wangelin alles so vor, wie wir es verlassen hatten, aber wir übernahmen den Bauernhof nicht wieder. Es war für uns zu gefährlich. Mein Mann arbeitete mal hier, mal dort bei den Bauern, aber auf die Dauer konnten wir so nicht existieren und versuchten, eine leerstehende Siedlung im Nachbardorf zu übernehmen. Unser Antrag wurde glatt abgelehnt. Abgelehnt wurde es auch, als mein Mann als Leiter für die einzurichtende Annahmestelle einer Genossenschaft vorgeschlagen wurde, und abgesetzt wurde er, als er eine Zeitlang die Einmietung der Gemeindekartoffeln überwachen mußte. Der neu eingesetzte Verantwortliche für diese Tätigkeit verstand aber nichts von der Sache, und mein Mann machte es inoffiziell weiter. Die Lage wurde nun auch kritisch für uns, da mein Mann bald wieder arbeitsfähig sein würde, und dann drohte ihm als landlosem Flüchtling der Einsatz im Uranbergwerk Aue, was für uns Trennung – wahrscheinlich für immer – bedeuten würde.
In unserem Haus bewohnten wir nur noch eine Stube, da Beckmann den anderen Raum für einen neuen Pächter brauchte. Also kochte ich auf dem zugigen Flur, der nach hinten noch immer keine Tür hatte. Es gab keine andere Wohnung in Wangelin für uns. Unser Verhältnis zu Beckmann wurde untragbar, wir mußten es uns eingestehen: Es hatte keinen Zweck mehr, wir mußten gehen. In Malchow fanden wir endlich eine Wohnung mit dem Wichtigsten, einem Stall für unsere Kuh, und so zogen wir um, und mein Mann ging in den Westen, um Arbeit und eine Bleibe für uns zu suchen. Nach einem Jahr war es dann soweit. Das Baby, nun schon ein kräftiges Kind mit einem hellblonden Lockenkopf, Vincent und Tine brachte ich, als die Grenze einmal für einen Tag geöffnet war, nach 'drüben', nach Hamburg, wo inzwischen die übrige Familie sich zusammengefunden hatte. Albrecht behielt ich noch bei mir. Er war schon eine große Hilfe. Noch einmal

wurden wir aus unserer Wohnung geworfen und mußten überstürzt umziehen. Ich war dauernd in Sorge um die Kuh, die uns von vielen nicht gegönnt wurde.
Es war nun August geworden, Hochsommer, mein letzter mecklenburgischer Sommer; in meiner Erinnerung strahlender, blauer und goldener als alle Sommer nach ihm, und meine Schwester Toni kam zu Besuch aus dem Westen. Wir verlebten ein paar herrliche Tage, lagen stundenlang auf den aus Kiefernstämmen zusammengebundenen Flößen, die dort für Reparationszwecke aufbewahrt wurden, auf dem Malchower See, sahen nach den dicken weißen Wolken, wie sie hinter den Wäldern aufstiegen, näherkamen und über dem See in zarte Schleier auseinanderflossen.
Nach Tonis Abreise fühlte ich mich doppelt einsam, aber nun hieß es, die letzten Vorbereitungen zu treffen. Die Möbel mußten in Latten eingeschlagen werden, Freunde von uns wollten sie mit einem Lastauto nach Ostberlin bringen, und von dort sollten sie mit einem Kahn nach Westberlin und dann in den Westen gehen. Die Kuh war verkauft, alles war erledigt. Wir nahmen nur beide einen Rucksack und bestiegen, von niemanden begleitet, von niemandem verabschiedet, einen Zug nach Herrenburg, wo wir über die Grenze wollten. Es war ein sonniger Herbsttag, und das Land, durch das wir fuhren, die Felder, die bunt flammenden Buchenwälder, das schnell vorüberhuschende Dunkel zwischen Kiefernstämmen, schilfumstandene Wasserlöcher wie bewimperte Augen, all das schien uns noch einmal zuzulächeln – wie zum Abschied. Es war die Landschaft, die wir kannten, in die wir gehörten, in die wir immer gehören würden – auch wenn wir jetzt gehen mußten.
Wir haben hier im Westen ein neues Zuhause gefunden, neue Freunde, ein neues Leben – – aber eine neue Heimat? Nein, die fanden wir nicht.
Unsere Heimat ist Mecklenburg.

Rosemarie Geiger

Flucht nach der Scheinwahl

Plau in Mecklenburg ist meine Heimatstadt. Ich bin dort geboren und aufgewachsen. Unser Haus am Fluß, der Garten, die Tiere waren meine Welt. Zwischen den kleinen Häusern, den engen Straßen setzen die behäbige Kirche, die Backsteinbauten für Krankenhaus, Post, Gericht und der alte Burgturm Akzente, die Promenade am Fluß mit schönen Villen am Ufer und am Berg strahlten Wohlhabenheit aus, die Hauptstraße mit ihren Fachwerk- und Geschäftshäusern, wie auch der langgestreckte Markt, sind von großzügiger Breite, und über allem liegt eine Atmosphäre solider Behäbigkeit. Der große See gibt dem Ort seine Prägung, die Weite und Begrenzung zugleich ist. Der Fluß kommt aus dem See, fließt durch die Stadt unter den Brücken hindurch, aufgehalten von der Schleuse, und wandert weiter durch die Wiesen zum nächsten Schleusentor. Irgendwann mündet der Fluß in die Elbe. Als Kinder spuckten wir von einer der Brücken in den Fluß, die Spucke mußte unter der Brücke hindurchfließen, und dann malten wir uns aus, wie das kleine Schaumboot durch die Elbe in die Nordsee wandert bis nach Amerika. Große Welt, aus der bescheidenen Enge gedacht und erträumt! Die Menschen im Ort kannten mich, mit vielen war ich bekannt und mit manchen befreundet. Später waren neue Gesichter dazu gekommen, Menschen, die nach der Flucht geblieben waren, eingegliedert und akzeptiert. So war meine Heimat und mein Zuhause. Und plötzlich ist diese vertraute Welt feindlich, gefürchtet, die Offenheit war gefährdet oder vorbei. So geschah es für viele Menschen in der Nazizeit, so erlebte ich es 1951 und so widerfuhr es meinem Onkel und mit uns vielen anderen. Das Kriegsende hatte man überstanden, man hatte neu begonnen oder

Gewohntes fortgesetzt. Neu war für mich das Zusammenleben mit vielen fremden Menschen im Haus, aber auch der Beruf als Malerin – gewohnt waren der Garten, die Tiere, die Gemeinsamkeit mit meiner geschiedenen Mutter, die Verbundenheit mit dem Onkel.

An einem Sonntag begann es, am 3. Juni. Die Sonne strahlte, es war sommerlich warm. Wir frühstückten im blühenden Garten, die Hühner pickten um uns herum, die Katzen räkelten sich auf der Bank, die jungen Enten lagen zusammen, den Schnabel unter die winzigen Flügel gesteckt, und äugten hin und wieder zu den alten herüber. Der Sonntagsfrieden war so schön, wir verzichteten auf den Gottesdienst in der dunklen kalten Kirche und blieben unter dem schattigen Dach der blühenden Bäume. Außerdem mußten wir ja noch zur »Wahl«. Am besten vor dem Mittagessen! Der übliche Beobachter am Wasser vor dem Haus, der zugleich mit mir meinen Onkel im Nebenhaus kontrollierte und stets, wenn wir kamen, angestrengt den Anglern zusah, war nicht da. Wie schön! Im Wahllokal trafen wir den Onkel, dem es verboten war, sich politisch irgendwie zu betätigen. Er war Hitler-Gegner und begann nach 1945 gleich eine aktive politische Tätigkeit, bei der ich ihn unterstützte, durch die er 1947 nach der Wahl zum Bürgermeister in Ungnade fiel. Aber wählen durfte er! Er lachte, als er seinen Namen sagte, nahm den Wahlschein und schob ihn so, wie er ihn erhielt, in die Urne. Meine Mutter tat ihm gleich. Ich sah die Wahl-Kabine, ein Mann kam mit finsterer Miene heraus, spontan und trotzig ging ich hinein, blieb kurz und schob danach das Papier umgedreht in den Schlitz der Urne. Ich lächelte alle freundlich an, sie lächelten verlegen zurück. Dann gingen wir, das entsetzte Gesicht meiner Mutter beachtete ich nicht, mein Onkel sagte nur »Oha«, damit pflegte er oft eine ganze Skala von Kommentaren auszudrücken. Gegen Abend begleitete ich eine Freundin heim. Als ich zurückkehrte lag die Straße ungewöhnlich still, kein Mensch war zu sehen. Meine Mutter beschloß, ihren Schwager, der im Nebenhaus mit seiner alten Schwester zusammenlebte, zu besuchen. Mir war es recht, ich fühlte mich nicht gut und genoß das Alleinsein.

Und dann veränderte sich schlagartig alles: Meine Mutter kam ins Zimmer, kreidebleich, die Worte überstürzten sich: »Dein Onkel ist geholt worden, seine Schwester hat die Sprache verloren, sie hat mir aufgeschrieben, was geschah. 'Freunde' haben ihn beim Heimkommen abgefangen. Er hat ihr noch die Armbanduhr und den Handstock gegeben und ist in ein Auto gestiegen. Ein Mann hat ihr aufgeschrieben, was sie sagen soll, daß Freunde ihn in Sicherheit bringen nach dem Westen. Mein Gott, was nun?« »Schließ die Haustür ab, geh nicht ran, wenn es klingelt, schnell!« Oft hatten mein Onkel und ich durchgesprochen, was zu tun sei, wenn er geholt würde, denn wir wußten um sein Gefährdetsein. Ich zog mich um, nahm alles Geld, viel war es nicht. Da klingelte es schon an der Tür. Durch das Schlüsselloch des Zimmers konnte ich vor der Haustür zwei Männer stehen sehen, einer war der Chef des örtlichen Staatssicherheitsdienstes! Ich flüsterte meiner Mutter zu: »Sie sinds, warte einige Minuten, bis Du mich im Garten nicht mehr siehst, dann mach auf, sag, ich sei im Kino. Ich versuch, zur Familie S. zu gehen«. Ich bemühte mich, ruhig durch den Garten zu gehen, damit Hausbewohnern nichts auffiel, bis ich mich hinter Büschen ducken konnte. So schlich ich bis zum Zaun und wollte rübersteigen. Aber dahinter lag ein Liebespaar, ich mußte warten. Mir fiel ein, daß ich meinen Ausweis nicht dabei hatte. Nun war es egal. Ich hörte ein Auto fahren, dann kam meine Mutter: »Sie fragten nach Dir, ich habe gesagt, daß Du mit deiner Freundin ins Kino bist, sie sind dorthin, sie haben Dich mit ihr weggehen gesehen, sie glaubten es offensichtlich«. Ich bat sie, so schnell sie konnte, den Ausweis zu holen. Die Arme rannte, was sie konnte, trotz Alter und Angst, und kam mit dem Dokument zurück. Ich war schon oben auf dem Zaun, das Pärchen war fort. »Tschüß«, ein Blick zurück, meine Mutter schaute entsetzt und nichts begreifend zu mir rauf, ich sprang ab und ging den Fußpfad zwischen den Gärten zur Straße. Hier saßen die Leute auf den Stufen vor ihren Türen, auf Kissen, Hockern und schwatzten von Haus zu Haus. »N' Abend« nach rechts und links, »Wier'n schönen Dag«, »de Tüffeln stahn gaud«, »Möt Rägen gäben« . . . Ich ging freundlich, ruhig, ohne Hast, antwortete hier und da. Vielleicht wunderte man sich über meine dicke Jacke. Dann bog ich schnell um eine Ecke in eine Nebengasse, rasch noch einige Ecken und ich stand vor dem Hoftor der Familie S. Die saßen in der Küche, aßen Klütersupp und Bratkartoffeln. Kurzer Bericht von mir, die taube und fast blinde Oma löffelte ruhig weiter. Frau S. winkte stumm und ich stieg hinter ihr die steilen Stiegen hinauf unter das Dach. Ein Bett, ein Stuhl, ein Eimer, ich war allein in der Kammer. Es war heiß, das Fenster mußte geschlossen bleiben. Ich warf mich auf das Bett, ich hatte Fieber. Frau S. brachte noch eine Kanne Tee und einen Becher. Aus dem kleinen Haus nebenan klang Ehekrach und Eheversöhnung. Nach und nach kamen drei Katzen durch eine Dachluke, hier war wohl ihr Nachtquartier. Es wurde eine schlimme Nacht, heiß, Fieberträume, Schnupfen ohne Taschentücher, Husten unter der Bettdecke und viel Durst. Am Morgen kam Frau S. früh, sie mußte aufs Feld. Sie brachte Kaffee und Brot, leerte den Eimer und holte Lappen zum Naseputzen. Wieder war ich allein, die Katzen waren fort, die Nachbarn auch. Ich begann die schräge Kammer neben dem Zimmer zu erkunden, weil die Zeit so quälend verging. Ich fand unter Gerümpel ein Neues Testament, das ich heute noch habe, und Rankes Weltgeschichte, Band: »Vorderasien.« Wie mochte der hier gelandet sein? Vorderasien konnte mir nicht helfen, aber das Neue Testament. In ihm fand ich bestätigt, was immer gilt: die Not des Verfolgten, die Einsamkeit, Verzweiflung, Gebet und Trost. Am dritten Abend hörte ich, meine Mutter wäre geholt worden. Konfliktsituation: Sollte ich mich stellen oder noch abwarten? Ich entschloß mich zu letzterem. Das war gut, denn es war Fehlalarm. Meine Mutter hatte mich als vermißt gemeldet und mußte deshalb zur Polizei. Man war mehrmals noch bei ihr gewesen, hatte Zeichnungen durchgesehen und auch welche mitgenommen. Beim letzten Mal hatte man ihr gesagt, man würde nicht mehr wiederkommen, ich wurde wohl zuhause nicht mehr gesucht. In der Stadt wußte man nicht, ob ich verhaftet sei oder entkommen war. Es gab Gerüchte, man hätte meine Leiche in der Schleuse gefunden! Am nächsten Morgen erschienen 3 Männer auf dem Hof der S., sie stellten allgemeine Fragen. Danach waren wir verunsichert, ich mußte fort. In der Nacht war meine Mutter dagewesen, vielleicht hatte man sie beobachtet. Sie hatte mitgeteilt, daß Familie W. mich aufnehmen würde, sie würden die Haustür am Abend offenlassen, wenn sie wüßten, daß ich käme. Sie wurden benachrichtigt. Gegen Mitternacht ging Frau S. den Weg vor, ich folgte ihr im Abstand im Schatten der Häuser. Vor dem Platz ein kurzer Händedruck. Jetzt war ich ganz allein, mußte über den Platz und verfluchte die ausnahmsweise funktionierende Beleuchtung. Dann von Baum zu Baum in der Straße weiter. Der Kapellmeister L. ging wohl von einer Veranstaltung kommend, in seiner schneeweißen Uniform vorbei. Er summte fröhlich und schwang seinen Taktstock. Ich stand hinter einer dicken Kastanie, die zauberhaft duftete und deren Blüten in der Nacht wie Kerzen leuchteten. Versteckspielen! War L. Freund noch oder schon Feind? Ich war Fremdling zuhause geworden. Dann weiter, hinter den Bäumen Deckung suchend, zu Ws. Die Haustür war nicht verschlossen, gottlob Freunde! Alle Läden vor den Fenstern waren dicht. Ich konnte aufatmen. Endlich richtig sitzen, ich konnte mich waschen, zur Toilette gehen, die Nase putzen, die wie Feuer brannte, Durst löschen, durfte husten, bekam frischen Tee, es gab Licht, das Bett war frisch bezogen, keine stinkenden Kater mit Flöhen um mich. Ich genoß den Schlaf dieser Nacht, die versteckte Geborgenheit. Aber es war nur eine Etappe, ich mußte weiter. Doch wie? Der Pastor kam, bot seine Hilfe an, die Oberin vom Krankenhaus wollte eine Schwesterntracht besorgen. Alles sinnlos, da Straßen und Bahn überwacht wurden. Meine Mutter kam noch einmal in der Dunkelheit, Abschied. Es war sehr schwer für sie. Auf dem Lande hatte sich ein neues Quartier bei Freunden weiter draußen angeboten. Am Morgen fuhr Frau W. mit dem Fahrrad die Strecke ab, Polizeikontrolle, doch mittags nicht mehr. Ein Freund hatte ein Auto, er war bereit mich rauszufahren. Er fuhr an das Tor, ich kam verkleidet mit Hut, Mantel, Dutt, Brille und alter Tasche, winkte und stieg ein. Nach der Ecke rutschte ich auf den Boden vor dem Rücksitz und duckte mich, damit das Auto leer schien. Es gab wirklich keine Kontrolle. Auf dem Lande mußte ich über eine versteckte Mauer klettern. Dann neue Sicherheit, wieder Freunde. Das schreiende Baby und lautes Radio machten unbelauschte Gespräche möglich. Sehnsüchtig sah ich durch die Gardinen in den

blühenden Garten. War die Endstation Berlin, würde ich es schaffen? Erneutes Planen, wie es weitergehen sollte. Eine neue Möglichkeit bot sich vielleicht: der Mann einer Schulkameradin aus der Kreisstadt fuhr ein Auto mit kyrillischen Zeichen, das wurde nicht kontrolliert, nur die Ausweise der Insassen wurden überprüft. Am nächsten Tag wollte er vorbeikommen, ich sollte auf dem Rücksitz mit Bettstücken zugedeckt werden. Aber als er kam, standen auf dem Rücksitz Heringsfässer für die Russen, also mußte ich vorne sitzen. Es regnete. »Wenn Kontrolle ist«, sagte er, »kennen wir uns nicht, ich habe Sie im Regen aufgelesen. Außerdem habe ich nicht genug Benzin, ich muß wieder durch Plau durchfahren, es ist kürzer. Heute früh war da noch Straßenkontrolle«. Ich starrte gebannt auf die regennasse Landstraße. Ich hatte Respekt vor der Risikobereitschaft des Mannes. Es goß, gegen 24 Uhr erreichten wir Plau, keine Posten zu sehen. Der Wagen rumpelte durch die kleine Stadt über das holprige Pflaster, die Heringsbrühe gluckste hinten, es roch nach Fisch. Ich sandte meiner Mutter einen Gedankengruß zum Hause am Fluß hinunter; wenn sie wüßte . . . hoffentlich schläft sie. Dann letzte Häuser, die Brücke, keine Kontrolle, aber plötzlich vor dem nächsten Dorf Polizeiposten. Es schüttete, der Regen trommelte aufs Autodach, der Fahrer bremste. Die Posten sahen das russische Nummernschild, sie blieben trocken im Unterstand, winkten lässig, der Fahrer gab Gas, es war überstanden. Wir sahen uns beide an, lächelten erlöst. Mir war kalt und elend vor Angst gewesen, ich war klitschnaß geschwitzt. Jetzt war mir einfach schlecht, an die Zukunft, an Sicherheit – kein Gedanke, ich war nur traurig.
Alles kam mir vor wie ein schlechtes Kriminalstück. Ich die unglückliche Heldin? Es war viel schlimmer, weil es weh tat, war Abschied von allem, das mir Lebensinhalt bedeutete: Mutter, Verwandte, Freunde, Zuhause, Beruf, Heimat. Für immer? Alles war ungewiß.
Dann erreichten wir die Kreisstadt. Wir fuhren vorbei am Haus des Staatssicherheitsdienstes, wo alles hell erleuchtet war. Es hob sich von der Lichtlosigkeit der umgebenden Häuser schaurig ab. War dort mein Onkel, lebte er noch? Schließlich war er 70 Jahre alt. Er sollte die Freiheit nicht wiedersehen. Und wer war noch geholt worden?

In der Wohnung der Schulkameradin bekam ich Brot und Tee und ruhte wenige Stunden in einem Gartenliegestuhl. Ihr Mann war erschöpft von der Anspannung auf dem Sofa gleich eingeschlafen. Wir flüsterten noch leise, um niemand zu wecken, dann war ich wieder allein. Um vier Uhr machte ich mich leise, um die Gastgeber nicht zu wecken, auf den weiten Weg zum Bahnhof. Ich hatte nicht geschlafen, zuviele Gedanken ließen es nicht zu. Wieder mußte ich am Haus des Staatssicherheitsdienstes vorbei, noch immer brannten die Lampen, obgleich der Tag schon anbrach. Im Morgenlicht sahen sie trübe aus. Ich mußte grinsen. Wenn ihr wüßtet, wer hier marschiert! Endlich am Bahnhof. Ich löste eine Karte nach Ludwigsfelde hinter Berlin, dort kannte ich Leute, konnte die Fahrkarte begründen. Frühzug, altes Modell mit Einzelabteilen, der Schaffner konnte nicht durchgehen. Ich saß zwischen Arbeitern, Schülern, FdJ-lern, Frauen eingeklemmt. Die Kreisstadt war meine alte Schulstadt. Ich guckte über die Brille in die Gesichter der Umsitzenden, erkannte niemand. Dann wurde die Tür aufgerissen, ein guter Freund schaute herein, starrte, rief nach hinten: »Hier is allens full« und schmiß die Tür mit Schwung wieder zu. Ich atmete auf, Glück gehabt. Später erfuhr ich, daß er mich trotz Verkleidung erkannte und auch von der Suche nach mir wußte. Er war ein Freund geblieben. Die Sonne war strahlend aufgegangen, der Zug ratterte durch blühende, grüne Landschaft, es wurde ein heißer Tag. Ludwigslust, umsteigen, Aufenthalt. Hier im Stift Bethlehem, dem Diakonissenkrankenhaus, lag ich viele Monate mit Kinderlähmung. 8 Jahre war es her. Mir erschien die Erinnerung wie aus einer anderen Zeit, einem anderen Leben. Wie wenig Chancen hatte ich damals, wieviele hatte ich jetzt? Ich kaufte mir im Bahnhof die Illustrierte Zeitung, die einzige, die es gab, nützlich zur Tarnung. Auf der Titelseite war eine Schweinefamilie als Erfolg der LPG abgebildet. Ich nahm das Bild als gutes Omen: »Schwein gehabt« – bis jetzt! Der D-Zug kam, Polsterabteil, leise Radiomusik, russische Lieder, von Geknatter unterbrochen. Die Anlage funktionierte nicht richtig. Eine Umfrage fand statt, ob der Service zufriedenstellend sei? Ein dünner Kaffee wurde angeboten, ich nahm eine Tasse. Schmeckte wie Abwaschwasser, war aber

heiß und löschte den Durst. Bei dem Fragebogen stellte ich mich doof. Bei meiner Aufmachung mit Dutt, Tantenhut und Brille, hinter der meine Augen tränten, weil ich nicht richtig durch die Gläser sehen konnte, war es glaubwürdig. Man ließ mich mit mitleidigem Blick in Ruhe: Landei, Unterhalbsche.
Und dann lag Mecklenburg hinter mir, brandenburgische Landschaft begann, ein wehmütiges Adieu zurück. Erneut Angst, denn Nauen kam, ich kannte es von Tauschfahrten nach Berlin. Hier wurden die Züge von und nach Berlin kontrolliert. Viel Polizei auf dem Bahnsteig, sie rannten aufgeregt herum, im Gegenzug mußte etwas los sein. Ich taxierte die Chancen einer Flucht bei Ausweiskontrolle. Ich sah keine, also abwarten und beten. Endlich fuhr unser Zug schwerfällig an. »Es ist keine Polizei bei uns zugestiegen«, hörte ich vom Fenster her. Das beklommene Schweigen im Abteil war vorbei. Ich atmete auf. Ich hatte beschlossen, Im Bahnhof Zoo auszusteigen, dort kannte ich mich am besten aus. Spandau kam, Charlottenburg, die Spannung stieg bei mir, der Schaffner stand seit Nauen vor meinem Abteil und sah aus dem Fenster und beobachtete den Gang. Ich schwitzte, nicht nur wegen der warmen Sachen und der Hitze im Abteil. Nach der letzten Kurve vor dem Bahnhof stand ich auf. Der Schaffner ging zum Ausgang vor, ich hinterher. Der Zug bremste mit langanhaltendem Quietschen und kräftigem Ruck. Die Tür wurde von außen aufgerissen. Der Schaffner stand vor der Tür, hielt seinen ausgestreckten Arm davor: »Sie steigen hier nicht aus, Sie fahren bis Ost-Berlin mit!« »Ich will hier raus« rief ich den Leuten draußen zu. Die hellen Berliner, die in den Zug einsteigen wollten, begriffen, sie machten Krach: »Lassen Se det Mädchen raus, kommen se Frollein«! Es gab Gerangel, einer hielt den Schaffner, der nach der Bahnpolizei pfiff, fest. Ich sprang aus dem Zug: »Laufen Se so schnell Se können, los!« Ich rannte, rannte die Treppen hinunter, genau auf zwei Westberliner Polizisten zu. Die fingen mich auf: »Nun, ruhig, ruhig, ist ja gut«! Ich riß Hut und Brille ab, heulte und lachte zugleich, Menschen – Freiheit, es war geschafft!

Dieter Haker

Das Zentrum der Reaktion

I

Ja, wie war es damals, im März 1953, an den letzten Tagen in Mecklenburg? Das ist eine gute Frage, das könnte eine Frage für's Verhör sein. Und da die, die im Osten großgeworden sind, wissen, daß ein Verhör immer mit den Großeltern anfängt, wann und wo sie geboren sind, in welchen Vereinen sie waren, in welcher Partei, so also zunächst zu den Großeltern, das heißt väterlicherseits, nur davon ist etwas bekannt.

Karls Großvater war großherzoglich mecklenburgischer Bahnmeister und zog als solcher mit seiner Familie immer dorthin, wo man ihn brauchte: Nach Wismar, Malchin, Schwerin, zuletzt nach Bad Sülze. Den Enkeln wurde überliefert, daß er sehr gesellig war, mal sein Vermögen verspielte, mit einer plattdeutschen Theatergruppe als Pomucheslkopp aus Reuters »Ut mine Stromtied« auch vor dem Großherzog auftrat und irgendwann für die Deutschnationale Volkspartei Stadtrat in Bad Sülze war. Ein verdächtiger Großvater, doch schon 1927 verließ er unsere Erde, und so nahm er Einfluß auf den Enkel, auf mich über seinen Sohn, des Enkels Vater.

Die Großmutter ist 1868 geboren – wer kann sich in die Zeit um 1868 hineindenken? –, ging als junges Mädchen von Mecklenburg nach Dresden, um dort die aus Schweden importierte Massage zu erlernen, heiratete, setzte fünf Kinder in die Welt, auch den Vater Karls, und zog dann, 1939, zu diesem Vater, um an die Stelle der Mutter von wiederum fünf Kindern zu treten, und der Vater wurde Soldat. So nahm die Großmutter, die eine Art Emanzipierte gewesen sein muß, großen Einfluß auf die Kinder, und um den Einfluß geht es ja. Darum diese ewigen Fragen nach dem Vater und dem Großvater und den Freunden, denn die Verhörer kennen das Sprichwort: »Sage mir, mit wem Du umgehst, und ich sage Dir, wer Du bist.« Daher rühren dann auch Sippenhaft und Kontaktsperre.

Heute gibt es die Datenverarbeitung, da sind die wichtigen Dinge schon gespeichert, man weiß alles von Vater und Großvater, und dennoch: Es wird weiter gefragt. Vertrauen ist gut und Kontrolle ist besser, und zur Kontrolle wird jeden Tag neu angefangen mit dem Großvater und der Großmutter.

Die Großmutter also hat den Jungen erzogen, und das passierte auf hochdeutsch, sie war schließlich eine großherzogliche-mecklenburgische Beamtenwitwe und weitgereist, aber das Plattdeutsche kam doch immer wieder durch. Dann hieß es: »De hett dat in de Würd, as Kateiker in Stiert« und »Lat Schaap schieten, wull wast liekers«. So wurde man zur Bescheidenheit und zur Gelassenheit erzogen mit Liebe und Strenge.

Aber es gab auch die andere Seite der Erziehung: Immer die Wahrheit sagen, in der Not dem Nächsten zur Seite springen und helfen und immer ohne Angst vor höchsten Thronen. Alle menschlichen Gebote sind erst auf die 10 Gebote des Moses hin abzuklopfen und nur zu befolgen, wenn sie damit übereinstimmen: Geboren 1868 in Mecklenburg.

Das war für die alte Frau in Schwerin mit den fünf Kindern eine schlimme Zeit nach 1945, viel schlimmer als im Krieg. Der Vater der Kinder war in russischer Gefangenschaft, und täglich gab es die Frage: Ob er jemals wieder kommen wird?

Im September 1949 kehrte er heim, trat ein in die Gesellschaft für deutsch-sowjetische-Freundschaft, und man weiß nicht, ob aus Sarkasmus oder um einen Freibrief bei den dauernden Bedrängungen zu haben oder eben um zu zeigen, wie wichtig die Freundschaft zwischen den Menschen Rußlands und Deutschlands ist.

II

Dort liegt sie, im Westen Mecklenburgs, die ehemalige mecklenburgische Residenzstadt Schwerin, die schon die Stadt der See'n und Wäl-

der genannt wurde, bevor der Massentourismus aufkam. Und mitten in der Stadt liegt, wie in Hamburg die Alster, der Pfaffenteich. Ja, es ist alles viel kleiner, die Stadt und das gestaute Wasser, mit seinen nur schmalen grünen und baumbestandenen Böschungen, die umlaufende Straße und die zugehörige Bebauung, aber das ist gut so, das hat man nie anders haben wollen. Man strebte und strebt nicht nach Weltstadt, und man war ganz zufrieden mit dem, was überkommen war, jedenfalls mit dem, was man Stadt und Umgebung nennt.
Der Krieg war, abgesehen von einer ungeplanten Bombennacht, in der vor Berlin bedrängte feindliche Flieger auf dem Rückflug vereinzelt Bomben abgeworfen hatten, glimpflich mit der Stadt umgegangen, und im Mai 1945 hatten die Amerikaner den Wettlauf gewonnen. Vertreter der Stadt, mit weißen Fahnen am Auto, waren ihnen entgegen gefahren und hatten zur Eile getrieben. So blieb die kriegerische Besetzung durch sowjetische Truppen mit den bekannten Begleitumständen aus.
Am Pfaffenteich, inmitten der Stadt, steht auch das Friedrich Franz Gymnasium, das nun, Anfang der fünfziger Jahre, im wöchentlichen Wechsel, vormittags oder nachmittags, die Goethe-Oberschule I und die Goethe-Oberschule II beherbergte. So ging Karl also zur Penne, vormittags oder nachmittags, dorthin, wohin schon der Vater gegangen war, und nur der alte Schliemann sah immer noch, mit dem Rükken zum Teich, auf die altehrwürdige Schule. Heinrich Schliemann, der Ausgraber Trojas, ist ja einer der wenigen Mecklenburger, die über die Grenzen des Großherzogtums hinaus Ruhm erlangt haben. Schon oft soll es so gewesen sein, daß der alte bronzene Herr einmal im Jahr seinen Blick von der Schule weg auf das Wasser wandte, und immer während der Abiturprüfungen. Dann trug er auch ein Schild um den Hals mit der Aufschrift: Ich kann das nicht mehr mit ansehen. Und immer sollen das die Abiturienten gewesen sein.
Die Nachrücker und die Bürger der Stadt wußten nie so genau, ob mit dem Nichtmitanzusehenden ganz allgemein die Qual der Prüflinge oder ob das etwa politisch gemeint war. Grund genug gab es ja, das politisch zu meinen, denn die Politisierung der Schule war wirklich

nicht mitanzusehen. Sie gipfelte in der sogenannten Gegenwartskunde und in den Deutschaufsätzen. Da ging es um die Befreiung durch die Rote Armee – und niemand fühlte sich befreit, um den Kampf gegen den amerikanischen Imperialismus und gegen den westdeutschen Revanchismus – noch niemand hatte Lust zu kämpfen, und um die Errungenschaften des Brudervolkes und seine führende Rolle schon gar nicht – auf die alle gerne verzichtet hätten. So gab man im Aufsatz das, was im »Neuen Deutschland« stand, als seine Meinung wieder, Mutigere beschrieben das gleich als den Standpunkt der Führung der Arbeiterklasse, noch Mutigere gab es kaum. Alles war eine große Lügerei und Heuchelei, und welche Qual müssen diese Aufsätze erst für die vorzügliche Deutschlehrerin gewesen sein, die mit ihrem Wissen und Können selbst dem schlechtesten Schüler Anerkennung abrang. Wenn doch nur diese dummen Themen nicht gewesen wären, und das ging und geht ja noch heute quer durch den Stundenplan.

So war man also doch nicht mit allem zufrieden, und das wußten auch die Schüler schon und die Lehrlinge, und sie wußten auch, daß das etwas mit den Verhältnissen zu tun hatte, und diese Verhältnisse, die wurden nicht in Schwerin bestimmt.

Das Schulsystem war neu geordnet worden, Arbeiter- und Bauernkinder sollten nun endlich auch prozentual zu ihrer Zahl auf die Universitäten, und das war ja auch gut so. Wer sollte da was gegen haben? Aber sie sollten zum Beispiel nicht Griechisch und Latein lernen, Naturwissenschaften waren gefragt und dann Russisch. Aber niemand lernte gerne Russisch, wenn man überhaupt gerne lernte. Zwar hatte einer gesagt, daß man nicht für die Schule lernt, sondern für das Leben, das war auf großen Transparenten, den Zeitungen für Analphabeten, auch überall zu lesen, darunter stand dann W.I. Lenin. Dennoch lernte man so gern oder ungern wie die Väter und Großväter, und die Lehrer hatten, wie schon bei den Vätern und Großvätern, ihre Jugend vergessen.

So wuchs, der Junge damals, in den fünfziger Jahren, langsam durch die Flegeljahre, hatte viel mit sich und seinen Freunden zu tun und der

r Güstrower Dom

ıitz vom Westufer der Elbe aus gesehen

loß und Rathaus zu Güstrow

Güstrow. Altes Fachwerkgemäuer vor dem Südportal des Domes

sSchweriner Schloß der mecklenburgischen Großherzöge

Das Schweriner Museum

Der Schweriner D

Schweriner Kunstgewerbehaus

Ruine in Eldena

'g Stargard

Blick auf den Marktplatz von Wismar

Am Alten Hafen von Wismar. Oben das Wasse

Wismar. St. Nikolai und Frische Grube

s Doberauer Münster

ock. Kröpeliner Straße und Marienkirche

ock. Giebel in der Kistenmacherstraße

Straßenszene in Plau

halbe Tag, der schulfrei war, war eigentlich zu schade für's Pauken und Lernen. Besonders im Sommer, da lockten die vielen See'n rundum und bis in die Stadt hinein zum Baden, Bootfahren und Angeln. Radfahren auf zusammengebastelten Rädern war eine Hauptbeschäftigung, Freunde wurden besucht, mit denen man zu Pfingsten mit dem Rad zum berühmten Teterower Sand- und Grasbahnrennen für Motorräder fuhr. Im Winter wurde Karl May gelesen, und es kam die Tanzstunde in Turnschuhen bis zum Abschlußball. Die Turnschuhe waren nicht Mode damals, nein – es gab keine anderen. Es gab aber, wie überall, so auch bei Karl, das erste und zweite und auch das dritte Verliebtsein, doch ohne die Angebeteten, sie wußten von nichts, jedenfalls meistens – und dann gab es die Junge Gemeinde.
Die Junge Gemeinde, das war die einzige nichtkommunistische Jugendorganisation überhaupt. Da wurde gesungen, gelesen, gesprochen und gebetet für alle, auch für sich selbst, da ging man auf Fahrt, machte Lagerfeuer, spielte Fußball, wurde verstanden und verstand und wurde natürlich auch irgendwie an die Hand genommen, konnte sich anlehnen, fühlte sich geborgen. Wellinger hieß der Pastor, P.W. wurde er genannt, und war aller Freund.
So zogen die Tage von Woche zu Woche und Monat zu Monat, und die einzigen Sorgen waren die mit der Schule. Ob die Lehrer einen mochten, daß wußte man nicht, aber man mochte die Lehrer und verehrte sie auch, spürte, daß die vieles wußten, was man eigentlich wissen sollte, aber der Hafer stach. Doch gab es auch Lehrer, die man nicht verehrte, aber auch da war nicht Verachtung. Verachtung, das hatte man nicht gelernt zu Hause.
Das war überhaupt, wenn man das von heute aus betrachtet, das Schönste zu Hause: Da gab es keine bösen Nachbarn, keine bösen Russen oder Amerikaner, keine bösen Lehrer oder Volkspolizisten oder Tanten und Onkels, oder Nazis oder Kommunisten. Da wurde nicht heile Welt gespielt, aber es wurde sich auch nicht das Maul verrissen, und doch wußte man, was los war.
Damals waren die Flüchtlinge aus dem Osten noch Fremde in ihrer neuen Umgebung, und es gab neben großer Hilfsbereitschaft auch

viele Spannungen in Deutschland zwischen Einheimischen einerseits und Flüchtlingen anderseits. In Karls Klasse gab es solche Spannungen nicht, er war ja selber ein halber Flüchtling, denn die Besatzungssoldaten, erst die Amerikaner und dann die Russen, hatten auch das elterliche Haus am Faulen See besetzt, und so war man in der heimatlichen Stadt ein Vertriebener. Jedenfalls, in der Erinnerung ist es so, daß alle in der Klasse Schwerin als ihr zu Hause ansahen, heimatlich waren in Mecklenburg, und das ist ja auch verständlich, daß man sich wohl fühlte in der alten Residenzstadt zwischen den umliegenden Seen und Wäldern und auf den Rädern zwischen der Insel Poel und Ludwigslust, zwischen Güstrow und Zarrentin am Schaalsee.
Karls Blick ging noch nicht weit in die Welt und über Gegenwart hinaus, obwohl er schon damals, bevor der Vater aus Rußland zurückkam, vergeblich versucht hatte, bei Herrenburg an der Stadtgrenze Lübecks schwarz über die grüne Grenze zur Tante nach Hamburg zu kommen und das später mit seinem Bruder dann, bei Zarrentin am Schaalsee, auch mal schaffte: rein in den breiten Graben, auf der anderen Seite wieder raus, halb zu Fuß nach Hamburg, halb als Schwarzfahrer in einen Bus, dann bei der Tante und zurück über die Grenze, mitten in stockdunkler Nacht, das Bruderpaar mit 13 und 14 Jahren.
In Berlin gab es die Kommunistischen Welt-Jugendspiele, dort wurde man mit anderen FDJ-lern zu Zehntausenden hingefahren, und am Tage war immer Westberlin das Ziel, was verboten war, was gefährlich gewesen sein soll.
Einer von den Zehntausenden war auch Karl, und er hatte sich das sicher nicht ausgedacht mit Westberlin, er ging irgendwie mit oder ging alleine, wie andere auch gingen, besah die vollen Geschäfte, traute sich kaum hinein, besuchte mit dem Bruder eine weitläufige Tante mit einem Kolonialwarenhandel, die sich von diesen armen Kindern der Verwandten aus der Zone irgendwie belästigt fühlte, kaufte für das selbstgebaute Fahrrad eine Felgenbremse, ging in einen Western – alles Sachen, die es in Schwerin nicht gab und in Ostberlin auch nicht.
Die Klasse am Pfaffenteich muß eine besondere gewesen sein, die Schüler lernten Latein und Griechisch, das gab es in ganz Mecklen-

burg nur an zwei oder drei Schulen, und um in diese Klasse zu kommen, hatte Karl als Berufswunsch Tierarzt angegeben. Das war auch etwa die richtige Richtung, denn alle Vorfahren waren, bis auf den Vater und den Großvater, im Wechsel Schäfer, Tagelöhner oder Bauern gewesen, und die Ferien verbrachte er auf den mecklenburgischen Höfen der Vorfahren in Nevern bei Wismar oder der elterlichen Freunde bei Teterow und Dargun und auch mit Wanderungen, Radtouren und Wasserfahrten auf den Seen der Umgebung und mit dem Faltboot bis nach Berlin. Das alles hat für das ganze Leben gewirkt: Freude an Feld und Wald, an Wasser und Wolken, an Pflanze und Tier, an Sonne, Wind und Regen.

III

Jene Zeit heißt heute die Stalinzeit, man war noch mitten drin, und doch: Josef Wissarionowitsch Stalin war eines Tages tot. Was nun? Es gab kein Beispiel dafür, niemand konnte sich an Lenins Tod erinnern, also zunächst mal Trauermusik im Radio und Trauer überall und abwarten, denn man war und ist es ja gewohnt, daß einem irgendwann gesagt wird, was man zu tun und zu denken hat.

In der Schule am Pfaffenteich hatte man also zunächst mal traurig zu sein, Sport und Musik wurden nicht gelehrt, es wurde alles viel förmlicher als es ohnehin schon war, und keiner zeigte etwas von der Hoffnung, die da doch irgendwo und überall vorhanden war und ja sein mußte, wenn ein Tyrann geht.

Dann war das Programm im Reich der Roten Zaren fertig, und es beginnen die großen Trauermärsche durch die Städte und durch Schwerin, immer wieder im Zirkel durch dieselben Straßen, wie in den Zeiten der Vorherigen auch.

In den Betrieben gibt es Versammlungen und Bekundungen und wieder Versammlungen und wieder Bekundungen und nochmals Versammlungen und nochmals Bekundungen. So soll es auch sein in der Schule am Pfaffenteich. Da laufen dann Schüler von Klasse zu Klasse und bestellen in den Unterricht hinein, daß Versammlung sei in der Aula nach der Pause.

Als die Stunde vorbei ist, drängt man aus der Klasse, man drängt durch die Flure, 400 Mädchen und Jungen, junge Frauen auch schon und junge Männer, wehrpflichtig und volljährig, dazwischen die Lehrer und Lehrerinnen und dazwischen Karl. Der wird gedrängt und drängt wie alle, und es drängt auch in ihm. Dies Drängen im Innern, das kennen sie alle, ganz sicher die Jungen, die mal Männer werden. Es blähen sich die Winde im Darm zusammen, zu dem das dann, ob laut oder leise, ein Koffer hieß. Ob der tote Vogel in der Tasche oder Koffer in der Ecke, das kennen ja alle, doch man spricht nicht davon. Aber nur nicht jetzt, unter so vielen Leuten, so dicht beieinander und bei befohlener Trauer. So verdrückt Karl wie's geht, was nicht losgehen soll, und macht alles viel schlimmer.

Schon sitzen die Vierhundert gedrängt in der Aula, man weiß, was jetzt kommt, ist Einstimmigkeit gewöhnt, wird einstimmig trauern. Nur gut, daß Karl sitzt, so verdrückt er sich besser.

Dort vorn auf dem Podium steht betrübt die Rektorin und sie sagt es auch allen. Wegen des Todes des Helden, das weiß sie genau, sind auch betrübt die Werktätigen der ganzen Welt. Ihr wahrer Freund und Vater, ihre Hoffnung und Stärke, ist von ihnen gegangen, und keiner weiß, wie es weitergehen soll. Die großen Verdienste, sie sind nicht aufzuzählen, aber doch dieses und jenes, die siegreiche Revolution, der siegreiche Große Vaterländische Krieg, die Befreiung vom Faschismus und die Hoffnung der Völker. Doch die Winde, die blähen, sie suchen die Freiheit und sollen es nicht, und die Verdienste nehmen kein Ende. Das muß wohl sein, das gibt's auch noch heute, im Osten und Westen, dies ewige Reden, und keiner hört hin.

Da kommt die berühmte, die Trauerminute, und sie reicht heute nicht. Mit den Werktätigen der ganzen Welt, und in diesem Moment, so weltweit solidarisiert, möge man sich doch erheben, zu einer doppelten Trauerminute, zwei Minuten also, stehend gedenken einem Mann, dem man so gar nichts abfinden kann. Aber dann stehen doch alle, wie immer alle die Hand dann heben, wenn die Partei es verlangt. Doch die arme Rektorin, so betrübt da vorne, sie wußte nicht, was sie tat. Denn das war zuviel, vom Sitzen zum Stehen, da gab es kein Halten

und Karl wurde Verlierer. Nun brachen sie durch, die blähenden Winde, zu einem riesigen Furz. Das war nicht ein Fürzchen, das war ein Donnerschlag, von dem Luther mit Freuden gesagt hätte.
Und nun? Das wäre zu schön für Partei und Genossen, wäre nun Ruhe gewesen und Verachtung für den Furzer. Das wäre zu schön gewesen, doch es kam ganz natürlich. Es beginnt schnell mit Prusten, dann kommt schon das Kichern und das Lachen platzt heraus. Schnell wird vom Podium reagiert und auch von dort mit beginnendem Prusten: »Ich danke Ihnen, prust-prust-prust, die Feierstunde ist beendet.« Wofür der Dank? Aber Karl lachte nicht.
Natürlich war damit nur die Feierstunde beendet, und alles danach ging so wie immer seinen sozialistischen Gang. Tuscheln und fragen, lachen und bangen und hauptsächlich Angst. Es hieß jetzt, wer war das? Ja, wer war es, wer war es, das war nun die Frage, und es war nicht zu klären, der Schlag war zu groß, von Fenster zu Fenster, von Wand zu Wand, da war nur das Echo.
Also laufen sie wieder nach Tagen des Suchens von Klasse zu Klasse. Versammlung sei, in der Aula nach der Pause. Und es läuft auch die Nachricht: Auf dem Schulhof stehen Autos, in denen Verhaftete abgefahren werden können, Grüne Minnas genannt, und wie die Schüler in die Aula kommen, sitzen da schon auf den Bänken und schön verteilt fremde Männer, Funktionäre und Genossen, und haben alles unter Kontrolle.
Nun ist die Stimmung gedrückter als bei befohlener Gedrücktheit. Ein schulfremder Funktionär begibt sich ans Pult. Man habe erfahren, daß in den Minuten, in denen die ganze Welt, die Werktätigen der ganzen Welt, in tiefer Trauer verharrten, hier, in der Aula der Goethe-Oberschule, gelacht wurde, man sei entsetzt, und der Urheber dieses Lachens, der müsse das Zentrum der Reaktion sein. Das Zentrum der Reaktion. Nun gelte es, diesen Urheber ausfindig zu machen, um so das ganze schmutzige Nest auszuheben. Oh Karl, oh Karl, und Du weißt gar nicht, wie Reaktion geschrieben wird und was das ist.
Sowas hatte es immer wieder gegeben, kurz vor dem Abitur, alle zwei Jahre, dann wurden aus den elften und zwölften Klassen, also den

Klassen vor dem Abitur, die unsicheren Kandidaten entfernt, ganz einfach durch Denunziation und Mehrheitsbeschluß: Wer ist dagegen? Wer enthält sich der Stimme? Danke, einstimmig angenommen. So wurden und werden auch Briefe geschickt nach Westdeutschland gegen Revanchismus und Aufrüstung als Resolution der Schule.
Karl war erst sechzehn, aber er kannte das alles, denn in Mecklenburg war's so und ist's so wie überall auf der Welt. Die Kinder kennen das Leben genauer als die Erwachsenen glauben, sie ahnen den Ablauf von wiederkehrenden Ereignissen voraus. Da saß er hinter dem Flügel gegenüber der Tür und konnte nicht fort. Wer jetzt raus lief, der war es. Wenn sich doch der Boden auftun würde unter einem und man verschwinden könnte von hier und für immer.
Wer war es? Die es wußten, die sagten es nicht, und nur unter denen, die es nicht wußten, fanden sich dann die Denunzianten mit ihren Vermutungen.
Da wußte einer genau, daß sein Mitschüler, der als FDJ-Mitglied zu den Weltjugendfestspielen nach Ostberlin gefahren war, den Berlinaufenthalt dazu benutzt hatte, Veranstaltungen der katholischen Studentengemeinde in West-Berlin zu besuchen, ein anderer wußte, daß ein Mitschüler mit dem »deutschen Gruß« in die Klasse gekommen war, und das kam damals öfter vor, sicher nicht als ein Heilsruf auf Hitler, sondern mehr als dummerhaftiger Spaß oder auch als Opposition gegen die neuen Machthaber, da hatte ein Mitschüler in seine Kladde Panzer und Flugzeuge gemalt und diese mit nazistischen Zeichen versehen, dazu wurde auch das Eiserne Kreuz gezählt, und da hatten Mitschüler dies und jenes, und einer mußte es doch gewesen sein.
Ein Schüler der oberen Klassen bewies Solidarität. Er ging an das Pult, verteidigte seine angeschwärzten Klassenkameraden, sprach dem Denunzianten das Recht ab, so zu urteilen, da er als Sitzenbleiber erst so kurz in der Klasse sei, den Mitschüler gar nicht so genau kenne, vielleicht auch bißchen zu dumm sei und genauso die Funktionäre.
Da brach er los, der Sturm. Es war gemeint, daß ja auch die hier anwesenden Funktionäre den Mitschüler nicht so genau kennen würden, aber die Funktionäre hatten sich den Schuh mit der Dummheit ange-

zogen. Da sah es beinahe so aus wie auf den Bildern von dem Sturm auf den Winterpalast, die fremden Männer aus den Bänken wollten ans Pult und dem Braven und Mutigen an den Kragen. Kam es zu Handgreiflichkeiten oder nicht? Jedenfalls waren die Sichgekränktfühlenden in Aufruhr, man mußte eine Lehrerin ohnmächtig hinaustragen – dann war Ruhe.

Und wie immer: Die Sitzung wurde unterbrochen, das Kollegium zog sich mit den Funktionären zurück, nun war dort eine Resolution zu erarbeiten, das klappte natürlich, wie fast immer und fast überall, die Sitzung wurde fortgeführt und es wurde verlesen, daß die Denunzierten für die Sozialistische Schule nicht tragbar seien, daß sie sich daher zunächst bei der Stadtreinigung und Müllabfuhr oder in der Molkerei als Kannenwäscher bewähren mußten und dann vielleicht später, mit einem veränderten Bewußtsein, die Schule fortsetzen könnten.

Karl ging nach Hause, wie immer mit Freunden und war doch ganz allein, denn der Furz war kein Thema, durfte kein's sein. Es gab ja schon Gedanken, die strafbar waren, und wer traute sich, sie auszusprechen. Am nächsten Morgen wurde bekannt, daß noch in der Nacht gesucht, Häuser der Eltern der Schüler umstellt worden waren, verhaftet werden sollten solche, die schon nach Berlin unterwegs waren. In Berlin, da gab es noch keine Mauer im Jahre 1953, und wer dort die Grenze überschritt, tat es mit tausend anderen täglich.

So blieben sie zurück, die Geliebten alle, und keiner durfte es wissen: Mutter und Vater, die Großmutter, der Bruder, die Schule und die Klasse am Pfaffenteich, mit den Mädchen und Jungen, die Lehrer und die Freunde im ganzen Land. Auf dem Rad, das für die Jungen ihr ein und alles war, ging es noch einmal durch die Heimat, vorbei an den Seen, quer durch die Wälder, über Elbe und Havel dahin, immer Richtung Berlin. Es war ja bekannt, daß in den Zügen kontrolliert wurde, daß man rausgeholt wurde und eingesperrt. Das Brandenburger Tor mit seinen sechs Pfeilern war das Ziel, und schon damals waren vier Durchfahrten verbarrikadiert, nur die mittelste war frei, der Volkspolizist ging zur Seite.

Im selben Jahr, da gab es den 17. Juni, den man im Westen dann bald den Tag der Deutschen Einheit nannte und der nun zu einem gesetzlichen Feiertag degradiert worden ist, und dieser Tag muß den Funktionären wohl tief in die Knochen gefahren sein. Denn gleich darauf gingen die Denunzierten, die sich nicht inzwischen gen Westen verabschiedet hatten, wieder zur Schule, setzten sich in ihre alten Bänke, niemand nahm Anstoß, machten Abitur.

Wie verständlich die Angst vor einem Tag im Juni, wie unglaublich die Angst vor einem donnernden Furz.

Hans-Joachim Huhnke

Kirchenkampf und langer Atem

Meine letzten Tage in der DDR und damit in meiner geographischen Heimat Mecklenburg sind nicht verursacht durch den durchaus vorhandenen Konflikt mit dem Unrechtssystem »DDR«, sondern die gesundheitlich bedingte Folge der Entschlossenheit seit 1945, diesem vorauszusehenden Konflikt nicht auszuweichen.
Schon in der Zeit der nationalsozialistischen Gewaltherrschaft ging es mir darum, klar Stellung zu beziehen. Ich studierte damals (1942) in Rostock Medizin und Philosophie. Meine von Kindheit an durchgehaltene christliche Erziehung und Überzeugung bewegte mich nach schwerwiegenden Erwägungen zu dem Entschluß, bei Weiterführung des Philosophiestudiums zur Theologie überzuwechseln, um mich als Theologe in der »Bekennenden Kirche« zu engagieren. Darum trat ich sogleich in die »BK« ein und gehörte in Leipzig zu einem BK-Studentenkreis, der heimlich Karl Barth las und für Martin Niemöller, der bereits im KZ saß, Lebensmittelmarken sammelte, die wir ihm über seine Frau zugute kommen ließen – auch dies bereits ein schweres, ja todeswürdiges Verbrechen. In dieser Zeit bekam ich gleich meinen ersten politischen Prozeß. Ich hatte – noch in Rostock – im Ferieneinsatz beim dortigen Wohnungsamt auch im Publikumsverkehr den »Hitlergruß« verweigert und durch »Guten Tag« etc. ersetzt, um ein Zeichen zu setzen. Das trug mir eine Anklage durch den Rostocker NS-Studentenführer beim Universitätsgericht Leipzig ein wegen »ostentativer Verweigerung des Deutschen Grußes und Staatsfeindlichkeit der ganzen Familie« (Sippenhaftung!). Nur der Tatsache, daß der Richter, wie er mir andeutete, kein überzeugter Nazi war, habe ich es zu verdanken, daß ich mit der leichtesten Strafe davonkam: mit einer münd-

lichen politischen Verwarnung durch den Rektor der Universität, zu welcher ich aufgefordert wurde mit einer offenen Karte, die mit den Worten begann: »Magnifizenz will Ihnen morgen eine Verwarnung erteilen.« – an sich für einen Studenten schmachvoll, aber nicht in diesem politischen Fall.

Später – 1944 nach Rostock zurückgekehrt – wurde ich dienstverpflichtet in einer Schweriner Filiale der »Dornier«-Flugzeugwerke. Dort erlitt ich einen Betriebsunfall am Bein, der eine Krankschreibung zur Folge hatte. Dennoch habe ich am folgenden Erntedanktag – an zwei Stöcken gehend – zwei Gottesdienste in umliegenden Dorfkirchen gehalten. Das war äußerst gefährlich, da ich nicht an der Maschine saß, wohl aber, noch dazu »über Land«, zwei Gottesdienste hielt. Das brachte mir eine zweite politische Anklage ein, in der von »Sabotage« die Rede war. Wie mir hinterbracht wurde, sollte ich diesmal nicht so glimpflich davonkommen – und wäre es auch den Umständen entsprechend gewiß nicht, wenn nicht der Zusammenbruch 1945 dazwischengekommen wäre.

Im Mai 1945 rückten bei uns in Schwerin die Amerikaner ein, die wir als Befreier von der Nazityrannei begrüßten.

Aber dieses Erlebnis der Befreiung dauerte nicht lange. Nach etwa sechs Wochen räumten die Amerikaner u.a. auch Schwerin und überließen es den Sowjetrussen. Uns – meiner Familie – wurde geraten, mit den Amerikanern zu gehen. Da ich aber als Mitglied der »BK« grundsätzlich allen dem christlichen Glauben feindlichen Mächten Widerstand leisten wollte und ein neuer Kirchenkampf unter sowjetischer Vorherrschaft vorauszusehen war, blieb ich mit meinen Eltern – mein Vater war Kirchenältester und mit meiner Mutter derselben Meinung – in Schwerin und stellte mich meiner Heimatgemeinde St. Nicolai als komissarischer Lehrvikar zur Verfügung bis zur Weiterführung des Studiums nach Wiedereröffnung der Universitäten. Dieser Entschluß war also eine Konsequenz aus der bisherigen Entschlossenheit zum Widerstand gegen ein totalitäres Regime auf deutschem Boden.

Die Konsequenz dieses Entschlusses war dann auch eine ständige immer wieder akut werdende Konfliktsituation mit den Maßnahmen des »DDR«-Regimes, die mit Glaubensfreiheit und Menschenrechten nicht zu vereinbaren waren. Es hatte also ein neuer Kirchenkampf begonnen, in welchem die offizielle Kirche u.a. in Kanzelerklärungen Stellung bezog, die der Staat zu verhindern suchte. Dieser Konflikt begann für mich sogleich in meiner ersten Pfarrstelle, der Landgemeinde Pokrent in der Nähe Schwerins. Ziemlich zu Beginn meiner dortigen Tätigkeit wurde ich von einer Gruppe der »Nationalen Front« zur Zusammenarbeit aufgefordert, die ich jedoch entschlossen ablehnte, auch in einem Wiederholungsfall gegenüber einem SED-Funktionär, der mich aufsuchte. Ich hatte u.a. eine Jugendarbeit aufgebaut, an der sehr viele Jugendliche – Konfirmanden und Konfirmierte – in verschiedenen Jugendkreisen teilnahmen, so daß die staatliche Jugendorganisation der »FDJ« sich nicht entfalten konnte. Das wurde mir in SED-Kreisen sehr übel genommen. Inzwischen hatte – erste Hälfte der fünfziger Jahre – eine Hetzkampagne gegen die Junge Gemeinde besonders in der FDJ-Zeitung »Junge Welt« begonnen, in welcher die Junge Gemeinde als Untergrundorganisation westlicher Agentenzentralen verleumdet wurde. Die Kirche betonte in einer Kanzelabkündigung dagegen: »Die Junge Gemeinde ist keine Untergrundorganisation.« Sie sei eine Gruppe innerhalb der Gemeinde, in der das Evangelium auf eine jugendgemäße Weise der Jugend nahegebracht werde. Am Schluß hieß es nachdrücklich: »Die Kirche steht voll hinter ihrer Jugend.« Als Kreisjugendwart hatte ich schon vorher diese Erklärung zur Bedeutung der Jungen Gemeinde in einem Vortrag in der Kreisstadt Gadebusch öffentlich bekundet.

So ging es weiter. Die Gemeinde hielt dabei fest zusammen.

Schließlich kam von wohlwollender »dritter Seite« die Warnung, daß in meinem nächsten Gottesdienst zwei Kriminalpolizisten zugegen seien, die mich bei einem »falschen Wort« verhaften sollten. Ich hielt den Gottesdienst in üblicher Weise und suchte am Tag darauf meinen Landesbischof auf, um ihm meine bedrohte Situation zu erklären. Der Landesbischof bot mir daraufhin drei Möglichkeiten an: Ich könnte bei ihm bleiben und mich – gegebenenfalls – an seiner Seite verhaften lassen, oder ich könnte in Urlaub gehen oder aber in meine Gemeinde zurückkehren. Letzteres habe ich getan und weiterhin unter dem politischen Druck gelebt, was mir wahrlich nicht leicht fiel. Dabei hatte ich meine Gemeindearbeit und besonders die Jugendarbeit wie bisher fortgesetzt und den Druck, unter dem ich stand, weiterhin umgesetzt in eine Erziehung der Jugend und der ganzen Gemeinde zum Glauben und Bekennen.

Mitte der fünfziger Jahre setzte dann verstärkt die staatliche Propaganda für die sozialistische »Jugendweihe« ein, deren Vorbereitung verbunden war mit dem Buch »Weltall – Erde – Mensch«, das christlichen Glaubensgrundsätzen widersprach. Demgegenüber stand die Konfirmation als persönliche Bestätigung und Befestigung des Glaubens. Nun begann der Widerspruch der Kirche gegen eine von den zuständigen staatlichen Stellen behauptete und nachdrücklich vertretene angebliche Vereinbarkeit von Jugendweihe und Konfirmation mit der klaren Entscheidung: Entweder Konfirmation oder Jugendweihe. Wer an der Jugendweihe teilnehmen wollte, konnte nicht konfirmiert werden und wurde auch aus dem Konfirmandenunterricht entlassen. Das entsprach meiner Überzeugung von der Zusammengehörigkeit von Glauben und Bekennen, so daß ich an der Unvereinbarkeit von beidem entschieden festhielt. Da ich zugleich auch in der Angelegenheit des christlichen Glaubens weiterhin an der bewußten und darum freien Entscheidung festhielt, stellte ich die Konfirmanden eben vor diese freie Entscheidung. In Anerkennung dieser freien Entscheidungsmöglichkeit betonte ich weiterhin nachdrücklich, daß ich keinen verachten werde, der an der Jugendweihe teilnehmen will und forderte nur, daß er sich bei mir melde, damit ich ihn »in allen Ehren« und ohne jede Feindschaft aus dem Konfirmandenunterricht entlassen könne. Damals ließen sich noch die weitaus meisten Jugendlichen konfirmieren, ohne an der Jugendweihe teilzunehmen. Das traf auch für meine Konfirmanden zu, die sich sämtlich für die Konfirmation entschieden – bis auf ein Mädchen, das an der Jugendweihe aus familiären Gründen – der Vater war Kommunist – teilnehmen wollte bzw. mußte, ohne mir dies offen zu bekunden. Ich erfuhr es erst eine

Woche vor der Konfirmation von anderen Konfirmanden. Nach Rücksprache mit dem Oberkirchenrat sollte ich sie vor die endgültige Entscheidung stellen. Da starb ihr Großvater. Ich mußte wegen der Kürze der Zeit, die nur einen Besuch zuließ, bei dem Besuch in der Familie des Mädchens den Beileidsbesuch und die Angelegenheit der Jugendweihebeteiligung sorgfältig voneinander trennen und habe das auch getan. Daraufhin wurde ich in der SED-Presse äußerst scharf angegriffen unter der Schlagzeile: »So nicht, Pfarrer Huhnke!«. Dieser Artikel war ein Hetzartikel unter völliger Verdrehung und Umkehrung der Tatsachen, ein Artikel im Stil nationalsozialistischer Hetzpresse. Angeblich hätte ich das arme, schwache Mädchen an der Leiche ihres Großvaters unter Ausnutzung ihrer seelischen Erschütterung gezwungen, sich konfirmieren zu lassen, weil sonst der Großvater keine Ruhe im Grab fände. Ich wurde als mittelalterlicher Inquisitor bezeichnet, dem klargemacht werden müsse, daß wir nicht mehr im Mittelalter lebten. Nichts davon entsprach der Wahrheit. Ich habe den Besuch im Sterbezimmer an der Leiche des Großvaters still ausklingen lassen und in einem neuen Ansatz in einem anderen Raum des Hauses die Frage, ob das Mädchen zur Jugendweihe oder zur Konfirmation gehen wolle bzw. solle, mit aller Behutsamkeit zur Sprache gebracht – und zwar in Abwesenheit des Mädchens. Als dann das Mädchen herbeigerufen wurde, habe ich es in aller Güte noch einmal auf die Unvereinbarkeit von Konfirmation und Jugendweihe hingewiesen, aber ausdrücklich betont, daß sie sich heute nicht zu entscheiden brauche. Das alles hatte der Zeitungsartikel also ins genaue Gegenteil verkehrt und daraus eine Hetzkampagne gegen mich fabriziert. Diesem Artikel folgten dann noch zwei weitere, so daß die Angelegenheit sich auszuweiten begann. Ein Kollege, bei dem die Zeitungshetze in der gleichen Weise begann, kam später ins Zuchthaus. Das hätte mir auch geschehen können. Dennoch hielt ich weiter an meinem Standpunkt fest. Inzwischen übernahm ich eine Pfarre an der St. Georgen-Kirche in der alten Hafen- und Hansestadt Wismar, direkt an der Ostsee gelegen und mit einem größeren Seehafen, eine Stadt, die mir sogleich heimisch war, da mir die See von Kind an immer mehr bedeutete.

St. Georgen war schwer durch Bomben beschädigt. Ich habe mich intensiv um ihren Wiederaufbau bemüht. Ein Jahr zuvor hatte ich die Kirchenmusikerin Ilse-Maria Lange geheiratet. Meine Frau hat in der gleichen Einstellung mit mir alle konfliktbedingten Belastungen getragen und sich als Pfarrfrau aktiv an der Gemeindearbeit beteiligt. In meiner Gemeindearbeit trat ich in Predigt und Seelsorge weiterhin für eine persönliche Glaubensfestigung als auch für eine öffentliche Gewährleistung der Glaubensfreiheit im Sinne der Menschenrechte gegenüber allen einschränkenden Maßnahmen der »DDR«-Staatsmacht ein. Das brachte, wie man sich denken kann, gleich neue Konflikte mit dem Staat, dessen Vertreter meine diesbezügliche Einstellung schnell erkannten. Diese Konfliktsituation war also grundsätzlich immer vorhanden. Sie sprach sich andererseits aber auch herum und brachte mir bei den Menschen – auch über die kirchlichen Kreise hinaus – großes Vertrauen ein. Manch ein Geschäftsmann oder staatlicher Verkaufsstellenleiter, der nicht genug Ware bekam, sprach sich mir gegenüber frei aus und war für meine Solidarität und mein Verständnis offen. So habe ich z.B. einmal eine Ladenangestellte, die schwere Arbeit für geringen Lohn leisten mußte und sich mir gegenüber spontan beklagte, öffentlich zum Streik aufgefordert und dabei gesagt: »Und das nennt sich 'Arbeiter-und-Bauern-Staat'!«. Sie sagte daraufhin: »Das haben Sie gesagt.«, und ich bestätigte, in der Schlange an der Kasse stehend: »Ja, das habe ich gesagt.« Solche Solidaritätsbekundungen bzw. politischen Äußerungen waren für mich auch Seelsorge, und zwar im grenzüberschreitenden weltlichen Sinne. Seelsorge, das empfand ich schon früh, darf nicht innerkirchlich orientiertes Tun bleiben, sondern muß kritisch weltbezogen und damit auch politisch sein. Freilich mußten dabei schützende Mauern verlassen werden, Mauern der »Innerkirchlichkeit«, und das war gefährlich. Aber der Christ kann nur ein Konformist Jesu sein, der auch gefährlich lebte und sein Wirken für die Mitmenschen mit dem Tode bezahlte.

Aus dieser Grundeinstellung heraus bin ich kirchlichen Zusammenkünften mit staatlichen Vertretern, die einer die tiefen Gegensätze verschleiernden »Verständigung« mit Staat und Partei dienten, demonstrativ ferngeblieben. Einmal nahm ich jedoch an einer Zusammenkunft mit den entsprechenden Vertretern des Staates auf höherer Ebene teil. Aber das hatte seine besonderen Gründe. Wie oben erwähnt, hatten die staatlichen Stellen in der Frage der Jugendweihe nachdrücklich die von der Kirche bestrittene Vereinbarkeit von Jugendweihe und Konfirmation betont, um die Jugendweihe durchzusetzen. Inzwischen war es – wie vorauszusehen war – umgekehrt gekommen: Der Staat drehte den Spieß um. Er behauptete nun seinerseits die Unvereinbarkeit der Jugendweihe mit der Konfirmation. Er machte das schulische Weiterkommen der Jugendlichen nunmehr davon abhängig, daß sie sich nicht mehr konfirmieren ließen. Dabei übte er starken Druck auf die Schüler aus, der bis zu der Alternative ging: »Entweder Abitur oder Konfirmation!«. Das geschah auch bei uns in Wismar. Als einige Schüler, die ich konfirmieren sollte, besonders stark bedrängt wurden, haben wir diejenigen Fälle, in denen die Eltern uns gegenüber ihre Zustimmung dazu gaben, zum Anlaß genommen, eine Eingabe an den damaligen Staatsratsvorsitzenden Walter Ulbricht zu machen, in der wir unter Berufung auf die Verfassung die von dieser gewährte Religionsfreiheit reklamiert und ihre Anwendung in den namentlich aufgeführten Fällen gefordert haben. Ich habe diese Eingabe dann im Auftrage meiner Kollegen überarbeitet, wodurch sie eine noch größere Schärfe bekam. Die Folge war das schon erwähnte Gespräch auf mittlerer Ebene zwischen drei Vertretern jeder Seite. Zur kirchlichen gehörte in diesem Falle auch ich. Bei dem Gespräch wurden unsere Beschwerden noch einmal deutlich im Blick auf die konkreten Fälle vorgetragen. Ich hatte dabei die Aufgabe, die gegensätzlichen Grundsätze zur Sprache zu bringen.

Dabei ging es um die Grundrechte der Verfassung besonders im Blick auf die Religionsfreiheit. Aber die Vertreter des Staates ließen sich nicht auf unsere Beschwerde ein, sondern erklärten in scharfem Ton, daß wir zwar dem Staat den Vorwurf machten, die Verfassung nicht einzuhalten, daß umgekehrt aber wir es seien, die die Verfassung brächen und im Untergrund arbeiteten. So endete das Gespräch ohne Ergebnis; der Konflikt blieb.

Im weiteren Verlauf der Spannungen zwischen SED-Staat und Kirche kam es dann zu Verhandlungen zwischen dem östlichen und westlichen Bereich der EKD (Evangelische Kirche in Deutschland) und der VELKD (Vereinigte Evangelisch-lutherische Kirche in Deutschland) über eine verwaltungsmäßige Trennung, die dem SED-Regime erwünscht war: einmal, um die Kirche besser in den Griff zu bekommen, zum anderen, um dem Souveränitätsanspruch des sowjetischen Satellitenstaates »DDR« zum Aufschwung zu verhelfen. Ich hatte – auch im Gespräch mit Gemeindegliedern – immer betont, daß trotz der politischen Spaltung Deutschlands die Kirche in beiden Teilen der Nation eine Einheit bilde. Deshalb protestierte ich nun mit meiner Unterschrift unter einem diesbezüglichen Dokument gegen eine verwaltungsmäßige Spaltung der EKD und der VELKD und damit gegen die Bildung eines »Bundes der Evangelischen Kirchen in der DDR«, sowie der entsprechenden VELK-Variante. Leider kam es dann aber doch zu der Trennung im Bereich der Verwaltung, wenngleich dabei die – allerdings wesentliche – geistliche Einheit weiterhin beiderseits betont wurde.

In den von mir zu haltenden gottesdienstlichen Fürbitten, die ja die Kraft einer besonders starken Verinnerlichung ihrer Inhalte für die Gemeinde haben konnten, bat ich für unser geteiltes Vaterland, »daß Gott uns eine Regierung schenke, die uns in Freiheit und Gerechtigkeit regiere« – also eine andere Regierung!

In meiner Wismarer Tätigkeit war ich auch abwechselnd Studentenpfarrer und lernte dabei den Druck politischer Nötigung kennen, unter dem die Studenten der dortigen Ingenieurshochschule standen. Es war schon ein Akt des Bekenntnisses, daß etliche Studenten zur Studentengemeinde hielten. Unter diesem Vorzeichen stand die kirchliche Studentenarbeit, bei der ich die Studenten in einem zentral christlichen, aber weitgesteckten Informationsrahmen mit den Problemen der geistigen und geistlichen Auseinandersetzung vertraut zu machen versuchte. Der Themenbereich umfaßte mithin auch religionspsychologische, religionskundliche und kulturelle Aspekte, die den Studenten sonst nicht zugänglich gemacht wurden. In diesen Zusammenhang gehörte auch meine Aufgabe, als Mentor Theologiestudenten zu betreuen und sie in ihrem Studium durch fachliche Nachhilfe zu fördern. Auch in diesem Bereich hatte ich also eine besondere Möglichkeit der Einflußnahme.

Zu diesen Studenten gehörte auch der inzwischen besonders als Lyriker bekannt gewordene Schriftsteller und Publizist Ulrich Schacht. Er kam als interessierter und engagierter Jugendlicher zu mir. Es zeigte sich, daß er mit mir auch in seiner schon ziemlich reifen politischen Einstellung übereinstimmte, in der ich ihn natürlich bestätigte. In unserer theologischen Arbeit habe ich ihm besonders bei der Übersetzung und Erklärung von 1. Joh. 4, 16: »Gott ist Liebe, und wer in der Liebe bleibt, der bleibt in Gott und Gott in ihm« überzeugend und grundlegend deutlich machen können, daß »Gott« Liebe ist – und zwar die Liebe, in der wir ständig und bedingungslos bleiben, in der wir Menschen also fest miteinander verbunden sind, stets hilfsbereit füreinander da sind im Geiste der Liebe Jesu, in der sich so die Wirklichkeit Gottes als unbedingte Liebe unter uns ereignet. Gott ist darum also nicht unnahbar-jenseitig, sondern in der Nachfolge Jesu als »Da-sein-für-andere« (Bonhoeffer) und darin in der Mitmenschlichkeit der bedingungslosen Liebe mitten unter uns und durch uns gegenwärtig erfahrbar. Das hat Ulrich Schacht überzeugt, auch als weitere Grundlegung seines politischen Engagements, das in seiner frühen Lyrik schon beachtlich zum Ausdruck kam.

Da er seine politische Überzeugung auch in seinen alltäglichen Äußerungen frei bekundete, worin wir beide übereinstimmten, wurde er verhaftet und wegen »staatsfeindlicher Hetze« zu sieben Jahren schwerstem Strafvollzug verurteilt. Ich habe diese Verurteilung sogleich in einer solidarischen Weise der Gemeinde bekanntgegeben. Von da an habe ich – gemeinsam mit meiner gleichgesinnten Kollegin Anna Muche – in jedem Gottesdienst eine solidarische Fürbitte für ihn gehalten, in der es hieß: »Lasset uns den Herrn anrufen . . . für unseren gefangenen Bruder Ulrich Schacht, daß Gott ihn auf dem Weg der Leidensnachfolge Jesu stärke und ihn in die Freiheit führe«. Diese ständige öffentliche Fürbitte mit der solidarischen Nennung seines Namens und seines Geschickes bewahrte ihn vor dem Verschollensein hinter Zuchthausmauern und war für ihn, wie er mir später bestätigte, eine sehr wesentliche Stärkung auf seinem harten Weg. Er wurde dann, nachdem er schon über die Hälfte seiner Haftzeit verbüßt hatte, durch Freikauf in die Bundesrepublik Deutschland »abgeschoben«. Für uns – den Kreisjugendwart Jochen Schwarz, der auch »mit von der Partie war«, und mich – hatte diese Angelegenheit noch ein Nachspiel: Wie wir aus zuverlässiger Quelle erfuhren, forschte der Staatssicherheitsdienst nach den »Hintermännern« des Falles »Ulrich Schacht«. Weiterungen konnte der Oberkirchenrat in Schwerin jedoch verhindern. Inzwischen wurde ich von einem Vertreter des »Ministeriums für Staatssicherheit« ausgesucht, der mir sogleich erklärte, ich hätte Verbindung mit einer in »unserem« Staat verbotenen Organisation. Ich konnte zunächst nicht wissen, was er mit dieser Behauptung meinte. Dann stellte sich heraus, daß es sich dabei um die in der »DDR« verbotenen »Bibelforscher« (»Zeugen Jehovas«) handelte, deren Hauptvertreter mich besucht hatte, um mich von seinen Ansichten zu überzeugen. Dem habe ich aber mit theologischen Gegenargumenten widerstanden. Über dieses theologische Streitgespräch konnte ich dann dem Vertreter des MfS ausführlich – und für ihn frustrierend – berichten, daß es sich um rein theologische Streitfragen handelte, die den Bibelforscher politisch nicht belasteten. Mit der Ausbreitung unseres Gesprächs habe ich den Mann vom MfS bewußt »angeödet«, so daß er schließlich nach einer letzten Fangfrage aufgab. Auch eine solche Situation ist, denke ich, bezeichnend für die Umstände kirchlicher Arbeit in der »DDR« und in Mecklenburg. Schließlich kam der Fall Brüsewitz«. Pfarrer Brüsewitz hatte sich aus klar bekundetem und begründetem Protest gegen die menschenrechtsfeindlichen Maßnahmen des SED-Regimes gegenüber der christlichen Jugend öffentlich im Talar selbst verbrannt: ein alleräußerstes loderndes Fanal, das großes Aufsehen und tiefe Betroffenheit auslöste. Der Staat reagierte in seiner Presse mit geradezu nazistischer Hetze, indem die Selbstverbrennung des Pfarrers als Tat eines Wahnsinnigen hingestellt wurde. Dabei war sie weder die Tat eines Wahnsinnigen noch Selbstmord, sondern

Selbstopfer, mit dem er ein unübersehbares Zeichen geben wollte, was u.a. aus von ihm dabei aufgestellten Plakaten deutlich hervorging. Auf die Hetzartikel in der SED-Zeitung »Neues Deutschland« wollte die Kirche mit einem ausführlichen Gegenartikel reagieren und die wahren Gründe für die Selbstaufopferung von Pfarrer Brüsewitz darlegen. Natürlich wurde diese Richtigstellung von der SED-Presse nicht abgedruckt. Daraufhin setzte ich mich in meinem Pfarrkonvent dafür ein, daß wir diese Richtigstellung von der Kanzel verlesen und fand Zustimmung. Meiner Verlesung dieses Kanzelwortes schickte ich noch eine einleitende Bemerkung voraus, in der ich den staatlicherseits erhobenen demagogischen Vorwurf, die Kirche habe in diesem Fall das Wahrheitsgebot verletzt, nicht nur zurückwies, sondern mit Nachdruck zurückgab. Nach einer klarstellenden Zwischenerklärung gab die Kirche schließlich eine Kanzelerklärung heraus, in der sie sich mit angemessenen Begründungen klar auf die Seite Pfarrer Brüsewitz' stellte. Diese Erklärung habe ich in dem letzten, von mir zu haltenden Gottesdienst verlesen, wobei es für mich von besonderer Bedeutung war, gerade in meinem letzten Gottesdienst in Wismar eine solche Kanzelabkündigung zu halten. Selbstverständlich schien mir, der Familie des Pfarrer Brüsewitz ein solidarisches Beileidstelegramm zu schicken.

So habe ich mich in all den Jahren meiner mecklenburgischen Pfarrdienstzeit bemüht, die Grundhaltung der »Bekennenden Kirche« auch in der ständigen Konfliktsituation durch die Kirchenpolitik der »DDR« durchzuhalten. Schließlich wurde ich noch in der Nachfolge eines ausscheidenden Mitgliedes als Vertreter des Mecklenburgs in den ehemaligen Reichsbruderrat der Bekennenden Kirche Deutschlands, der immer noch in gesamtdeutscher Zusammensetzung fortbestand und sich nun »Landesbruderrat« nannte und in Ostberlin tagte, entsandt. Dabei nahm ich die Gelegenheit wahr, die westdeutschen Vertreter, besonders aber in persönlichen Gesprächen Martin Niemöller, dem ich nun endlich einmal direkt begegnete, und Präses Scharff, eindringlich auf die vom Staat bedrängten Christen in der »DDR« hinzuweisen. Außerdem begann ich im Zusammenwirken mit der inzwischen wie-

der völlig funktionierenden Bekennenden Kirche in Sachsen die Neubelebung und Neuorganisation der BK in Mecklenburg soweit einzuleiten, daß sie weiterhin ihre Aufgabe wahrnehmen konnte.
Damit bin ich am Ende meiner Tätigkeit als Pastor in der »DDR« und in Mecklenburg angelangt. Die ständige, immer wieder akut werdende Konfliktsituation gegenüber dem Staat und dabei eine reiche und anstrengende Gemeindearbeit haben meinen Gesundheitszustand immer mehr angegriffen, so daß ich schließlich invalidisiert wurde. Ich hielt aber noch Gottesdienste, arbeitete weiter, bis auch das nicht mehr ging und mein Arzt mich ermahnte, endlich in den Ruhestand zu treten. Soweit es ging, nahm ich dennoch am Gemeinde- und kirchlichen Leben teil. Aber als Invalide und pensionierter Pastor konnte ich nun mit meiner Frau, die auch invalidisiert worden war, in die Bundesrepublik, meine politische Heimat, übersiedeln. Dafür aber mußte ich nun meine geliebte Heimat Mecklenburg mit seinen Seen und Wäldern und seiner herrlichen Ostseeküste, die von Kind an für mich mit einem besonderen, sich dann immer mehr »erweiternden« Erlebnis verbunden war, das schließlich philosophische Dimensionen erreichte, verlassen. Das war ein sehr tief und nachhaltig wirkender Abschied, der zunächst von all den verwaltungstechnischen Erledigungen überdeckt war, sich aber bis in die jetzige Gegenwart immer schmerzhafter auswirkt. Ich konnte nämlich nicht, wie vorgesehen, nach Schleswig-Holstein ziehen, sondern mußte – aus familiären Gründen, die hier zu erörtern zu weit führen würde – nach Süddeutschland ziehen, das auch klimatisch für mich unverträglich ist.
Meine letzte Zeit in Mecklenburg war also geprägt durch das Ziel der politischen Heimat in der Bundesrepublik, das den Verlust der geographischen Heimat vorübergehend überlagerte. Jetzt lebe ich bewußt in der politischen Heimat unseres freiheitlichen, demokratischen Rechtsstaates, der bei allem Widerstreit der Parteien mit seinen Verwirrungen seine freiheitlich-demokratische Sensibilität durchhält und darum zu bejahen ist – für mich auch trotz des Schmerzes durch den Verlust meiner geographischen Heimat Mecklenburg.
Im Rückblick auf meine letzten Tage in Mecklenburg kann ich in die-

sem Sinne noch berichten, daß meine Frau und ich noch einige Male in meine schöne Vaterstadt Schwerin, die »Stadt der Seen und Wälder«, fuhren und sie in ihrer großzügigen Anlage mit ihrem mächtigen gotischen Dom und ihrer schönen backsteinbarocken St. Nicolai-Kirche, in der ich getauft, konfirmiert und getraut wurde und in der ich über zwei Jahre lang als Vikar arbeitete, auf uns wirken ließen. Von der prächtigen alten Hansestadt Wismar aus fuhr ich so oft wie möglich an die nahegelegene Küste, um den Blick auf die Weite der See zu erleben, die schon am Seehafen selbst zu spüren, zu ahnen war.

Was der Abschied von diesem Lande an der Ostsee der ja tief in das Unbewußte reicht und in der begründeten Entscheidung, diese Heimat zu verlassen, auch mit automatischer Verdrängung des Abschiedsschmerzes verbunden, als ich mit meiner Frau aus der noch fast vollständig, zum großen Teil mit Möbeln aus unserer Kindheit, unseren Elternhäusern, ausgestatteten Wohnung mit einem kurzen Blick zurück und einem entschlossenen Blick nach vorn herausging an nachwirkenden und nur mühsam aufzuarbeitender Belastung bedeutet, läßt sich nicht mit einfachen Worten sagen.

Die »Aufgabe« im doppelten Sinne des Wortes ist die Zukunft, die immer auch mit der Aufarbeitung der Vergangenheit, gerade auch, soweit sie Trauerarbeit ist, in inniger Verbindung steht und nur durch sie weiterführt.

WENDELGARD TRAMPOTA

Abschied von den Gräbern, den Lebenden entgegen

Ein letzter Blick zurück. Die Grenze bei Herrenburg war überschritten. Was wird uns die selbstgewählte Zukunft bringen? Wir schreiben den 15. Dezember 1979. Mein Mann und ich fahren der neuen Heimat Hamburg entgegen. Unseren Kater Dicki durften wir mitnehmen. Auch er hatte ein gültiges Papierchen vom Ministerrat der DDR zum legalen Grenzübertritt erhalten. Das machte uns froh, denn er gehörte schon fast fünfzehn Jahre zur Familie.

Hatte er sich zum Beginn der Reise wie toll gebärdet, denn das Sitzen in dem doppelten Karton mit Luftlöchern darin war total ungewohnt und behagte ihm durchaus nicht, wem würde es auch schon gefallen, eingesperrt zu sein, so beruhigte er sich allmählich durch unser Zureden und wohl auch durch das gleichmäßige Geratter des Zuges; etwas später hatte ich dann Mühe, ihn bei der Zollkontrolle dazu zu bringen, daß er ein paar Töne von sich gab, um sein Vorhandensein zu demonstrieren. Es klappte nach ein paar Minuten. Unsere paar Gepäckstücke waren auch schon kurz kontrolliert, somit stand unserer Ausreise nichts mehr im Wege. 52 Jahre Heimat lagen hinter mir, 52 Jahre mit kurzen Unterbrechungen an ein- und demselben Ort, der schönen alten Hansestadt Wismar an der Ostsee. Sie ist nicht groß, diese Stadt, aber wer von Geburt an dort gelebt hat, weiß um die vielen Ecken und Winkel darin, liebt die schönen großen Kirchen, die zum Teil noch kurz vor Kriegsschluß durch Bomben zerstört wurden. Und während ich jetzt schreibe, purzeln die Erinnerungen nur so durch meinen Kopf. Da ist die Kindheit, die reichlich mit Armut gesegnet war und dennoch schöne Erinnerungen für mich hat, denn da war meine Mutter, die stolz war und ihre Armut zu tragen wußte, die immer wieder aufs neue versuchte, noch aus dem Wenigen das Bestmögliche zu machen. Unser Kindertisch wurde zum Beispiel im Sommer abends vor die Haustür gestellt, vier Schemel drum herum (wir waren vier Geschwister), dann wurden die Teller mit dem fertiggemachten Brot hingestellt und Malzkaffee bzw., wenn es hoch kam, Kakao dazu serviert. Ein Geheimnis wird es wohl immer bleiben, wie mein Vater es schaffte, ein Ei auf vier Stullen zu verteilen. Wenn meine Mutter sonst auch alles machte, für die Eiaufteilung war stets mein Vater zuständig. Ansonsten gab es meistens Margarine-, Quark- oder Schmalzbrot, die Ränder verziert mit in Scheiben geschnittenen Radieschen bzw. Gurken oder Tomaten. Trotzdem schmeckte es uns großartig, weil wir mit Hunger und Appetit schmausten; wir hatten uns am Tage ausgetobt. Die Sommerzeit war sowieso besonders schön, denn da zogen wir mit mehreren Kindern, Puppen im Wagen, Decken, Schemel und ein bißchen Brot zur nahegelegenen Kuhweide. Es war eine riesige Fläche mit einer für uns wunderschönen Hecke am Rande, wo wir in Abständen unsere Wohnungen bauten. Das beliebte Spiel »Mutter und Kind« konnte beginnen. Heckenrosen und Flieder sorgten für eine schöne Umrahmung. Gräben, Sumpf, Schilf, glatte freie Fläche, alles war vorhanden und regte unsere Fantasien maßlos an. Kurzum, es war ein von uns Kindern vielgeliebter Ort zum Spielen, so daß wir oftmals Zeit und Raum vergaßen und von den Angehörigen nach Hause geholt werden mußten. Am entgegengesetzten Ende dieser Kuhweide ging es ein Stück bergan. Das war dann der Platz im Winter, denn dort konnte man herrlich rodeln. Wenn wir auch keinen eigenen Schlitten besaßen, so durften wir doch bei anderen Kindern mitaufsitzen und dann die sogenannte »Teufelskuhle« runterjagen. Dabei mußte man sehr geschickt sein, wenn man nicht im Gasgraben mit der nur sehr dünnen Eisschicht landen wollte. Ach, man kann gar nicht alle Spiele aufzählen, die zu unserer Zeit aktuell waren, die uns so glücklich sein ließen. Unsere Straße war lang, sie war in drei Abschnitte unterteilt. Wir wohnten im mittleren. Da war immer Leben und Treiben. Herrlich war es, wenn mein Vater uns abends reinrufen sollte; daraus wurde nie schnell etwas. Im Gegenteil, da ging erst eine richtige Greifjagd los, so daß meine Mutter zum Schluß anstelle von vier Kindern fünf rufen mußte. Rief meine Mutter hingegen, kamen wir sofort. Fernsehen gab es damals nicht und ein Radio war auch nur begrenzt in Familien vorhanden. So saßen die Erwachsenen abends vor den Haustüren und sprachen über Neuigkeiten. Unsere Wohnung war nur sehr klein, so daß auch im Wohnzimmer geschlafen wurde. Wir Kinder sangen dann oft mehrstimmig, wenn wir schon im Bett lagen, und die Erwachsenen vor der Haustür hörten gerne zu. Wir bekamen so manchen Korb Obst dafür von Gartenbesitzern, was für unseren Essensplan dann immer eine tolle Bereicherung darstellte. Und nicht zu vergessen ist Schuster Lendt, der an diesen Sommerabenden die Straße entlangspazierte, vor vielen Haustüren Halt machte, um mit den Männern zu politisieren oder aber mit den Frauen zu scherzen. Ja, der Sommer war so recht was für uns Kinder. So manchen Sonntag marschierten wir mit unseren Eltern nach Seebad Wendorf. Da waren reichlich fünf Kilometer Weg zu bewältigen. Es ging zunächst die Lübsche Straße entlang, die mit herrlichen Kastanien bestanden war. Auf dem Rückweg war es durch die riesigen Bäume an einigen Stellen dann so dunkel, daß wir gern nach der Hand unserer Mutter bzw. unseres Vaters griffen. Dann wurde abgebogen in den Wendorfer Weg, der nur wenige Häuser zu bieten hatte, ansonsten Wiesen und Koppeln zur Linken und Rechten, anschließend auf der rechten Seite das Wasser des Hafens bzw. der Wismarschen Bucht. Am Wegesrand standen Weiden, die doch etwas Sonnenschutz gaben. Auf den Koppeln tummelten sich die Pferde. Zum Schluß dieses Marsches kam dann die sogenannte Durststrecke. Wir nannten sie deshalb so, weil weit und breit kein Baum mehr war. Herrliche Kornfelder zur linken Seite, rechts weiterhin Wiesen mit dem angrenzenden Wasser, und die Sonne brannte erbarmungslos. Dieses Stück wollte und wollte kein Ende nehmen. Kurz vor dem Strand stand dann noch eine Pumpe, wo erst mal tüchtig Wasser getrunken wurde. Dieses Wasser war ein Genuß, so klar und rein und im Geschmack wunderbar. Dann sahen wir durch Apfelbäume ein paar rote Dächer schimmern. Sie gehörten zu kleinen Häuslereien. Es war der schönste

Moment, denn nun war es gleich geschafft. Noch kurz durch einen angenehm kühlen Park, dann lag der Strand vor uns. Das Wasser der Ostsee blinkte und gleißte, blendete oftmals unsere Augen. Den ersten Halt machten wir an der Terrasse, von da aus beobachteten wir das Leben und Treiben am Strand, die Segelschiffe auf dem Wasser und auch die großen Schiffe, die reinkamen und rausfuhren. Aber dann hielten wir auch Ausschau nach einem für uns günstigen Platz. Auf den wurde dann zugesteuert. Die Decken wurden ausgebreitet, die Rucksäcke von dem Mitgenommenen befreit, es wurde sich für die nächsten Stunden häuslich eingerichtet. Nach einer Verschnaufpause, in der wir erst einmal etwas Dampf ablassen mußten, durften wir dann Badezeug anziehen und rein ins Wasser. Nun hatten die Eltern auch einen Moment Ruhe. Zu unseren Zeiten badeten die Frauen weniger, sie lagen meistens in Unterröcken am Strand und genossen auf ihre Weise Licht, Luft und Sonnenschein. Das waren Feiertage für uns. Auch auf die Gefahr hin, einige Leute zu langweilen, muß ich noch einige Ausflugsziele kurz erwähnen, denn sie sind es, die mir die Heimat und die Kindheit in leuchtender Erinnerung halten. Da ist zunächst das Köppernitztal. Es war zwar nicht so weit wie an den Strand, trotzdem kam es uns ganz schön weit vor. Aber Kinderaugen sehen bekanntlich alles in anderen Dimensionen. Da führte unser Weg über die Kuhweide, dann den Bernittenhöfer Weg entlang, bis wir zu einem bestimmten Restaurant, dem Sportlerheim, kamen. Wir sahen im Vorbeigehen die finanziell besser Dastehenden Tennis spielen oder im Garten Kaffee trinken. Jedoch das störte uns gar nicht. Es war nicht mehr weit, dann nahm das herrliche Köppernitztal uns in Empfang, bot uns mit seiner riesigen Parkanlage, mit dem Wischberg, einer kleinen Erhöhung am Eingang dieser Anlage, jedenfalls von der Seite, von der wir kamen, sehr viel schöne Stunden. Der Wischberg war umgeben von hohen Bäumen und Büschen, die Sage erzählt da von einem Riesen, der aus seiner kaputten Schürze so viel Sand verloren hat, daß dieser kleine Berg daraus entstand, aber trotz dieses düsteren Drumherums wagten wir uns dann den kleinen, sich schlängelnden Weg hoch auf die Spitze dieses sogenannten Berges und hatten dann von oben eine herrliche Aussicht hinab auf die Stadt. Die hohen Kirchen mit ihren stolzen Türmen, die roten Dächer, das Grüne rundherum und nicht zuletzt der Blick auf das Wasser ließen uns das kleine Gruseln in Kauf nehmen. Wir waren aber glücklich, wenn wir dann wieder bei unseren Eltern waren. Das Köppernitztal bot uns außer den herrlichen Parkanlagen noch einen großen Goldfischteich, ganz versteckt am anderen Ende dieses Parkes einen kleinen Aussichtsturm, den man allerdings auch nur wieder auf Schleichwegen durch Gebüsch erreichen konnte. Der Clou war aber das große Haus mit dem angebrachten Spruch: »Der alte Brauch wird nicht gebrochen, hier können Familien Kaffee kochen«. Davon wurde durch uns natürlich kein Gebrauch gemacht, denn unsere Mutter hatte alles eingepackt und auf den Weg mitgenommen. Es handelte sich meistens um fertig geschnittene Scheiben Brot, dazu ein Glas Rhabarbermarmelade, die dort dann auf die Schnitten verteilt wurde. 3 Flaschen mit kaltem Kaffee bzw. Tee sorgten dafür, daß wir nicht verdursteten. Kaufen konnten wir uns nichts, weil dazu kein Geld vorhanden war; aber was machte das, wir fühlten uns wie die Könige, genossen die frische Luft und den vielen Platz zum Spielen. Auch Bernittenhof mit dem großen Gartenanlagenkomplex wurde bei gutem Wetter durchwandert oder es ging zum »Roten Tor«. Dorthin ging es, wenn die Finanzen es mal zuließen. Dann führte uns der Weg in Richtung Schwerin, vorbei an den Friedhöfen, Karpfenteich und Feldern bis hin zum »Roten Tor« in Metelsdorf. Dort war ein Gartenlokal, auch auf Kinder eingestellt mit Schaukel und Wippen. Die Erwachsenen tranken Kaffee, wir Kinder bekamen dann Eis bzw. Erdbeeren. Aber dieses alles wäre nur zur Hälfte erzählt, wenn ich nicht auch noch von den Häfen erzählen würde. Alleine durften wir zwar nicht dorthin, aber oftmals am Sonntagvormittag nahm mein Vater uns mit auf den Weg zum Hafen. Es zog ihn aus zweierlei Gründen besonders dorthin, denn erstens wohnte unsere Großmutter, seine Mutter, dort in einem kleinen Haus, wo er selbst auch gelebt hatte während der Kindheit und der ersten Ehejahre. Sie hatte nun nur noch ein Zimmer dort und auf dem Vorflur ihre kleine Küche. Bei unserer Großmutter war es immer schön und

gemütlich. Sie war auch nur eine arme Fischersfrau, der Mann sehr früh verstorben, aber sie war die Güte in Person. Bei ihr bekamen wir immer »Möschen«, für uns der Höhepunkt eines jeden Besuches. Es handelt sich hierbei um eine in Milch aufgeweichte Semmel, die dann noch mit Zucker verrührt wurde. Es schmecke uns vorzüglich. Und wir durften mit ihrem Nähtisch spielen, in dem alte Knöpfe, Bohnen und Erbsen waren. Es war für uns der herrlichste Kaufmannsladen. Ja, und der zweite Grund war, daß mein Vater 26 Jahre zur See gefahren war, in die fernsten Länder und Erdteile war er gekommen. Da das nun nicht mehr der Fall war, zog es ihn automatisch zum Hafen, um mit den Seeleuten, die gerade mit ihren Schiffen im Hafen lagen, zu klönen, auf diese Weise also noch weiter die ferne Welt zu erleben. Oftmals saßen wir auch alle zusammen am Baumhaus, sahen auf das Wasser, das im Sonnenschein glitzerte bzw. auf die Wellen, wenn das Wetter stürmisch war. Wir sahen die Schwedenköpfe, aus Holz geschnitzte Köpfe, die ins Wasser gerammt waren, und wir hörten auch gerne zu, wenn die Seeleute auf ihren Schifferklavieren musizierten. Alles das gab es zu der Zeit noch. Es dauerte meistens nicht lange, dann kam Käpt'n Kruse an, ein alter Fahrensmann und Faktotum von Wismar. Oftmals fanden sich auch noch die Geschwister meines Vaters ein, die ihren Sonntagvormittagsspaziergang machten. Dann gab es bei den Erwachsenen viel zu erzählen. Diese Zeit nutzten wir Kinder meistens zum Greifen und zu anderen Spielen. Die Poller waren dann unsere Plätze zum Ausruhen.
Und ein weiterer unvergeßlicher Glanzpunkt aus unserer Kinderzeit war der Jahrmarkt, der im Frühjahr und im Herbst stattfand. Dann lagen wir abends schon erwartungsvoll in unseren Betten, denn nun mußte es ja bald ans Fenster klopfen. Wir jubelten, wenn es soweit war, denn dann stand Schutzmann Hadler vor der Tür und brachte uns eine Menge Freikarten für verschiedene Karussells. Er hatte noch mit anderen Schutzleuten zusammen immer die Aufsicht auf den Jahrmärkten zu führen, bekam dann von den Karussellbesitzern diese Karten geschenkt. Mein Gott, was schoben wir dann den nächsten Tag selig und stolz los, stolzer konnte man nicht losziehen, um die Welt zu

erobern. Und wenn meine Mutter es nur irgendwie möglich machen konnte, gab sie uns jedem fünf bzw. zehn Pfennig. Das war dann schon sehr viel. Klappte es aber doch nicht, dann opferte unser Vater sein Priemgeld für die Woche. Das waren dann auch für jeden von uns fünf Pfennig, denn eine Schachtel Priem kostete zwanzig Pfennig und reichte meinem Vater die ganze Woche. Jedenfalls zogen wir glücklich los, und für diese fünf Pfennig bekamen wir immerhin eine Zuckerstange. Oh, und wer die Wahl hat, hat die Qual. Es war nicht so einfach, sich zu entscheiden, denn es gab rote, weiße, gestreifte und noch viele andere Zuckerstangen, mit oder ohne Streußel; es gab auch zwei Nappos für das Geld, rautenförmige Kautaler mit Schokolade überzogen, oder aber drei Negertaler. Auch echte Lakritze, die ich besonders gern mochte, allerdings keine Stange, sondern drei kleine Stücke konnte man dann für sein Geld erstehen. Doch wir schlenderten erst einmal gemütlich über den ganzen Markt, und der war nicht klein; straßenweise waren Buden darauf wie Zuckerbuden, Verkaufsstände mit den neuesten Errungenschaften wie Füllfederhalter, Waffeleisen am Stiel, die ins heiße Fett gehalten wurden. Hier standen wir besonders gern, denn es wurden hier oftmals Mädchen zum Abwaschen gesucht, was damit verbunden war, daß man auch reichlich von den Waffeln naschen konnte. Schießbuden wechselten sich mit Zauberbuden ab, Stände mit Geschirr boten billige Ware an, und dann waren da noch die Hutbuden. Da konnte ich stundenlang stehen. Es war schon damals für mich ein Vergnügen, zu sehen, was sich die Leute andrehen ließen; besonders interessant war es am Wochenende, wenn die Leute aus den nahegelegenen Dörfern kamen. Da stülpten dann die jeweiligen Verkäufer den Kindern Damenhüte auf, und die Leute kauften. Wir vergaßen Zeit und Raum bei all diesen Sehenswürdigkeiten. Aber die Nascherei wurde dann auch noch gekauft und natürlich auch die Freikarten verfahren. Es stand sich auch besonders gut beim Wiener Hochrad. Dort war immer die Möglichkeit gegeben, umsonst als Gleichgewicht mitzufahren, denn die Gondeln mußten ja ausbalanciert sein. So wußten wir im Laufe von Jahren auch kleine Vorteile zu nutzen. Heimat, dieses Wort birgt unendlich viele Erinne-

rungen. Es schließt die Kindheit, Schulzeit, das ganze spätere Leben mit Freud und Leid ein.
Da wir mit unseren Kindern hier in einem Haus wohnen, vergeht kaum ein Tag, an dem wir nicht von »Zuhause« sprechen. Und da meine Enkeltochter diesbezüglich auch sehr wißbegierig ist und von Herzen gerne die alten Kamellen hört, wird immer wieder alles wachgerufen, gerät nichts in Vergessenheit. Ich erzähle ihr von der Schulzeit, die bis auf wenige Kleinigkeiten eine sehr schöne Zeit war. Wir hatten das Glück, zum größten Teil wunderbare Lehrkräfte zu haben, die uns trotz nötiger Strenge zu nehmen verstanden, so daß wir sie liebten und verehrten. Mit unserer geliebten Klassenlehrerin Frl. Hofemann, von uns heimlich »Hofi« genannt, waren wir mal eine Woche in der Jugendherberge in Beckerwitz. Das war eine wunderschöne Woche. Neben etwas Unterricht, der im Freien abgehalten wurde, wanderten wir auch in der Umgebung, lernten somit wieder ein Stück mehr von Mecklenburg kennen. Der zweite Weltkrieg, ich ging bis 1942 zur Schule, ließ leider solche Fahrten nicht mehr zu. Nach der Schulentlassung mußte ich mein Pflichtjahr ableisten. Dazu landete ich in Fährdorf auf der Insel Poel. Dieselbe liegt eine Stunde Dampferfahrt von Wismar entfernt. In dem Hauptort auf dieser Insel, also in Kirchdorf, hatten wir Verwandte um fünf Ecken rum. Die besaßen eine Bäckerei und waren zudem großzügige Menschen. Dorthin wurde auch so manches Mal gefahren, und einmal war ich mit meiner Schwester Käte zusammen sogar mal die ganzen Sommerferien über dort. Diese Zeit hat sich auch unvergeßlich eingeprägt. Wir durften die Wochen ein Leben in Freiheit und Ungebundenheit führen, wurden sehr verwöhnt. Es war wunderbar. Auch der Ort selbst mit seiner kleinen Dorfkirche, dem Wall, dem herrlichen Strand »Am schwarzen Busch«. Nun aber war ich erst einmal in Fährdorf gelandet. Diesen Ort kann man auch auf dem Landweg erreichen. So habe ich mehr als einmal den Weg nach Wismar und zurück nach Fährdorf mit dem Rad zurückgelegt. Keine Brücke, sondern ein künstlicher Damm verband Land und Insel. Das Stück Weg, das diese Verbindung herstellt, war von großen schlanken Pappeln gesäumt. Davon existiert ein sehr schönes Bild, ge-

malt von Karl-Christian Klasen, der auf unserem Gutshof sein Atelier hatte. Leider habe ich ihn nur einmal zu sehen bekommen, er kam als Soldat in Urlaub und ließ sich dort sehen. Ich bin aber manchesmal in sein Atelier geschlichen und habe mir die Bilder angesehen. Während dieses Pflichtjahrs wurde ich eines Nachts durch fürchterliches Gerummel aus dem Schlaf gerissen. Ich lag wie gelähmt im Bett, dachte an ein Gewitter. Aber schon wurde an die Tür geklopft, der Inspektor holte mich, es war ein Luftangriff auf Wismar. Nachdem alles vorbei war, stand ich am Fenster und sah meine Heimatstadt brennen. Der Rest der Nacht ließ mich nicht zur Ruhe kommen. So radelte ich in der Frühe los, um nach meiner Mutter und Schwester Ausschau zu halten. Meine anderen Geschwister waren zu der Zeit nicht in Wismar. Glücklicherweise war unsere Familie nicht betroffen und ich konnte beruhigt zurückfahren.

Meine Lehrzeit im Büro fand dann wieder in Wismar statt. Mein Vater war inzwischen verstorben, eine Schwester von mir folgte ihm 1944, und 3 Monate später kam auch von meinem Bruder von der Westfront die letzte Nachricht. Unsere Familie war zerrissen. Das war besonders hart für meine Mutter. Hinzu kamen nun noch laufend Fliegeralarm und mehrere Bombenangriffe, die auch in Wismar allerhand zerstörten. Der Krieg ging seinem Ende entgegen. Wir wußten nicht, wer in Wismar das Rennen machen würde, der Russe, der Amerikaner? Meine Mutter und auch meine Tante, die mit ihren sechs kleinen Kindern von Stettin zu uns geflüchtet war, überredeten meine Schwester und mich, westwärts zu fliehen. Meine Schwester war seinerzeit verlobt, der Verlobte lag in Wismar im Notlazarett, welches aufgelöst wurde. Alles, was Beine hatte und laufen konnte, sollte sich westwärts absetzen. So zogen wir mit dem Treck mit bis nach Lübeck, wo wir einige Tage bei einer unserer Tanten lebten. Der Verlobte kam wieder in ein Notlazarett, in welchem wir ein paar Tage später zu arbeiten anfingen. Dann war auch der Krieg beendet. Wir hatten gehört, daß der Amerikaner in Wismar seinen Einzug gehalten hatte. Der Russe lag vor der Stadt. Wir liebäugelten also mit dem Gedanken, wieder nach Hause zurückzukehren. Es dauerte auch nicht lange, da kamen Verwandte von uns per Rad nach Lübeck, um uns mitzuteilen, daß wir wieder nach Hause kommen könnten, der Amerikaner sei dort. Wir versprachen es, regelten auf dieser Arbeitsstelle das Notwendige, packten unsere Siebensachen und zogen zu Fuß los. Wir hatten eine Strecke von 60 km vor uns, gleichzeitig aber das Glück, eine kleine Strecke von einem Rotkreuzauto mitgenommen zu werden. Aber dann hieß es marschieren. Die Sonne brannte vom Himmel runter, das Gepäck wurde immer schwerer, und so bogen wir in Christinenfelde zum Gutshof ab, baten darum, unser Gepäck für einige Tage zur Aufbewahrung dort lassen zu können. Wir durften, bekamen noch etwas zu trinken, dann konnten wir erleichtert weiterziehen. Durch Erzählen und Singen versuchten wir die Strapazen zu überwinden. Wir ruhten zwischendurch auch mal kurz in Chausseegräben aus, hatten dann nach vielen Stunden endlich schon Gägelow erreicht und konnten nun die Kirchtürme von Wismar sehen. Wir heulten vor Freude und lagen uns in den Armen. Da erst merkten wir, wie sehr wir doch an Wismar hingen, wie jede Faser von uns mit diesem Ort und den Menschen darin verbunden war. Wir brauchten uns nicht so sehr aufraffen, unsere Füße trugen uns von alleine die letzten sechs bis sieben Kilometer nach Hause. Erschöpft, aber glücklich kamen wir dort an. »Zuhause« – welch ein schöner Gedanke.

Aber das war Juni 1945.

Jetzt saßen wir also im Zug, hatten die Grenze hinter uns und liefen in Lübeck ein. Nur ein paar Minuten, dann rollte der Zug weiter. Die Spannung wuchs. Wir wußten, daß unsere Kinder freudig auf uns warteten. Doch zunächst kam der Schaffner, sah an unseren Papieren, daß wir Ausreisende aus der DDR waren, auf dem Weg also, eine neue Heimat zu erobern. Er hieß uns herzlich willkommen, wünschte uns alles Gute. Wir waren über diese freundliche Geste sehr erfreut, hatten wir doch sehr viel zurückgelassen. Zwar waren unsere Möbel und persönlichen Dinge schon zwei Tage vorher per Möbeltransport nach Hamburg gegangen, aber wir hatten unsere Geschwister mit Kindern und Kindeskindern zurücklassen müssen ohne zu wissen, ob und wann es mal ein Wiedersehen gibt. Und da waren auch die Gräber, von denen es Abschied zu nehmen galt. Das war ein nicht minder schwerer Abschied, hatte ich doch gute drei Jahre vorher meine Tochter Dolores durch den Tod verloren. Sie war noch so jung, und es geschah zu einem Zeitpunkt, an dem mein Sohn wegen eines politischen Vergehens zu einer hohen Freiheitsstrafe verurteilt war und im Zuchthaus Brandenburg einsaß. Ich hatte Eltern und Geschwister verloren, aber diese Jahre waren die grausamsten. Zwei Kinder zu haben und davon eines eingesperrt und das andere im Sterben über Monate hinweg, das war kaum noch zu verkraften. Aber der Mensch kann so vieles, wenn er muß. So war der Friedhof also auch zum Fleckchen Heimaterde geworden, an dem ich hing. Ich hatte meiner Tochter auf dem Sterbebett versprochen, eine größere Grabstelle zu kaufen, damit wir mal alle wieder vereint sind. Ich fand eine sehr schöne Grabstelle mit Birken auf dem Neuen Friedhof, und wenn man dort saß, konnte man auf den Karpfenteich sehen. Es war ein Ort, der mir nach allem Schweren etwas Ruhe vermittelte. Hier war ich meiner Tochter am nahesten. Aber wie so oft im Leben kam es auch bei uns anders. Anstatt, daß meine Schwester und Mann sowie ich dort einmal zur letzten Ruhe gebettet würden, trugen wir vier Wochen später meine Nichte an die Seite meiner Tochter. Ein plötzlicher Tod hatte auch ihrem jungen Leben ein Ende gesetzt. Vielleicht kann der Leser in etwa begreifen, wie unheimlich schwer es war, fortzugehen. Aber wieder war viel Einschneidendes geschehen. Mein Sohn war nach insgesamt drei Jahren und acht Monaten Haft vorzeitig in die Bundesrepublik Deutschland entlassen worden. Das hieß Trennung, Trennung auf wie lange Zeit? In den zurückliegenden Jahren konnte ich ihn wenigstens alle drei Monate besuchen, wenn auch unter entwürdigenden Umständen. Jetzt aber hieß die Frage, wann würden wir uns wiedersehen. Von den Kilometern her gesehen war unsere Entfernung nicht zu weit, aber dazwischen lag eine Grenze. Sie war es, die die Frage des Wiedersehens aufwarf. Ich durfte ihn nicht in Hamburg besuchen, er uns nicht in Wismar. Es blieb uns also nur die Möglichkeit, uns in der Tschechoslowakei zu treffen – wie viele andere, die ein gleiches bzw. ähnliches Schicksal hinter sich hatten. Obwohl wir froh

waren, daß uns dieser Weg blieb, konnte das kein Dauerzustand werden.
Der Schaffner ging nun mit einem freundlichen Gruß aus dem Abteil. In diesem Moment lief auf dem Gang ein niedliches kleines Mädchen entlang. Ich stieß meinen Mann an, wollte ihn auf die Kleine aufmerksam machen, aber im gleichen Moment schauten uns zwei lachende, strahlende Gesichter an. Es waren unsere Kinder, und die niedliche Kleine unsere Enkeltochter, die wir nun zum ersten Mal persönlich sehen und im Arm halten konnten. Sie waren uns entgegengefahren. Ach, wir lagen uns in den Armen, auch die kleine Constanze, die kaum etwas begriff, aber doch gleich zu uns kam. Das Erzählen wollte und wollte kein Ende nehmen. Es gab zuviel, was immer wieder in der Zwischenzeit geschehen war. Ich hatte im März 1978 geheiratet, mein Sohn 14 Tage später, aber ein Wiedersehen gab es dabei auf keiner Seite. Im Gegenteil, ich hatte um Reiseerlaubnis zur Hochzeit meines Sohnes gebeten. Nachdem mein Antrag abgelehnt wurde, bat ich in einer Aussprache mit führenden Kadern um die Begründung. Es war eine unerquickliche Aussprache mit dem Schlußpunkt, daß ich mich von meinem Sohn lossagen sollte, da er ein Staatsfeind wäre. Das war für mich der Gipfel der Frechheit. Ich ließ dieses Ansinnen meinen Sohn wissen und von dem Moment an war klar, daß es nur noch einen Weg für uns gab, nämlich den der Familienzusammenführung. Mein Sohn hat dann alles hier in der Bundesrepublik Deutschland in die Wege geleitet. Natürlich ging es nicht Hals über Kopf los, es brauchte auch seine Zeit, und diese Zeit war eine Zeit voller Gewissenskonflikte für mich. Abgesehen davon, daß ich an der Familie und am Zuhause hing, kam noch der Konflikt hinzu, daß ich mit meinem Fortgehen das meiner Tochter gegebene Versprechen brechen würde. Das war furchtbar für mich. Aber mein Sohn hatte wohl recht, wenn er meinte, die Lebenden gehen vor und seine Schwester würde genau so denken. Aber zunächst lief die Zeit erst einmal so weiter. Da ich nervlich durch die jahrelangen seelischen Strapazen am Ende war, kündigte ich meine Arbeit, wollte mich erst einmal zu Hause ein bißchen erholten. Aber eine neurologische Erkrankung machte es erfor-

derlich, drei Monate in der Klinik zu liegen. Als auch das überstanden war, fuhren mein Mann und ich nach Berlin zu meiner Freundin, wollten etwas Urlaub machen, um auf andere Gedanken zu kommen. Aber mitten beim Besuch des Pergamon-Museums kam ein Rückfall dieser neurologischen Erkrankung. Mit Mühe und Not schaffte ich es bis zum Auto, damit zurück zur Freundin. Am nächsten Tag reisten wir zurück, eine neuerliche Behandlung war dringend erforderlich.

Ja, und dann zu Hause angekommen, fanden wir eine Einladung zur Abteilung Inneres vor. Das konnte sich nur um unsere Ausreise handeln, und so war es auch. Ein kurzes Gespräch, ob wir es uns nicht doch noch überlegen wollten. Aber wir wollten nicht, wir wollten mit unseren Kindern zusammen sein, und dazu blieb uns nur dieser Weg, denn das Reisen hatte man uns ja nicht gestattet. Also bekamen wir die entsprechenden Unterlagen in die Hand gedrückt, mußten pro forma noch selbst einen Antrag auf Ausreisegenehmigung stellen. Dann durften wir zunächst gehen, mit einem entsprechenden Laufzettel in der Hand. Da waren noch allerhand Wege zu belaufen, Institutionen abzuklappern, und das alles mit einem fast »lahmen« Bein. Eine Behandlung mußte nun ambulant durchgeführt werden, denn wir wußten nicht, wie schnell es gehen oder wie lange es doch noch dauern würde. Koffer wurden besorgt und Kartons, alle Sachen eingepackt, Listen geschrieben – es waren 29 Seiten in dreifacher Ausfertigung. Die also verpackten Sachen wurden numeriert und anseit gestellt. Wir hatten nur noch das Nötigste draußen gelassen, und so hausten wir dann noch sechs Wochen.

Man könnte es jedenfalls so nennen. Während der letzten 14 Tage fanden dann auch schon Verabschiedungen statt, zunächst von Freunden, mit denen man nicht jeden Tag zusammen war. Auch wegen des Transports war in der Zwischenzeit alles geregelt. Dann endlich kam der Bescheid, daß es losgehen soll. Am 13. Dezember kam der Möbeltransport. Unsere Verwandten und auch Freunde halfen uns dabei. Am Spätnachmittag war also die erste Etappe geschafft. Der Abschied von den Gräbern war am nächsten Tag, am Abend dann von meiner Schwester mit Anhang. Die zwei letzten Nächte schliefen wir beim

Schwiegersohn, der uns dann am 15. Dezember morgens mit dem Auto nach Bad Kleinen fuhr. Von dort aus ging der Interzonenzug. Meines Mannes Bruder war noch extra aus Rostock gekommen, um sich auch zu verabschieden. So waren wir in dem Moment schon ein kleiner trauriger Haufen. Dann hieß es einsteigen, der Zug fuhr ab. Ein letztes Winken.

Nun sind wir bereits im siebten Jahr hier, sind mit unseren Kindern zusammen, haben eine neue Heimat wiedergefunden und sind glücklich und zufrieden. Aber wenn wir von vergangenen Zeiten sprechen, dann sprechen wir von »Zuhause«.

Hansjoachim Müller-Uibrig

Die Hand nach dem Horizont ausstrecken

Der Erinnerungsruf eines Kirchenmannes aus heutiger Zeit: »Die Heimat zu lieben ist eine sittliche Pflicht!«, mag vielen jungen Leuten im freien Teil Deutschlands gestrig klingen, weil Ihnen Freiheit und Heimat zu einer nicht mehr nachdenkenswerten Selbstverständlichkeit, zu einem kaum noch besonders zu pflegenden Wert geworden sind. Der Ruf ist mehr ein Mahnwort für die Gegenwart, in der das taktisch wiederholte Rütteln am Wiedervereinigungsgebot, nach der Manier bekannter Werbemethoden, ins Bewußtsein gebracht wird. Wenn sich die Empörungswogen etwas geglättet haben, wird das Thema in stille Gewässer gezogen, bis es sich beruhigt hat. Aus der Zone der Gewöhnung startet man dann mit ihm zu weiteren Abenteuern in die Unfreiheit des roten Meeres.

Das nachdenkliche Wort ist besonders an jene Landsleute gerichtet, für die Deutschland nur noch der freie Teil unseres Landes ist, denen Sachsen, Thüringen, Mecklenburg und die Reste von Pommern und Schlesien gerade noch geographische Begriffe sind. Was bewegt dieser scheinbar altmodische sittliche Aufruf eigentlich noch bei Menschen, denen das Nebeneinander von Unfreiheit und Freiheit im eigenen Land wenig in seiner packenden Leidenschaft bewußt ist, die gewohnt sind, politisch schwer lösbare Probleme flugs im Fach für Realitäten abzulegen? Bewegt diese ethisch getragene Forderung, seine Heimat zu lieben – sie ist im Grund so selbstverständlich wie die, Vater und Mutter zu lieben, besonders dann, wenn die Eltern verdammt sind, getrennt leben zu müssen – bewegt diese Forderung noch die Schwestern und Brüder? Oder belasten die schwierig gewordenen Begriffe, wie eben Heimat, Liebe, Sitte Pflicht – die lebensbejahend und

zauberhaft zugleich unser Innerstes anrühren – so bedrängend, daß sie am liebsten zur Seite geschoben werden – oder verhallen sie, gutwillig gehört, ehe man ihren Sinn begriffen hat? Bleibt der Ruf deshalb ohne Spannung weil man hierzulande meint, alles in den Griff bekommen zu können, weil man von Lebensproblemen vielfältigster Art gesättigt, sicher ist, Freiheit gelernt und nun auch sicher in der Tasche zu haben?
Letzte Tage. Ach, wo gibt es sie nicht! Überall, wo das Leben fließt, wo sich Veränderungen vollziehen: Im Liebesverhältnis und in der Bedrückung, in der Unfreiheit und im Aufbruch.
Die letzten Tage in der Unfreiheit – wenn man ihr Herankommen ahnt und sie beinah gewiß werden in der noch schwarzgrauen Heimlichkeit des Lugs und Trugs, inmitten des methodischen Hin-und-hers, der Abwehr, der Zermürbung – da füllen sie sich, zaghaft nocheinmal, mit den elementaren Schmerz- und Glücksempfindungen einer ersehnten Wiedergeburt, einer neuen Menschwerdung, hin zu freier Selbstbestimmung und Würde. Diesen Vorgang habe ich als eine gnädige Wiedergeburt, als Taufe und Gottesdienst vor einem gottlosen Hintergrund dankend erfahren. Mögen letzte Tage dieser Art für alle Deutschen kommen, die in den Stammländern unseres Volkes einer Macht unterworfen sind, die, aus einem mittelalterlichen Faust- und Pfandrecht des Siegers, eine Ideologie getrimmt hat, welche allein im Blick auf das Selbstbestimmungs- und Individualrecht, auf die Würde des einzelnen so weit von einer annehmbaren Soziallehre entfernt ist, wie der Gottesleugner vom Gläubigen. Es ist eine Macht, die sich so unglaublich unfähig und fies darstellt, die sich, oft unfaßlich, als ungeschickt und vertrauenszerstörend ausgewiesen hat, daß der Zynismus ihrer Träger, diese Niegewählten, es auch nach über 40 Jahren des Experimentierens mit dem ›Aufbau des Sozialismus‹, nicht zulassen, erlauben kann, Demarkationsgrenzen zu öffnen und freie und geheime Wahlen auszurufen. Sie fürchteten nicht das demokratische Kraftfeld mit seiner Industrie und Wirtschaft im freien Deutschland, das in Europa eingebunden ist, sie fürchten den Bazillus der Freiheit, von dem sie, wiederholt erfahren haben, daß er weder Schloß noch Riegel

kennt. Sie können, über Generationen hinweg, die Menschen in ihrem Machtbereich durch ein Unterdrückungssystem, durch die Veränderung von Lebensbedingungen, psychisch beschädigen. Und sie haben es, oft hämisch, getan. Sie scheuten sich nicht, durch einen langangelegten Umformungsprozeß das heilige Wort Frieden zur Hure zu machen. Aber sie begreifen nicht in ihrer Fassungslosigkeit, und sie können es als Materialisten nicht begreifen, daß Liebe stärker ist, als alle Gewalt und daß der Urtrieb Freiheit neben ihr wohnt. Und sie sehen nicht, wie alle Diktaturen, daß früher oder später letzte Tage auf sie zukommen, weil sie das Leben ersticken und keine Liebe in ihrem Lachen haben, weil ihre stupide Lehre und ihr steriles Geschwätz keine Antwort weiß auf die Frage des Menschen nach seinem Woher und Wohin. Den unter ihrer Macht Geborenen versuchen sie das Durchdenken des Lebensablaufes, mit seinen vielfältigen Sehnsüchten, bereits im Ansatz, wie einen Dorn, herauszuziehen.
Ihre letzten Tage werden sie selbst nicht in die Freiheit führen, sondern in Verwirrung; in eine Götzendämmerung, die durch Konfusionen und Widersprüche heute durchaus spürbar geworden ist. Dies ist der wahre Grund ihrer Unsicherheit: Hierin liegt der Unterschied zwischen den letzten Tagen einer prahlerischen und ordinären Machtsicherung zu den letzten Tagen der Menschen ihres Zwangsherrschaftsbereiches, die aufsteigen in Freiheit und Menschenwürde. Dort ist Untergang, da ist Aufbruch.
Vergessen wird einmal sein ihr entlarvendes Wort: »Haß, zu jeder Stunde! Haß, auch bei trauter Kaffeerunde!« und das Schießenlernenmüssen in der Schule nach der Jugendweihe. Sie spüren nicht, daß eine Theorie, die dies in ihrem Erziehungssystem für erforderlich hält und dabei Blutspuren Stalins hervorbringt, daß diese Theorie wurzelfaul ist.
Dies zu erkennen, brauchen wir nicht den Kantschen Imperativ vom gestirnten Himmel über uns und dem moralischen Gesetz in uns zu bemühen, sondern nur einen lebensbejahenden, lebensfrohen Glauben, der sich in der Unfreiheit gestärkt und geschärft hat.
Den Stein auf den Manuskriptblättern habe ich am Strand in Heiligen-

damm aufgehoben. Es waren Tage höchster Spannung damals und voll von Hoffnung. Wir stürmten vor ans Meer, um wenigstens da ins Weite schauen zu können. Da hinter der Kimm mußte noch eine vertraute Welt liegen. Die unsere war fremd, irrsinnig geworden in der Hand von Spielern, die alles, was sie raffen konnten, in ein Faß ohne Boden warfen, die spürten, daß sie bei den Menschen verlieren – die Verantwortung trugen nicht sie, sondern ein imaginäres Kollektiv irgendwo. Hinterhältig zerstörten sie in ihrer leidenschaftlichen Spielerei gewachsene Lebensordnungen, um diese kommunistisch zu machen. Die Beamtenschaft, Richter, Lehrer, Handwerker, Geschäftsleute, Kirchen mit ihren Gemeinden, Betriebsinhaber, Rechtsanwälte, Ärzte, Professoren, tapfere Bürger, aufgebrachte Arbeiter und Bauern und viele, viele andere Menschen gerieten in den Zerstörungsstrudel. »Von den Bolschewiki lernen, heißt siegen lernen!« stand flatternd über der Toreinfahrt eines großen alten Hauses am Marktplatz in Wismar, darunter Bewaffnete im Eingang. –

Es war damals im Juni 1953, als wohl alle, die sich Vernunft, Würde und Achtung nicht von Versprechungen und Angst hatten vertreiben lassen, beinah wie selbstverständlich bestätigt fanden, daß es so nicht weitergehen konnte. Unmöglich! Selbst die Blinden im Volk hatten das längst mit dem Krückstock gespürt, nur nicht die Ideologen. So unnatürlich, so fremd war das alles, was da mit Gewalt aufgepfropft worden war. So wenig also kannten Sie das Volk, die Sieger und ihre Gehilfen.

Wir wunderten uns nicht über die ratlosen Gesichter der Funktionäre, die von der fremdherrschaftlichen Theorie, weit von Marx entfernt, zu einer armseligen Parteisprache verführt, sich selbst zu Fremdlingen im eigenen Volk gemacht hatten.

Wie sie abgehetzt, verunsichert um sich schauend, in die Kreisleitungen, die Volkspolizeiämter und Redaktionen in Rostock, Wismar, Schwerin, Ludwigslust hinein- und herauseilten. Grobschlächtige Instrukteure per Motorrad über die Dörfer jagten. Gestalten waren's, die kein Vertrauen erweckten, deren Münder alles plapperten, was ihnen nutzte für ein kleines Zimmer mehr in der requirierten Wohnung, auch Verrat am Nachbarn. Sie verbreiteten Angst. Liegt das weit zurück? 28 Jahre danach, als wir endlich gehen durften, finde ich im »Wissenschaftlichen Kommunismus« Ausgabe 1981, Ost-Berlin, Seite 71 die unmißverständliche Gültigkeit dieser revolutionären Zielsetzung: »Es ist höchst naiv, anzunehmen, daß der Sturz der Bourgeoisie und die Errichtung der Herrschaft der Arbeiterklasse ohne Gewalt möglich ist.«

Das klingt in der Auseinandersetzung über die Verletzung von Menschen- und Eigentumsrechten, vor Ort, noch werbend gemeint, so: »Ich muß Ihnen sagen, und das muß Ihnen klar sein, die Arbeiterklasse hat durchaus das Recht, administrativen und ökonomischen Druck auszuüben; Sie können noch ein paar Tage darüber nachdenken.« (Dieser Funktionär höherer Ebene hat sich danach persönlich bereichert.)

Draußen im Steingarten, hierzulande, wo zuweilen das leise Rauschen von der Autobahn München-Salzburg zu hören ist – wie einst das vom großen Fernweh begleitete des Interzonenzuges Bad Kleinen-Lübeck – haben viele Steine von den hellen, langen Stränden der Ostseeküste einen Platz gefunden.

Die langen Strandwanderungen zwischen Wellen und Dünen, auf der Steilküste im Duft der Kiefern, im Winter am Packeis entlang, blieben nicht unbehelligt vom schmerzenden Irrsinn im Lande. Dort, wo sich fürs Auge Himmel und Meer berührten, wo Ruhe und Besinnung aufkamen, setzte bald die Überwachung der Küstenwanderungen wegen der Fluchtmöglichkeiten ein; auch am hellen Tage.

Vorm Schlafengehen sitze ich auf der Hohen Düne und sinne in die Nacht. Plötzlich blitzt ein Handscheinwerfer ins Gesicht. Zwei schattenhafte Gestalten, eine hält mir den Karabinerlauf auf die Brust. Erschreckt erkenne ich den Finger am entsicherten Abzug und vermeide jede hastige Bewegung. (»da bist du also heil aus dem Krieg wiedergekommen!«) »Warum sitzen Sie hier? Bei Einbruch der Dunkelheit haben Sie hier nichts mehr zu suchen. Ist das klar?« »Wieso?« »Wenn ich Ihnen sage . . .«, es folgte eine barsche Belehrung; ich darf aufstehen: »Das ist hier Grenzgebiet. Woher sind Sie? Das müßten Sie eigentlich wissen. Ihre Papiere! Sind Sie hier gemeldet? Wo arbeiten Sie? Haben Sie Urlaub? . . .«

Eine fremdartige Macht übt in zwei dunklen Gestalten zwischen Ernst Moritz Arndt, dem Dom zu Güstrow und dem Blinkfeuer der Insel Poel »Sicherheit«, d.h. verhindert das Fliehen von Einwohnern. Eine Gottlosentheorie versucht, mit Gewalt, Fuß zu fassen im Lebens- und Wirkungsbereich Luthers und Bachs, Goethes und Schillers. Sie kapiert nicht, daß sie eines Tages Drahtverhaue wie im 1. Weltkrieg, eine Mauer wie die Chinesen 220 Jahre vor Christus, Bluthunde, Signalkugeln, Scheinwerfer und elektrische Zäune, wie gehabt, dazu ein Spitzelsystem mit Prämien, einsetzen muß, um die Macht zu erhalten.

Die Straße heute am Haus, im freien Land, im Zollgrenzbezirk, führt hinüber in die tirolische Nachbarschaft. Ein Katzensprung nach Kufstein, auch in der Nacht, zu jeder Minute. Es empfiehlt sich, den Personalausweis einzustecken.

Zwischen den Strandsteinen aufgesammelt vom Darß bis zur Steilküste hinter Boltenhagen – von dort konnte man gut die Küste drüben sehen – wachsen heute Enzian und Edelweiß. Die alte »Bischofsmütze« blüht wohlbefindlich 1000 km weiter südlich. Am Zaun wächst die Eiche, die wir am letzten Tag als Winzling unter ihrer 180jährigen Mutter vor der Haustür wegholten und sie im Töpfchen zum Handgepäck stellten.

Haus und Garten zwischen der Linde, unter welcher bereits die Schweden vor 300 Jahren lagerten, der mächtigen Eiche, dem Pumpenteich mit 3 Birken, waren 35 Jahre lang Heimat: 3 Kinder darin geboren, konfirmiert, ohne Jugendweihe; Haus ohne Fahne, Beschmierung und Durchsuchung überstanden, auch Tränen und Freuden. Das große Fenster oben im Arbeitszimmer hat viel Mühe gemacht, der Garten und die Fülle der Blumen und Früchte auch. »Das alles wollt Ihr aufgeben?« Nach den Drohungen, einen herauszusetzen aus dem urkundlich verbrieften und vererbbaren Eigentum, hört sich das anders an. Die Ankündigung von schlimmsten Folgen für die ganze Familie, »wenn Sie so weitermachen . . .« und dabei die Tätigkeit als Hilfsarbeiter auf dem Bau und Steinesammler auf dem Acker für 157.-

DM im Monat, mit der Zugabe für Familienangehörige, auch als Rentner nicht in den Westen reisen zu dürfen, lockern den Boden, in dem Wurzeln ruhen, in dem sie ruhten, als täglich Tausende auf abenteuerlichen Wegen flohen und die graue Limousine ohne Klinken drohend durch den Ort fuhr. Man wollte nicht zu denen gehören, die sich fürchten, auf einer mageren Weide auszuhalten.

Ganz allmählich verlieren die Tage an Glanz. Eines Tages hat keine Stunde mehr etwas davon. Keine Blüte, kein Erinnerungsstück leuchtet mehr auf. Der Mozart ist klanglos geworden, die Kostbarkeit ist hin. In Salzburg halt. Ja in Salzburg! Die Sonnenstrahlen, die dort wärmen, die auch auf den Rhein und die Gletscher der Alpen scheinen, wirken blasphemisch. Das ständige Aufbäumen kostet Kraft. Man wehrt sich, zu dem zu werden, was sie wollen für die Öffentlichkeit: Wieder ein Anpasser. Fängt das so an wie bei einem Alkoholiker? Jeden Tag etwas mehr? Du kannst ja doch nichts ändern. Es schmeckt gut – und den Kater haben viele, daran gewöhnt man sich mit kleinen Scherzen. Man kann da relativ bescheiden und beschützt leben, solang man das System unkritisch betrachtet und den eigenen menschlichen Verstand irgendwie auf der Strecke läßt. Wenn aber jemand verlangt, man soll denken was *er* denkt, und wenn nicht, dann . . ., ja dann ist es Zeit zu gehen.

Außer den wenigen vertrauten und treuen Menschen und einigen Schutznischen dröselt sich die Heimat auf wie ein trocken gewordenes Tau. Der Anker spielt im Grund. Vertrautes wird fremdlich. Vieles behält, wie ein skurriles Bild, aus einer gewissen Entfernung noch seinen Reiz. Aber Formen und Farben verlieren bei naher Betrachtung, werden fahl und kalt. Was Heimat war, steht wie eine liebgewordene Kulisse verfremdet im Regen und bröckelt still. Es wird einem klar, was Heimat ausmacht, was ihr den Wert gibt, das sind nicht die Längs- und Breitengrade, das bestimmt nicht der Stand der Sonne. Und es sind nicht die vertrauten Wege zu den Früchten des Kindheitsbaums und die vom Laub raschelnden Herbststraßen, die in warme Stuben führen. Die Menschen sind's. Menschen, die sich mir öffnen, die ihr wärmendes Vertrauen, ihre Freundschaft, ihre Hilfe, ein bißchen ihrer

Mitliebe entgegenbringen, unter dem Großen Wagen da oben und der gleichen Sprache hier unten. Es gilt allgemein für die letzten Tage in der Heimat, 1946 in Sachsen wie 1981 in Mecklenburg, dem Sichentziehen einer andauernden Not, daß der Geist Gottes in der Bedrängnis stärkt. Viele haben das in Wahrheit erfahren. Wer letztlich nicht bereit ist, seine weltlichen und privaten Programme einmal ganz loszulassen, wird den Geist Gottes, der den Menschen in seiner Komplexität und in seiner Individualität und Tradition, in seiner personellen Freiheit und Verantwortung trägt, nicht zu spüren bekommen. Materieller Wohlstand ist nicht Freiheit, er ist, bestenfalls, eine Grundlage dazu. Die große Mehrzahl der Landsleute im unfreien Teil nebenan, leben dort nicht bewußt als »DDR«-Bürger, sondern als Deutsche, weil eben ganz Deutschland ihre und unsere Heimat ist. (»DDR« ist die Tarnbezeichnung für eine imperialistische Kolonialverwaltung mit euphemistischem Tonfall, weil dort eben nicht demokratisch und nicht im Sinn einer res publica, durch das Volk regiert wird.) Grundsatztreue, Nüchternheit und Liebe zu den Menschen drüben verpflichten uns zum offenen Wort, zum Streit, wenn es sein muß. Die offiziellen Politikerkontakte – in manchen Fällen ganz sicher notwendig – erscheinen im attraktiven Medienbild mit freundlichem Handschlag als krasser Widerspruch zu den politischen Abhängigkeiten und Zwangslagen bedrängter »DDR«-Bürger. Daß dies keine Normalisierung bedeutet, wissen sie besser als wir. Die folgende Feststellung eines prominenten politischen Fachkenners aus dem Bundestag, Hoppe, »Von Normalität in den Beziehungen zwischen beiden deutschen Staaten könne wahrlich keine Rede sein« bestätigt das. Was drüben Landsleute, fünf Jahre nach meinen letzten Tagen in Mecklenburg vor Ort erfahren, zitiert er aus einem Brief: »Leider zwingen uns Umstände, Euch folgendes zu übermitteln: Ab Erhalt dieses Briefes ist bis auf weiteres – und das heißt mit größter Sicherheit für immer – in keinem Fall mehr eine Beziehung zwischen uns möglich. Wir bitten Euch, uns nicht mehr zu besuchen, keine Postsendungen, gleich welcher Art, an uns zu senden, uns nicht anzurufen. Die Gründe anzugeben ist überflüssig. Sie sind objektiver, nicht subjektiver Art.«

Dies ist der immer weiter fortschreitende Verfall einer aggressiven sozialistischen Diktatur. Dies ist auch eine Erklärung, daß nicht George Orwells »Farm der Tiere«, als Aufführung für verschiedene Ostblocc-länder der Grund ist, dem Festival des Theaters der Nationen im Juni 1986 mit Boykott zu drohen. Deutlicher geht es kaum. Boykott, Abschiebung, Ausbürgerung sind eine, aber eben nur eine Antwort des Systems auf moralischen, mutigen und gescheiten Widerstand. Den eindringlichen Warnruf der Menschen drüben: »Wenn ihr uns vergeßt, werdet ihr verlieren«, habe ich vor viereinhalb Jahren mitgenommen.
Wie kommt es zu einer solchen Lage in einem solch gewieften Sicherheitsstaat, drei Jahre vor der großen Ausreise-Ausbürgerungs-Abschiebewelle? Dazu muß man wissen, daß dieses System das System pflegt, kein System erkennen zu lassen. Es möchte für den aufmüpfigen Bürger nicht berechenbar sein. Was berechenbar ist, das sind drei Dinge: 1. Stabilität des eigenen Lagers durch Militär und Geheimdienste zur Blocksicherung. 2. Einholung von Devisen, Erfindungen und Vorteilsziehung aus der Wirtschaft der westlichen Welt, und das mit aller Raffinesse und 3. Prestige: Raumfahrt, Sport, Kultur, Propaganda. Warum nun die »größte Friedensmacht der Erde«, das sozialistische Weltlager, seine Angehörigen, Menschen, die in den Westen wollen, bestraft, als wären es ihre Sklaven, für die die Talente noch nicht auf der Waage liegen, beantwortet der Mauerbau zur Genüge; denn der Exodus bis dahin hat einen selbstverschuldeten Aderlaß bewirkt, der im krassen Gegensatz zu angekündigten Wohltaten aus der sozialen Heilslehre einen fast beispiellosen Vertrauensverlust, die Abstimmung mit den Füßen, brachte. Widersprüche in der Praxis sind nicht durch dialektische Kniffe zu lösen. Der SED-Staat mußte irgendwie fertig werden mit Andersdenkenden in Wartestellung, die noch nicht denken und glauben mochten, was Absurditäten ankündigten und was später in Gestalt unglaublicher, oft kurioser Einzelheiten eintraf. Als man von diesen, immer wieder verletzten Menschen, nicht nur sklavische Ergebenheitsbezeugungen: Fahne zeigen, Transparent tragen, nicht die Wahlkabine benutzen – sofern überhaupt ein Bleistift

drin lag – nicht über Fernsehen, Nachrichten und Bücher aus Deutschland nebenan zu sprechen, nun auch noch Zustimmung zu dieser Art Politik verlangte, also nun endlich auch so zu denken, wie vorgeschrieben – »unsere geduldige Umerziehung hat auch mal ein Ende« – bildete sich ein harter Kern Andersdenkender. 15 Jahre nach der Mauer waren es 15 307 mutige Neinstimmen, die bereit waren, alle Konsequenzen auf sich zu nehmen. Alle wollte man nicht einsperren. Helsinki war gelaufen. Aber gegen gutes Westgeld konnte man sie loswerden und man hängte einer sicherheitspolitischen Maßnahme ein humanitäres Mäntelchen um. Man hatte noch genug zu tun mit den Nachwirkungen der Arbeiteraufstände in Berlin 1953, dem Volksaufstand in Ungarn 1956, dem ›Prager Frühling‹ 1969, mit Truppeneinmarsch und Polen, immer wieder Polen – und man hat Angst vor Wiederholungen. Indes war es dem Sowjetimperium, trotz massivsten und verschwenderischsten Einsatzes *aller* nur denkbaren Mittel, trotz langlebiger Nachteile und echter Opfer betroffener Andersdenkender nicht gelungen, drei Hindernisse im Zugang nach Mitteleuropa niederzuringen: 1. den polnischen Katholizismus; 2. den mitteldeutschen Protestantismus und 3. die große Gruppe der überwiegend friedlich denkenden Menschen, die in Freiheit leben wollen *und* das auch mit ihren Familien bezeugen. Die Gruppen eins und zwei kann man nicht durch Ausbürgerung beseitigen. Die Gruppe drei kann man durch Ausweisung, Visaerteilung, Haft und einer Reihe administrativer und ökonomischer Maßnahmen, die alle in einer Grauzone liegen, hinausekeln. Funktionäre haben eines nie verstanden, wieso einer oder ganze Familien, die »alles« hatten, Eigenheim, Auto, Garten, feine Möbel, Farbfernseher und Kühltruhe, Dinge, die sie selbst zu erwerben sich ständig einer subalternen Verhaltensweise zu befleißigen hatten, einfach stehen ließen. Hier scheiden sich die Geister. Funktionäre haben keine anspruchsvollen Fragen, sie besitzen keine Schöpfgefäße für tiefe Brunnen, das merken sie auch nicht mehr. Sie behaupten kühn, der Brunnen enthalte kein Wasser.

»Sie können in drei Wochen draußen sein«, flüsterte man einem halboffiziös zu, und das später nocheinmal. Man hatte genug von Prozessen und dem Aufsehen, von Klagen gegen staatliche Organe, gegen Verweigerung von Menschenrechten und freier Berufsausübung, gegen Reiseverweigerung zu Vorträgen ins neutrale Österreich und Behinderungen und Betrügereien, gegen plötzlich verschwundene Verträge . . . Dann ließ die Partei anfragen, ob man nach dem Westen gehen würde, wenn man dürfte. Man ließ wissen, um das alles etwas flüssiger zu machen, ich sei wegen meiner ganzen Tätigkeit und des öffentlichen Auftretens als »massenwirksame Person« eingestuft, was vieles erleichtere etcetera. (Wie gut, daß sie mich nicht als Engel eingestuft haben. In ihrem geregelten Sprachgebrauch wäre ich dadurch zu einer »Jahresendfigur mit Flügeln« geworden. Derartig amüsante Stilblüten aus dem Parteiamtschinesisch – Handfähnchen sind nicht Handfähnchen, sondern »Winkelemente«! – entstammen dem Mistbeet rektalartistischer Ideologiesemantiker. Immerhin hat man auch die Religion, die Bindung eines Menschen an Instanzen außerhalb der materialistischen Heilslehre, als ein »funktionsfähiges Element der Politik« erkannt.)

Ich komme mit der Schilderung an zwei Punkte, die mir wahrhaftig am Herzen liegen;

1. Mit unseren Landsleuten drüben, die meist unter großen Anspannungen und vielerlei Ängsten auf ihre Ausreise warten, verbindet die, die es geschafft haben, ein tiefsitzendes Gemeinschaftsgefühl. Unser Treueverhalten, unsere Mitleidenschaft und Fairneß und unsere intellektuelle Energie sollten immer gewissenhaft prüfen, wie wir dem Ziel der Menschen dienen, die Freiheit zu erlangen.

2. bekenne ich dankbar, daß ich meiner Kirche, die mich in den letzten 10 Jahren durchgetragen hat, Heimat und Schutz im weiten und Existenz im alltäglichen Bereich verdanke. Meine Liebe zu ihr und zum Dienst von 1948 bis in die letzten Wochen, verdanke ich vor allem einem bekenntnishaften Elternhaus. Beides hat mich bewegt, besonders nach dem offensiven Vorgehen fremder Gottloser und staatsmarxistischer Spötter, aus Sorge und rechtsfühliger Mitverantwortung heraus, meine Kirche kritisch zu begleiten. Dies besonders, als sie das nicht vor Zweideutigkeit sichere Wort, »Wir wollen Kirche

im Sozialismus sein«, für ein vielleicht schlaues Wort den Machthabern gegenüber und als ein nützliches Programm für die Öffentlichkeit hielt. Hier sprach sie vor dem noch ruchbar geschichtlichen Hintergrund nicht mehr wie eine anerkannte internationale Größe, erinnerte nicht ans bekenntnishafte Widerstehen vieler Christen in der Diktatur davor. Ihre nun bestimmenden Träger hatten 1969 die Trennung der Lutherischen Kirche in ganz Deutschland, ohne Not, aus Nützlichkeitserwägungen gegenüber dem SED-Regime, vollzogen. (Die Preußisch-Unierte hat zusammengehalten und lebt damit in fünf Landeskirchen innerhalb der »DDR« nicht schlechter als die drei großen Lutherischen Landeskirchen.) Man war der Meinung, viele Gemeindeglieder seien von den langen, anfangs auch von haft-, später meist existenzbedrohten Wegen und den erregenden Auseinandersetzungen um die Jugendweihe, müde und anschmiegsame Lämmlein geworden, denen man zur Stärkung eine standhafte Bekenntnishaltung nicht mehr abverlangen könne. Die sanften Psychologen unterschätzten die geradezu lebenserhaltende Leidensbereitschaft vieler Christen in der Auseinandersetzung mit dem staatlich verordneten Atheismus. Welch eine Verzagtheit, die dem SED-Regime mehr gab, als dieses erwartet hatte. Spätere Gespräche mit »Genossen« bestätigten das. Die Unterschätzung nährte sich freilich auch aus einer optisch sozialabsichtigen Zeitströmung, die von manchen jungen Theologen, die in einer weichgeklopften Nachfolgeschaft aufwuchsen – weit weg von Bonhoeffer – als chancenbesserer Sozialismusstart aufgenommen wurde. Die Schwächung des Auseinandersetzungswillens in der Bevölkerung kam der SED-Planung entgegen.

Bachs H-Moll Messe in der altvertrauten St.Nicolai von Wismar zum Abschied? Wirklich wenige Wochen nur noch? Wir erleben es sehr dankbar. Ganz gleich, was nun wird, der Bann ist gebrochen. Ich denke an jenen Mann im Gefängnis, der bekannte, innerlich nie freier gewesen zu sein als in der Zeit der Haft – und viele, die gesessen haben, möchten diese Zeit in ihrem Leben nicht missen, wie sie sagen. Davon spürt man etwas in dieser Situation. Ich bin frei. Da drängen sich Gedanken im Rückblick: Die Arbeit mit den Kirchenältesten in den gefährlichen Jahren, 17 verhaftete Pastoren, Fürbittgottesdienst mit öffentlichem Verlesen der Namen, Jugendpfarrer Aurel v. Jüchen verschwunden, Pfarrer protestieren gegen die Bauernverfolgung, die aufrechten Bekenner in der Gemeinde, kein Wanken, keine Anpassung – bis zu ihrem Ende; Gagzow, Fichtler, Grimmberger, gar nicht förderlich für ihre Existenz, im Gegenteil, der hochgeachtete Kirchenjurat Gagzow wird an seiner empfindlichsten Stelle getroffen: Ehrabschneidung bringt ihn ins Grab, Haft hätte ihn geehrt. Und da war der Lehrer und Torwart Paul mit seiner Mutter – sein Vater hinter ihm auf der Flucht nach Deutschland, im eisigen Wasser der Weichsel erschossen – bei allen sehr beliebt, auch bei seinen Kollegen, die fast alle seine Sportsfreunde waren, bemüht um die Existenz der Mutter, ein lebensfroher Johannes-Heesters-Typ, bekannte sich als Christ. Ermahnungen der Schulleitung, Aussprachen, Konferenz mit ›Pistole auf der Brust‹, vorgehalten von Kollegen und alten Sportsfreunden, denen man vertraut hatte, zum Schluß die Häme des Parteisekretärs: »Du willst mir, Paul, wie ich dich kenne, wie wir alle dich kennen, doch nicht weismachen, daß du an Gott glaubst!« Ich ging wortlos zur Tür, drehte mich um und rief zurück, ich glaube an Gott. Erst war ich selbst über mich erschrocken, nun fühle ich mich irgendwie frei, ich bin wieder Mensch, verstehst Du, nach all den Jahren.« Es war im Dunkeln, als er kam und er hatte Sorge um seine Mutter. Tage danach kamen drei »Genossen«, um nachzufragen, was sie eigentlich wußten; zwei davon waren »Sportsfreunde«, ich hätte ihn weggebracht . . . Jahre später die Lehrerin. Zwei ihrer Abiturschüler hatten nacheinander Fluchtversuche unternommen. Der erste, der beste Schwimmer der Klasse, kam um, verfolgt, mitten in der Elbe. Der andere steht vor Gericht. Das bemühte Christsein der Lehrerin ist bekannt. Sie wird als gesellschaftliche Anklägerin benannt. »Wenn ich sagen darf, was ihn dazu geführt hat, werde ich sprechen.« Sie soll es vorher schriftlich einreichen. Weigert sich zu sagen, was man hören will. Die Weigerung bringt einem Altersheim für eineinhalb Jahre eine promovierte Bürohilfskraft ein, nur halbtags. »Nun bin ich frei«, lächelt sie glücklich unter Tränen – und ihr Dienst erfüllt sie ganz.

Immer wieder hat mich der, sich über Jahre vollziehende, oft quälende Freisetzungsprozeß vernunftfähiger Menschen aus diesem Zwangsgebilde, diesem Partei- und Staatsgebilde, in dem Kälte und Täuschung eine Leidenschaft zur Trägheit erzeugen, tief bewegt. Freilich bestätigt sich: Wer in der persönlichen Durchsetzung von Freiheit und Frieden nicht bereit ist, seine Hand nach dem Horizont auszustrecken, wird auch den Waldessaum nicht erreichen.
Ich schaue in das hohe Schiff von St. Nicolai, in die Gesichter der Hörer: »Dona nobis pacem«. Ich bin Christ – ich bemühe mich, einer zu sein – und ich bin Antikommunist, das muß wohl so sein. Diese Klarheit tut gut. Ich kann nicht unterscheiden zwischen gerechten und ungerechten Kriegen, zwischen Friedens-und Kriegsraketen. Ich lasse mir nicht einen krummen Ast für einen geraden Baum aufschwätzen. Der praktizierte sozialistische Kommunismus mit seinem Ausleseprinzip nach unten – so auch der alte KPD Funktionär Prof. Kantorowicz – ist die gefährlichste Grundtorheit unserer Zeit. Er ist eine Sünde wider die Schöpfung. Die gottesleugnerischen Funktionäre mit ihrem Gemeinschaftsegoismus und dem drängenden Rauminstinkt sich grenzverletzend auszubreiten, gefährden den Frieden auf der Welt. Mit ihrer gezielten Angstverbreitung beginnt die Unterdrükkung. Sitzt sie fest, rufen sie, kommt zu uns, wir beseitigen die Ängste zusammen, und dann klappt die Falle zu. In der Psychopathologie politischer Meinungsbildung kommt dieser Diabolie eine ganz besondere Bedeutung zu. Auch sie ist im Lande Johann Sebastian Bachs möglich. Das erschüttert immer wieder.
Nach schriftlichen Vorhaltungen wegen der Verletzung von Menschenrechten und Aussprachen dauert es nur einige Tage bis zur Aufforderung: Unterlagen ausfüllen! In etwa 5 Wochen könnten wir reisen. Damit begannen die letzten Tage in Mecklenburg. Es wurden 403. »Wir wollen keine neuen Präzedenzfälle«, dabei schauten sie mich an wie, ›Sie haben ja bei Bierman protestiert, und nicht nur da . . .‹ Vier Wochen später: »Ihre Ausreise ist abgelehnt, für sie gibt es keine gesetzliche Grundlage«.
Und wieder rumort die alte Frage: Mit welchem Recht halten sie dich

fest? Mit welchem Recht verweigern sie dir die Küsten des Lichts? Den Aufstieg zur Plauener und Rostocker Hütte in den Alpen? Sie wissen doch, daß ich sie nie gewählt habe. Warum laßt ihr mich nicht gehen? Macht euren Kram weitere 40 Jahre! Ich will hier 'raus, ich störe dann doch nicht mehr! Und ich will auch später nicht als Rentner wie ein Rekrut in der Schreibstube warten und immer wieder bangen, ob ich einen Urlaubsschein bekomme. Ich weiß, daß sie unliebsame Rentner disziplinieren wollen und sie eben nicht reisen lassen. Die Unsicherheitsverbreitung wird so operativ eingesetzt, wie die Angstverbreitung. Warum bleiben Verweigerungsgründe geheim? Allmählich gehören, so der Eindruck, Westreisegenehmigungen zum Prämiensystem in der »DDR«.
Dann nehmen wir am ruhigen Strand Boltenhagens vorsorglich Abschied von der Ostsee. Es kann ja auch mal sehr schnell gehen. Rührend der muntere Kioskverkäufer. Vom ehrlichen Einsatz die ›Schlange‹ mit Broilern und Limo zu versorgen, schwitzt er. Wieviel guter Wille steckt in ihm – und wieviel wird bei diesen jungen Menschen davon kaputt gemacht, damit sie ja nicht zuviel verdienen, unabhängig werden. Und wiedermal schüttelt man den Kopf, weil dieses Beispiel eins zu neunhundertneunundneunzig anderen ist, die Schaffensfreude und wirtschaftlichen Erfolg verhindern.
Liebevoll überhole ich mein altes Fahrrad. So schnell wird's kein Neues geben, drüben. Im Geist fahre ich damit vom Traunsee zum Wolfgangsee. Im »Weißen Rößl« gibt's 'nen Kaiserschmarrn. Wetten? 25 km auf der Karte gemessen, Tagesausflug. (Heute steht's in der Garage.)
Nach insgesamt 16 Gesprächs- und Antragsterminen stellt sich ein ruhigeres Klima ein. Man bekommt das Gefühl, endlich abgeschrieben zu sein. Täuschung, oder kann man trauen? Diese Art hat man aus Rußland zu uns eingeschleppt. Prinzip Hoffnung bleibt. Der Funktionär R. läßt bitten. Er verbreitet Vertrauen: »Wir versuchen eine gesetzliche Regelung für Sie zu finden.« Das ist ein Lichtblick – und doch noch 8 Monate! »Machen Sie einen formlosen Antrag auf Entlassung aus der Staatsbürgerschaft.«

Als ich ihn bringe, liest er. Schüttelt den Kopf. Zerreißt ihn. Juristisch nicht einwandfrei. Antragsteller sind Sie. R. läßt einen schreiben, ich unterschreibe. Es wird darüber entschieden 8 Wochen später. R. steht hinter seinem Schreibtisch und legt Akten zusammen. Das Gespräch ist beendet. Wir sind allein im Zimmer. An der Tür drehe ich mich um und frage offen, was nun ist? Er schaut auf, beobachtet mich und sagt, wie nebenbei: »Der Antrag wird in ihrem Sinne bearbeitet.« Es scheint, er ist auch erleichtert. Man ist auf alles gefaßt.

Und hättet ihr der Liebe nicht! Da bricht er plötzlich auf, der vielbesprochene offene und heimliche Zusammenhalt der Menschen drüben. Ihre Anteilnahme, ihre Unterstützung, ihre Mitfreude- und das Bedauern, wieder einen zu verlieren.

Dieser, im freien Deutschland immer wieder achtungsvoll bestaunte Gemeinschaftswille, trägt über Täler unkalkulierbarer Risiken. Diese moralische Kraft, die ja auch selbst etwas wagt, gehört zu den besten Tugenden unseres Volkes, wenn es unterdrückt wird. Diese Hilfsbereitschaft entspringt einer politischen Notgemeinschaft und einem nachträglichen Ungehorsam. Der gemeinsam über Jahrzehnte ertragene innere und äußere Druck und die Tränen des Zorns und der Empörung und die der vergeblichen Hoffnungen, schweißen zusammen. Sie sind allerdings der Preis für diese Gemeinschaft. Welch ein Preis! Auf diesem Kraftfeld des Urmenschlichen, solange sie sich dem Genie gezielter Vernichtung entzieht, wird man eines Tages in ganz Deutschland wieder zusammenkommen. Die Liebe ist stärker als alle Gewalt!

5 Wochen später, kommt ein positives Signal von außerhalb, dem ich glauben kann. Lasten fallen ab. Die Entscheidung bewegt einen tief. Am Abend der Blick über die Eiche, die Straße, hinauf zum Sandberg. Es ist der 36. Frühling am gleichen Ort zwischen Wismar und Mühlen Eichsen. Anstelle Beethovens »Mir ist so wunderbar . . .«, das Haydnsche Kaiserquartett, wie zu jedem Jahreswechsel, zum 17. Juni. Tränen der Freude, Tränen den Freunden. Das Gefühl eines melancholischen Abschiednehmenmüssens stellt sich auch am nächsten Morgen nicht ein. Es ist überständig geworden.

3 Wochen später zieht R. nach. Ruhig, sachlich, manchmal sogar geschäftsmäßig freundlich, wie Geisel und Geiselnehmer, denen das Eintreffen des Lösegeldes nun sicher ist.
»Was wollen Sie mitnehmen?« Höre ich recht? Mißtrauen meldet sich. Ich sage ihm, daß das, was ich mitnehmen möchte, sicher nicht mitnehmen darf. »Und was ist das?« »Die alte Eiche vorm Haus und die Linde drüben am Hof.« Er lächelt. »Meine Bücher alle.« »Wieviel sind das?« »Etwa fünfzehnhundert.« R. pfeift durch die Zähne. »Machen sie eine Aufstellung. Von jedem Buch 5 Daten: Verfasser, Titel, Verlag, Ort, Jahr. Wir lassen das prüfen.«
Monate vergehen zur Erledigung bürokratischer Vorgänge.
Abschiedsgang durch Schwerin. Staatstheaters weiche Welle: »Peterchens Mondfahrt« und »Porgy and Bess«, der festliche Opernball war schon zu bürgerlich. GMD Schubert diszipliniert wegen des Vergleichs der Staatshymne mit »Good by Jonny«; GMD Tennstedt über Nacht geflohen, GMD Hähnchen läßt im Dom seine Kinder konfirmieren und setzt Haydns »Jahreszeiten« durch. Das wuchtige Amen am Schluß paßt nicht (mehr) in die Landschaft von Erziehung und Bildung. Der großartige Domprediger und Akademieleiter Pilgrim hält seine Abschiedspredigt im überfüllten Dom. Der Abschied von der Münzstraße (Sitz des Oberkirchenrates und Bischofs) fällt schwer. Das mutige Wort des Bischofs: »Wenn an der Grenze meiner Landeskirche auf Menschen geschossen wird, kann ich nicht schweigen.«, fällt in die Zeit der Entspannung und wird ihm als unklug verübelt. So weit unten sind wir. Manche Seelsorger sehen nicht, oder wollen nicht sehen, daß das ständige Zurückweichen vor dem wellenförmig zu Tage tretenden Atheismus – sie selbst leben ja persönlich unabhängig vom System – eine hohe psychische Belastung mit Nachfolgeschäden für die Menschen bringt, die sogar am Arbeitsplatz ihren Glauben bekennen. Es gibt kaum noch offene, frohe Gesichter. Junge Leute finden in den Straßen die Westbürger oft am Gesichtsausdruck heraus. »Man sieht's ihnen an, woher sie kommen.« Nachdenklich schaue ich über die Dächer Schwerins. Die Regierungsgebäude des Großherzogs, dann Sitz des Gauleiters und Reichsstatthalters, heute der SED-Bezirksleitung.

Auf dem Dach Parabolspiegel wie bei jeder Kreisleitung. Da ist die Kuppel des Staatstheaters, das Dach des Museums, die vielen Türme und Türmchen vom Schloß, dahinter der Burggarten mit dem weiten See. Oben im großen Saal damals, die vergnügliche 3. Zugabe von Ruggiero Ricci, der lächelnd an die Rampe trat und die alte deutsche Nationalhymne »Heil Dir im Siegerkranz« unter demonstrativem Beifall spielte.

Da draußen in den Hochhäusern von Lankow haben sie 1986 eine fast sechzigjährige Frau aus ihrer Wohnung gesetzt, in der sie über viele Jahre Mutter und Schwiegermutter zu Ende gepflegt hat, weil man die Wohnung, zweieinhalb Zimmer, für junge Leute braucht. Was hat sich eigentlich geändert für die Menschen?

»Nun ist es also wirklich soweit?« fragen die Schweriner Freunde. Wieder ein Abschied, wie so viele in diesen Tagen und Wochen. Da kommen deren Sohn und Schwiegertochter. Sie beglückwünschen uns heiter und locker. Als wir aus der Tür gehen, wirkt sein Winken und Lächeln plötzlich wie aufgesetzt, er ruft: »Grüßen Sie den Herrn Bundeskanzler und sagen Sie ihm, drüben wären auch noch welche!« (Ich habe es Herrn Bk. Schmidt ausgerichtet.) Beim Abschied von diesen und vielen anderen jungen Menschen dachte ich voller Zorn an jene jugendlichen Demonstranten im freien Teil Deutschlands, die niemals einen Fuß bewegt, die niemals einen Schrei der Empörung ausgestoßen haben für ihre jungen Landsleute in der »DDR«, also für ihre Freunde, Kameraden, Kumpels, Kollegen, Spezis und Verwandte in Gefängnissen. Welche Egoisten! Wo blieb ihr Krafteinsatz, ihre idealistische Schwungkraft zur Freilassung eigener Landsleute? Ihre intellektuell unredliche Einseitigkeit, ihre moralischen Zielangaben und Verhaltensmuster zeigen einen Verfall jugendlichen Aufbegehrens, das in sich den Keim zu einer neuen Tyrannei trägt. Ich wünschte, sie könnten die menschlich erschütternden Szenen sehen, die sich bei Besuchen in den »DDR«-Haftanstalten zwischen Eltern und Kindern, zwischen Liebenden, die zusammengehören wollen, aber drinnen und draußen überwacht, lange Zeit leben müssen, weil sie von Deutschland nach Deutschland wollten. Nichts weiter. Ohne Gewalt.

Keiner kann sagen, er habe das nicht gewußt. Wenn wir das vergessen, wenn wir sie vergessen, werden wir verlieren. Kein Friede kann sich ohne Freiheit verfestigen. Der Friede für unser Land und Europa kommt nicht von den Menschen, die wegen persönlicher und machtpolitischer Vorteile die Trennung ihres Vaterlandes betreiben. Diese Menschen ohne Vaterhaus und Vaterland lieben die Demütigung der andren, sonst nichts.

Ich gehe über den Platz der Freiheit in Schwerin zur Ecke Lübeckerstraße (heute Thälmannstraße), wo ich mit der Sammelbüchse meiner Kirche stand. Viel Gutes, Heiteres, Mutiges und Beruhigendes habe ich da erlebt: »Hier is'n Fuffziger, versaufen Sie ihn aber nicht«, lachte der Schelm. Oben ein alter Doktor am Fenster, der zusah. Regelmäßig kam er herunter, immer etwas beschwerlichen Gangs über die Straße mit einem großen Schein in der Tasche. Unvergessen jener dunkle und barsche Funktionär mit dem Verstand eines Kindes und der Hinterhältigkeit eines Neiders, er eilte heran und raunzte: »Gehn'se lieber arbeiten!« Herrjeh, so frei und gleichzeitig gefordert wie bei diesem bettelnden Herumstehen und Klappern, habe ich mich sonst nie gefühlt. Auch davon möchte ich keinen Augenblick missen.

Wismar nach Ostern: Ein neuer Antrag wird gefordert; dann Laufzettel, Urkundenbeschaffung, Stempel vom Notariat. Der Kulturbeauftragte wird kommen; denn nun soll's schnell gehen. Beschwingt eile ich von einer Stelle zur anderen, die Lübsche Straße hoch - einst Stalinstraße - rückumbenannt, wie von Kindern, die Post spielen. Die Glokken von der renovierten Heilig Geist Kirche läuten in den Himmel und die engen Gassen hinein. Das Schiff der Marienkirche, vom Krieg getroffen, wurde der Sprengladung von Kulturrevolutionären geopfert. Hanseatische Backsteinkirchen sind eben keine Namensschilder. Das Geläut klingt für mich wie das der Gmundener Kirche in Ober-Österreich. Soll es nun wirklich bald so weit sein – nach 20jähriger Wartezeit? –

In der vertrauten Autowerkstatt, der gute alte Name ist abgenommen worden, nur noch ein Laden. Die alten Leute drücken mir, resigniert, die Hand, »alles Gute!«. In der Buchhandlung sagt mir der alte, exzellente Buchhändler, kaum noch geduldeter Leiter in seinem Geschäft, sarkastisch: »Sie glauben doch etwa nicht, daß Sie hier in einer deutschen Buchhandlung sind, schauen Sie sich doch den roten Mist rundum an!« Er wies, sich schämend, in die Regale rundum. »Sie werden doch etwa nicht Grimms Märchen oder Ernst Jünger verlangen? *So* also sieht mein Geschäft zum Lebensabend aus.« Er liebte seinen Beruf über alles.

In der kleinen Bank in der Nebenstraße erheischte ich, in lockerer Stimmung, einen Stempel, der mich schuldenfrei ausweist. »Aha«, sagt sie zu meinem Laufzettel, und sucht in der Kartei. »Schauen Sie draußen mal nach, Kollegin«. Allein in dem wohl ehemaligen Wohnzimmer, jetzt mit Holztheke für kleine Bankgeschäfte, reicht sie mir das gestempelte Dokument. Während ich es fröhlich verstaue, bemerkt sie: »Sie wollen also dahin, wo heute auch noch der 2. Feiertag ist?« Ich schaue erstaunt auf, ich lese in ihrem Gesicht. Wir reichen uns die Hand, während ich nicke.

Hinter der einmalig schönen italienischen Renaissancefassade des Mitte des 16. Jhd.'s erbauten Wismarschen Fürstenhofes liegen heute das staatl. Notariat und das Gericht. Nun muß ich nicht mehr dorthin, und erleben, daß der Vertreter des verklagten Organs munter als Schöffe hinter dem Richtertisch sitzt. Aber ich gehe nocheinmal hinauf in den weiträumigen Flur. Am Ende der Gerichtssaal, aus dem wir damals gewiesen wurden, als H.'s Urteil verkündet und begründet wurde. Davor der bewaffnete Posten. H., der große Junge mit dem geschorenen Kopf. Tapfer! Im letzten Drahtzaun eine Krampe ausgetreten . . . Stolz waren wir auf ihn. Da wollte unbedingt die 80jährige, immer kränkliche Tante M. mit, um ihn noch einmal zu sehen. Sie, die nie fertig war, wenn es wohin ging und deshalb meist zu spät kam, war in unglaublicher Eile, gepflegt wie immer, zur Stelle. Wir standen auf dem Flur in einer Fensternische, als man ihn im Geschwindschritt vorbeiführte. Diese feinnervige, kleine alte Dame drängte sich mit ihrer ganzen Energie zwischen die bewaffneten Posten und drückte ihm beide Hände, ehe er im vergitterten Transporter verschwand. Sie war als junge Studentin während der Nachkriegsunruhen in Halle vor

50 Jahren von den Roten zusammengeschlagen worden, weil sie Lebensmittel für Soldaten ins Gefängnis bringen wollte. »Weißt du eigentlich nicht, daß ich im Grunde eine ängstliche Person bin?« fragte sie mich später.

Ordnung muß sein, und jeder Pfennig wird gebraucht. Die Altpapiersäcke sollen noch weg. Endlich, in Schwerin ist eine Stelle. Staub, Hitze, schnell ausladen im Parkverbot. Warten. Einladen, ausladen. Dokumentenpapier dabei. Wieder einladen in der Sonnenglut zwischen den Hinterhöfen der Altstadt. Der Schweiß rinnt. Wieder 3 km fahren. Warten weil Mittagspause. Lange Begutachtung, eine Gruppe berät. Telefonat: »Da müssen Sie raus ins Industrieviertel, knapp 4 km . . .« Der Dümmste kapiert allmählich, warum die ganze Wirtschaft so malade ist. Am Ende zerrissene Säcke, dreckig und verschwitzt, ›raus mit dem Mist, nur raus, weg, die Zeit rennt. Wütend und leicht erschöpft endlich am Auszahlungsschalter: »Ganze 2.38 M Meister. Ist eben nur Dokumentenpapier. Einsfuffzich der Zentner. Ja, wenn's Zeitungen wären. . .« Bei der Heimfahrt hören wir auf den Kopf zu schütteln und lachen befreit: »Jeder Staat ist eben seines Glückes Schmied. Nicht wahr? Also, wenn wir unterm Eiffelturm stehen, dann dürft ihr mich an diese Fuhre erinnern. Vorher bitte nicht mehr! In Paris versauf'n wir's«. Es gibt neue Verzögerungen, Rückfragen wegen der Urkunden, das dauert, weil's eilt, nur 3 Wochen, tröstet man.

Als R., der ebenfalls Ungeduld zeigt, nach dem gewünschten Grenzübergang fragt, schmilzt weiter etwas von dem Mißtrauen, daß das alles doch nur ein Spiel, ein makabres Theater sein könnte. Keiner weiß, selbst wenn er alles Erforderliche beisammen hat, ob er dann wirklich die Grenze passieren darf. Wir haben es erlebt! Woher soll auch Vertrauen kommen? Nun, Vertrauen und Glück zu schaffen, das ist ihr Problem.

Dann ist er endlich da, der Tag als Staatenloser. Man wird noch 5 cm größer, die Brust wölbt sich, die Augen glänzen, man geht federnden Schrittes über das alte Kopfsteinpflaster. Sogar gute Wünsche gab es mit der Urkunde, daß die getroffene Entscheidung für einen richtig war? Staatenlos auf dem sonnigen Marktplatz in der alten Mecklenbur-

gischen Heimat. Das kann man doch wirklich nicht ernst nehmen. Das rote Transparent mit dem Siegenlernen von den Bolschewiki ist lange verschwunden. Verschwunden aber auch sind die privaten Geschäfte rundum. Die »Alte Wasserkunst« ist sehr schön renoviert, am »Alten Schweden« bastelt man noch immer. Am Marienkirchturm bringt man Uhr und Glockenschlag wieder in Gang. Als ihr Schiff gesprengt wurde, schrieb eine »Kunststudentin« in der Zeitung: ›Da ich die alten Backsteintürme so besonders liebe, sollte er, nun ohne Schiff, auch beseitigt werden.‹ Das ist Dialektik fürs dumme Volk. Die alte Hansestadt ist nun eine Devisen-Oase an der Transitstrecke. Es ist nicht lange her, da stellte man von Grevesmühlen bis Stralsund Tomaten vor die Schaufenster, als Blickfang für Ausländer.
Glückwünsche, Schulterklopfen, ehrliche Hilfsbereitschaft. »Sie haben's geschafft.« »Was? Staatenloser sind Sie? Na, nun könn'se aber noch ruhig paar politische Witze erzählen.« »Wie schön für Sie, wir freuen uns mit ihnen allen.« Oben, hinter den Fenstern der Kreisleitung ist ganz bestimmt keiner so glücklich. Vor 14 Jahren klang es da oben so: »Wenn Sie so weitermachen, hat das schlimmste Folgen für Sie und ihre Familie.« Ob die etwa auch an das gedacht haben, was heute ist? Ich wüßte es gern. Sie hätten es nur zu sagen brauchen.
Nun soll es also doch Wirklichkeit werden, daß ich in ein paar Tagen am Rhein oder in den Alpen stehen, in Wien beim Heurigen oder in Paris im Café sitzen, in Rom über den Petersplatz gehen und die Pieta und die Laokoongruppe endlich sehen kann? Und mit allen guten, so hilfreichen Freunden von der Waterkant bis Salzburg, zusammensein kann, wann *wir* wollen?
Auf dem Gang über den Friedhof legen wir Blumen hin. – Nun nochmal dorthin, zur Volkspolizei wo fast alles abgelehnt wurde. Sie wissen auch heute, angeblich, noch nichts und sind so patzig wie ehedem: »Ausweis abgeben, Identitätskarte, Ausreisevisum, kommen Sie morgen oder übermorgen wieder.« Ich hole Luft, protestiere als Staatenloser und zeige stolz mein Dokument; »Rufen Sie Herrn R. an!« Das hilft. Innerhalb 10 Minuten haben wir das Ausreisevisum. Am Ausgang treffen wir auf R.. Er grinst freundlich: »Nun ist wohl alles klar?

Nun kann ich auch in Urlaub gehen, allerdings auch mit Verspätung.« Ich danke ihm für seine Umgangsformen, für seine zwischenmenschlichen Töne über die 14 Monate. »Das ist unsere Pflicht«, antwortet er. »Wir wissen,« sage ich, »sie können auch anders.« »Ach, wissen Sie«, gibt er zurück, »das ist bei uns so im Service drin.« Wir geben uns die Hand, »und machen Sie drüben weiter so wie hier.« Lächelnd geht er in sein Amt, ich zur Bank, wo man, nach peinlichen Rückfragen, den offiziellen Umtauschbetrag von 15.-M nicht auszahlt. (Die zugesagte Einrichtung eines Ausländerkontos wird nach der Ausreise anulliert.) Es ist doch eigenartig, wieviel freier man jetzt mit allem umgeht. Man registriert ja jeden Hauch von Freiheit wie den von einer Liebe.

Im Nochzuhausegarten, am offenen Feuer, finden sich für die letzten 24 Stunden liebe Menschen ein. Im Dunkeln kommen Nachbarn. Alle wissen um eine lange Trennung, aber es ist eine dankbar-heitere Stimmung. Einer der Treuesten der Treuen, der gut achtzigjährige Heinrich sagt: »Mookt' gaut und kiekt mol wedder in.« Ein schöner Abschiedsgruß. Tante M. – 2 Söhne draußen und den Mann drinnen unter Bomben verloren – ist dabei, wie damals, als wir H.s Freikommen feierten. Sie war damals, beim Lied aller Deutschen, aufgesprungen, hatte das Glas erhoben und in die Nacht gerufen: »Es lebe die Freiheit!« Worte der Besinnung und des Dankens breiten sich aus.

Zum letzten Mal stehe ich in der Nacht am großen Fenster und schaue hinaus auf die Eiche. Dank, nur Dank bewegt mich. Da ich nun gehen kann und die Welt frei vor mir liegt, begreife ich immer mehr, daß die Wurzeln der Angst so tief in unsere Unruhe reichen können, daß viele Menschen einfach nicht mehr der Vernunft zugänglich sind. Die Angst darf nicht zum Alibi fürs Nichthandeln werden. Wer Realitäten als etwas Unveränderbares ansieht, hat keine Phantasie, der ist kein Realist. Realitätenanbeter sind noch immer im Mittelmäßigen stecken geblieben. Wenn wir zunächst im Denken und Wünschen ungeteilt bleiben, werden die Schnittlinien durch unser Land austrocknen. Hüten müssen wir uns vor der Empfindungslosigkeit gegenüber den Opfern der Unfreiheit. Ich schaue in die Gesichter vieler Menschen, die bewußt und unter ganz persönlichen Opfern im unfreien Teil aushalten. Ihre Tränen und ihr Leiden lassen sie uns eng verbunden sein. Sie werden die sein, denen unser Volk einst zu danken hat. – und auch denen, im freien Teil unseres Landes, die sie nicht allein gelassen, die sie nicht vergessen haben. In dieser Nacht in dem leerhallenden Haus will ich keine Ruhe finden, ich liebe mein Land –

7. August 1981. Auf dem Handgepäck liegt ein Strauß vom Lebensbaum und Wacholder aus dem Garten. Das Telefon klingelt nun von hüben und drüben. Ist's wirklich so weit? Keiner will es so recht glauben, traut dem Frieden. Immer wieder das Mißtrauen. Da liegt der Pakken Post mit dem Abschiedsgruß: »Gottes Wege führen weiter – sie haben keine Grenzen, die verletzen. Sein Ja gilt allen Menschen! Nun ziehen wir über die friedlosen Sperren im eigenen Land unserer Wahlheimat Bayern entgegen. Wir grüßen – voller Dank für die ganze Fülle von 35 Jahren Mecklenburg – alle herzlich, die bis zuletzt uns Gutes getan haben – und alle, die sich das Nachdenken bewahren und auf beiden Seiten Gutes tun. ›Wir sind doch Brüder‹. Berlin 1951, heute und morgen.« –

Ein warmer, sonniger Tag geht in den Abend. Da kommt der ›Golf‹, Tante M. mit Gläsern und einer Flasche Sekt. Sie ist umwerfend, in dieser Abschiedsstunde für immer. Noch einmal ruft das Telefon aus Leipzig und Dresden: Auf Wiedersehen! Auf Wiedersehen! Vergeßt uns nicht!

Die Linde, die drei Birken: unter der Eiche, der Wagen zum Einsteigen. Dankbar umschließt der Blick das Haus und gleitet über die Fenster hinauf. Wir winken zurück. Fahren beim Onkel Heiner vorbei. Wie hat man damals ihn und seine Berta gequält und dann eingesperrt, weil er partout nicht freiwillig in die LPG wollte. Vorbei an all den vertrauten Häusern mit ihren Familiengeschichten und Schicksalen, durch die herrliche Natur hinaus, durch Grevesmühlen, ins Sperrgebiet. Da die neuen Sichtblenden am Dassower See. Welch ein Unsinn! Ich erinnere mich, wenn da der Fußball übers Tor ins Wasser ging, war er im Westen. Welch ein Jux, ehe da geschossen wurde! Wir fahren durch Deutschland. Drüben erkennt man die Werftbauten von

Lübeck. Das ist keine Grenze. Das ist Gewalt, die sich nicht schämt. Sie protzt mit Betonanstrengungen. 35 Jahre hatte sie Zeit, das versprochene Paradies aufzubauen, nun muß sie die Wege verrammeln, daß ihr keiner wegläuft. Wir werden gestoppt. Es ist kaum Verkehr. Man hat viel Zeit. Wir wissen, daß Ausreisende noch von hier zurückgeschickt wurden. Welch ein System! Dann: »Ihre Papiere, der Fahrer steigt aus.« Dann weiter zum nächsten Posten. Wieder die Papiere. Nun behält man sie. Man nimmt sich Zeit. »Fahren Sie weiter zum Kollegen vom Zoll.« Warten. Da bewegt sich was. Blicke in den Wagen. Ein Offizier kommt, guckt, gibt Zeichen, einer eilt, geht zum Telefon. Wir stehen. Von hinten kommt ein Posten geeilt: »Nun sagen Sie nur, Sie wollen ausreisen?« »Ja.« »Dann kommen Sie zurück, fahren Sie vor das Gebäude. Kommen Sie mit dem ganzen Gepäck, nur ihr Gepäck, 'rein.« Ich hole die Zolliste heraus. Gepäck in der Röntgenkammer. Derweil sprechen wir vom Sport früher im Kreis Schönberg. Das lenkt ab. »Ach, ja, der Sportplatzbau damals, Sie?« »Ja, ich damals.« »Da war ich noch ein Kind – wo haben Sie die Medaille von der Weltausstellung?« Ich hole sie aus der Hosentasche. »Schönes Souvenir, vom Großvater?«, fragt er, »auf der Zolliste?, genehmigt?« »Ja, genehmigt, hier.« »Sie können wieder einpacken. Fahren Sie vor, wo Sie gestanden haben.« Wieder kommt einer mit den Papieren und blättert vorm Wagenfenster. Es ist ganz ruhig. Kein Betrieb in den Nebenspuren. Es ist 19.12 Uhr. Er schaut auf die Paßbilder, schaut auf die Personen, reicht die Papiere herei: »Fahren Sie an die Sperre 'ran.« Da stehen wir wieder, ein Offizier schaut von hinten. Man hat Zeit. Was soll das, warum tut sich nichts in diesem großen Zoll- und Sicherheitscenter? Keiner ist mehr zu sehen. Ist da noch was los im Rücken? Wie kriegen die bloß den Koloß von Schlagbaum weg? Wie von Geisterhand gezogen, wie in den Kulissen einer toten Filmstadt, wo sich plötzlich etwas bewegt, rollt er zur Seite. Aber oben am großen Turm ist noch das rote Ampellicht. Rot bedeutet immer Halt und Gefahr. Es geht aus. Grün. Wir können fahren. Sind wir es noch selbst? Langsam rollen wir auf die kleine Brücke der Regnitz zu. Dahinter das Schild der Bundesrepublik Deutschland. Das kann doch nicht wahr sein! Quer über die

Brücke der dicke weiße Grenzstrich. Wir verlassen das Hammer-und-Zirkel-Territorium, nichts anderes. Es ist 19.20 Uhr. Wir haben es geschafft. Wir kneifen uns. Wir sind wie ausgeleert. Da drüben, halb vor uns, Lübeck. Zu keiner Stunde meines Lebens habe ich das Unnatürliche und den Irrsinn dieser Grenze so klar erlebt, wie in dieser Stunde. Wortlos reichen wir uns die Hände.

Martin Schumann

Überwältigt von der Schönheit des Landes

Es ist ein schöner Abend im Mai. Ich sitze an meinem Schreibtisch, sortiere und betrachte einige Ansichtskarten, im Hintergrund hör ich »Child in time« von Deep Purple.

Nicht nur bei diesem, es ist eines meiner Lieblingslieder, werde ich an Stunden, Monate, Jahre, die ich in der DDR, in meiner alten Heimat, in Mecklenburg verbracht habe, erinnert. Dann stoße ich beim Durchsehen der Ansichtskarten auf eine ganz besondere. Sie ist schon etwas abgegriffen und zeigt meine Geburts- und Heimatstadt Laage.

Meine Gedanken schweifen von Köln, meinem jetzigen Wohnort, hinüber in die alte Heimat. Es ist inzwischen schon einige Jahre her, daß ich dort gelebt habe.

Seit meinem Ausreisebegehren hatte es mich für längere Zeit nach Ost-Berlin verschlagen. Dankbar war ich, daß ich mit Hilfe eines Freundes, den ich von unserem gemeinsamen Theologiestudium von der Universität Rostock her kannte, in Berlin eine Tätigkeit bekommen hatte. Dadurch war ich während der ganzen Zeit der Ausreise nicht unbeschäftigt und konnte somit auch nicht in den Geruch der Asozialität geraten, welche meinem Vorhaben ein bestimmtes und ganz gewiß auch bitteres, vorzeitiges Ende bereitet hätte.

In Berlin arbeitete ich in einem zum Caritasverband des Berliner Bistums gehörenden Alters- und Pflegeheim.

Für mich als Theologen stellte die Tätigkeit dort gleichsam ein erweitertes Praktikum an alten und hilfsbedürftigen Menschen dar.

Es war an einem scheinbar ganz gewöhnlichen Tag im Dezember des Jahres 1981. Wie so oft hatte ich wieder einmal Frühdienst, denn die Arbeit im Bischof-Kettler-Haus war in ein Dreischichtsystem eingeteilt.

Nach dem Frühstück hatte ich mich auf den Weg zur Straßenbahnhaltestelle in der Warschauer Straße gemacht. Denn seit der Zeit meiner Ausreiseantrages wohnte ich bei meiner Tante in dieser Straße. Es war ein recht kühler Morgen, als ich das Haus verließ und die wenigen Schritte zur Linie 3 ging. Für sie war die Warschauer Straße End- und Anfangsstation zugleich. Ihre in der Wendekurve verlegten Geleise berührten beinahe die Warschauer Brücke, in deren Verlängerung sich die über die Spree führende Oberbaumbrücke befindet.
In diesem Zusammenhang möchte ich erwähnen, daß ich sehr oft, wenn die Zeit es zuließ, auf der Warschauer Brücke gestanden habe. In Gedanken versunken habe ich dann den Zügen, insbesondere denen mit den blau-weißen Wagen, die soeben vom Betriebsbahnhof Rummelsburg kommend, ihre Fahrt in Richtung Westen angetreten hatten, sehnsüchtig hinterher geschaut. Mein Entschluß, in die Bundesrepublik Deutschland zu gehen, stand für mich unumstößlich fest.
Als ich nach der Arbeit am Nachmittag nach Hause kam, erwartete mich meine Tante schon mit Ungeduld. Kaum daß ich die Tür aufgeschlossen hatte, kam sie in den Flur mit den Worten: Martin, du mußt umgehend nach Hause fahren.
Du sollst dich in deiner Angelegenheit in Güstrow bei der entsprechenden Stelle melden. Ich mußte mich erst einmal setzen. Meine Gedanken schlugen geradezu Salti mortali. Ich wußte sofort, wovon meine Tante gesprochen hatte. Es ging um meinen Ausreiseantrag. War er genehmigt oder gar abgewiesen worden? Quälende Gedanken verfolgten mich. Was, wenn nicht? Aber meine Tante beruhigte mich und bat mich, gelassen der Dinge, die nun in der einen oder anderen Form auf mich zukamen, entgegenzusehen. Eines war jetzt aber dringend notwendig; ich mußte umgehend nach Hause fahren, da der von der Behörde vorgeschriebene Termin bereits am nächsten Tag war. In großer Eile packte ich einige Sachen, darunter meine Kassette mit einem größeren Geldbetrag in meine Reisetasche, und wandte mich, nachdem ich mich von meiner Tante verabschiedet hatte, dem Abend-D-Zug nach Rostock zu. Mein Weg führte, wie so oft, über die Warschauer Brücke. Mit der S-Bahn fuhr ich zum Bahnhof Berlin-Lich-

tenberg. Nachdem ich mir dort noch schnell eine Fahrkarte gekauft hatte, erreichte ich den Zug gerade rechtzeitig. Da meine Eltern mehr über die behördliche Aufforderung wußten, sie aber zu dieser Zeit im Urlaub im Ostseebad Kühlungsborn weilten, mußte ich unbedingt dorthin fahren. Kaum daß der D-Zug am späten Abend in Rostock angekommen war, spurtete ich auch schon zum Ausgang des Bahnhofsgebäudes, dorthin, wo die Taxen standen. Denn zu dieser fortgeschrittenen Zeit gab es keine andere Verbindung mehr nach Kühlungsborn, beziehungsweise zu diesem Teil der Ostseeküste ganz allgemein. Trotz meiner Spurteinlage mußte ich aber doch mehr als eine dreiviertel Stunde warten, bis ich endlich an der Reihe war. Mein Begehren, am späten Abend nach Kühlungsborn gebracht zu werden, löste bei dem Taxifahrer zunächst Verwunderung aus. Zu so später Stunde, was ich dort wolle, war seine Antwort. Als ich ihn dann doch von der Dringlichkeit und Notwendigkeit dieser Tour überzeugt hatte, fuhr er endlich los. Zu erwähnen ist in diesem Zusammenhang, daß dieser und auch andere Bereiche entlang der Ostseeküste ab 22 Uhr Sperrgebiete sind. Mir wurde nun klar, warum sich der Taxifahrer so sonderbar verhalten hatte. Kurz vor Mitternacht kamen wir in Kühlungsborn am »Haus am Meer«, einem kirchlichen Erholungsheim, an. Angesichts der Taxirechnung hatte es sich gezeigt, wie wichtig es gewesen war, etwas mehr Geld mitzunehmen. Nach mehrmaligem Schellen wurde endlich in der Diele Licht gemacht und ich konnte mit meinen Eltern kurz über alles Wichtige reden. Am frühen Morgen machte ich mich, begleitet von meiner Mutter, sie bestand darauf, angesichts der Ungewißheit, mitzukommen, auf den Weg nach Güstrow. Fröstelnd standen wir auf dem Bahnsteig von Kühlungsborn und warteten auf den Zug, genauer gesagt auf die Kleinbahn. Pünktlich kam das Dampfroß, eine mächtige Dampfwolke und vier Wagen hinter sich herziehend, angefaucht. Ich merkte, als ich einen der Waggons bestieg, daß womöglich so etwas wie Abschied in der Luft lag. Und ich sollte recht behalten. Es war mein letzter Aufenthalt in dieser Gegend, und es sollten für längere Zeit meine letzten Blicke auf dieses mir so vertraute und geliebte Meer, die Ostsee, sein.

Der »Molli«, so heißt diese historische Kleinbahn, endet in Bad-Doberan. Von dort setzten meine Mutter und ich unsere Reise mit der »normalen« Eisenbahn nach Rostock und dann weiter nach Güstrow fort. Obwohl doch etwas müde, lenkte ich, nachdem ich meine Mutter in einem der bereits geöffneten Cafés abgesetzt hatte, meine Schritte geradewegs zum Klosterhof. Hier war die Behörde ansässig, die über mein Ausreisebegehren zu entscheiden hatte. Bei späteren Besuchen dort hieß es dann kurz, »ich gehe ins Kloster«, eine für nur wenig Eingeweihte verständliche Terminologie. In gewisser Weise, wenn auch säkularisiert, traf dieser Begriff recht passend zu. Nachdem an der Pforte meine Personalien überprüft worden waren, gab man mir den Weg ins Innere des Gebäudes frei.

»Wir haben nach reiflicher Prüfung Ihrem Antrag stattgegeben und möchten Sie nun ganz besonders darauf hinweisen, daß Sie jetzt nicht übermütig werden oder durch irgendeine Handlung die Interessen der DDR in der einen oder anderen Art und Weise verletzen und wir uns dadurch gezwungen sähen, unsere Entscheidung rückgängig machen zu müssen.

Fürs erste benötigen wir von Ihnen drei Paßbilder. Lassen Sie diese nach Möglichkeit sofort machen und bringen Sie diese am Montag vorbei. Ansonsten melden Sie sich bitte in Berlin, bei Ihrer dortigen Arbeitsstelle, bei der Polizei und bei den anderen Behörden umgehend ab und halten sich dann anschließend in Laage zur Verfügung.«

Nun begannen also meine Besuche im »Kloster«.

Nachdem die Tür dieses Hauses sich hinter mir geschlossen hatte, mußte ich erst einmal tief Luft holen.

Anschließend ging ich zum Café und holte meine Mutter dort ab. Sie war erleichtert, mich wiederzusehen.

Wir gingen zum Fotografen, um die notwendigen Paßbilder machen zu lassen. Bereits am Montag, es war ja schon Freitagmittag, kaum möglich, war zunächst die Antwort dort. Aber schließlich gelang es mir doch, den Fotografen für den Termin am Montag zu gewinnen. Für mich jedenfalls wurde immer mehr klar, daß ein neuer Abschnitt in meinem Leben bereits jetzt schon begonnen hatte, daß es aber bis

zum endgültigen Adieusagen noch etwas dauern würde. Nach einem sehr anstrengenden Wochenende, es wurde erzählt, geredet, geredet, begab ich mich am Montag wiederum nach Güstrow. Ich holte die Paßbilder, gab sie im »Kloster« ab und nutzte die verbleibende Zeit zu einem kurzen Bummel durch die Stadt. Dabei fielen mir einige Dinge, die ich hier sonst nicht gesehen habe, ganz besonders auf. Auf einem Hausdach wurde eine Parabolantenne errichtet und, ich traute meinen Augen zuerst nicht, in der Nähe des Rathauses stand ein VW-Bus mit der Aufschrift NDR. Ich fühlte mich plötzlich schon in die Welt, von der ich unter anderem durch Radio und Fernsehen soviel gehört und gesehen hatte, versetzt. Ja, der NDR, der Norddeutsche Rundfunk, war für mich nicht nur irgendein Kürzel gewesen. Er bedeutete die große weite Welt, brachte Unterhaltung, Informationen; ob Aktuelle Schaubude, Tagesschau, Internationale Hitparade und vieles mehr.
Zuerst dachte ich, ich träume, so als ob meine Gedanken mit mir angesichts des Bevorstehenden durchgegangen seien, doch dann erkannte ich, daß es Wirklichkeit war. Ja, richtig! Etwas in der Geschichte der beiden deutschen Staaten Besonderes war der Grund dieser scheinbaren Fata Morgana. Helmut Schmidt, der Kanzler der Bundesrepublik Deutschland, sollte bei seinem Besuch in der DDR auch einen kurzen Abstecher nach Güstrow machen. Deshalb also die umfangreichen Vorbereitungen, auch die des NDR Hamburg.
Ich hatte nicht mehr viel Zeit und mußte mich beeilen, zum Bahnhof zu kommen, um den D-Zug nach Berlin noch zu erreichen. Denn ich hatte an diesem Tage noch einmal Nachtdienst. Im Bischof-Ketteler-Haus war dies zugleich mein letzter Arbeitstag. Bereits am nächsten Tag verabschiedete ich mich dort von allen, von den Schwestern, vom Leiter, vom übrigen Personal und von den Alten, die mir, und wie ich immer wieder hörte, denen ich ans Herz gewachsen war. Nachdem ich in Berlin auch alle anderen von Güstrow geforderten Formalitäten, wie Abmeldungen bei der Polizei, bei der Post, bei Banken etc. erledigt hatte, begab ich mich zu guter Letzt in die Warschauer Straße. Ich räumte meine Sachen zusammen und nahm Abschied von meiner Tante. Anschließend fuhren wir zum Ost-Bahnhof, von wo ich

meine Reise, es sollte die letzte von Ost-Berlin nach Rostock/Laage werden, begleitet von den besten Wünschen meiner Tante, antrat. Ich erinnere mich noch recht gut daran, wie ich aus dem Abteilfenster herausgeschaut habe und sie mir solange nachgewunken hat, bis die Silhouette des Ost-Bahnhofes immer kleiner wurde und schließlich ganz verschwand. Für mich bedeutete jeder Schienenkilometer, den der Zug sich seinen Weg nach Norden bahnte, Abschied nehmen von dieser geschichtsträchtigen und so hart getroffenen Stadt Berlin.
Meine Erinnerungen gingen hin zur Kinder- und Jugendzeit, in der ich sehr oft, mein Vater stammt aus Berlin und ferner habe ich hier etliche Verwandte, in beiden Teilen dieser schönen Stadt weilte. Ich erinnerte mich des denkwürdigen 13. August 1961, den Tag des Mauerbaus, den ich so unvergessen erlebt und erlitten habe, hielt Rückschau auf die Zeit meines Studiums, meiner Tätigkeit im Ketteler-Haus und schließlich meiner letzten Monate bei meiner Tante in der Warschauer Straße.
Unsanft werde ich aus meinen Erinnerungen gerissen. Der D-Zug hält in Neustrelitz. Hört denn das Erinnern niemals auf, denke ich. Schon wieder ein Erinnerungsstein. Hier in Neustrelitz verbrachte ich die letzten Monate meines Vikariats. Und hier leben gute Freunde, bei denen ich des öfteren gewesen bin. Der Zug setzt sich wieder in Bewegung und gleitet durch die dunkle Nacht. In Güstrow steige ich aus und begebe mich zum Frühzug Güstrow–Laage–Rostock. Ich friere. Liegt es an der Kälte im Wagen, der, solange die Diesellokomotive noch nicht vorgespannt ist, kalt bleibt oder an all den auf mich einstürmenden Ereignissen? Pünktlich trifft der Zug in Laage ein. Müde und abgespannt begebe ich mich nach Hause, vorbei an den sich zur Arbeit Aufmachenden zu den Betrieben im Ort selbst oder in Güstrow oder zu den Fabriken, Verwaltungen und Werften der Hafenstadt Rostock/Warnemünde. Auf halber Höhe von zu Hause entfernt höre und sehe ich den Frühexpreß Rostock–Berlin in der Ferne heraneilen. Ich drehe mich um, schaue ihm nach und denke bei mir: Junge, dieses Kapitel ist abgehakt, ist beendet, du befindest dich längst auf einem anderen Weg. Plötzlich erfüllt mich Stolz. Halb ist es schon geschafft.
Nachdem ich zu Hause erst einmal gründlich geschlafen habe, mache

ich mich an die nächsten notwendigen Arbeiten. Denn, wie mir vom »Kloster« bei meinem letzen Besuch mitgeteilt wurde, soll ich eine Liste erstellen mit all den Dingen, Büchern, Sachen etc., die ich mitzunehmen gedenke. Dort entscheidet man dann, was genehmigt wird und was nicht. So sitze ich also die nächsten Tage und schreibe in dreifacher Ausführung mit Schreibmaschine all das auf, was ich mitnehmen möchte. Hierbei bekomme ich erst einmal so richtig mit, wieviel sich im Laufe der Jahre angesammelt hat; Bücher und nochmals Bücher. Zum vorgeschriebenen Termin ist die Liste endlich fertig. Ich begebe mich wieder nach Güstrow zu besagter Stelle. Hier nun muß ich erfahren, daß etliches nicht den Weg in den Westen antreten darf. Neben alten Büchern sind auch einige mir liebgewonnene Möbelstücke, wie ein schöner alter Sekretär und andere zumeist wertvolle Dinge, mit darunter. Naja, denke ich, es ist nicht zu ändern, protestieren hilft nicht. Gemäß eines alten plattdeutschen Sprichwortes, welches da lautet, »wat dem einem sien Uhl, is dem annern sien Nachtigall«, mußte ich mich mit den Tatsachen abfinden.
Den angebrochenen Tag nutzte ich, noch etwas durch Güstrow zu bummeln. Diese im letzten Weltkrieg nahezu unversehrt gebliebene Stadt ist mir gut bekannt. Schon als Kind war ich öfters hier. Ich erinnere mich noch recht genau daran, wie ich so manches Mal zusammen mit meinem Onkel, nachdem er seine Ware vom Güstrower Fleischhof geholt hatte, in einem Lokal nahe der Brücke, die über die Nebel führt, gesessen habe. Jahre später weilte ich des öfteren, wenn wir Theologiestudenten uns im »Haus der Kirche« mit Vertretern der Mecklenburgischen Landeskirche oder mit deren Bischof trafen, in Güstrow.
Hier nun ist es angebracht, wie ich meine, kurz auf einige Gründe einzugehen, die mich zu meinem Schritt, in die Bundesrepublik Deutschland zu gehen, veranlaßten. Wie bereits schon angeklungen ist, habe ich mich für den Pfarrdienst zurüsten lassen und habe deshalb unter anderem zunächst in Rostock und dann in Berlin Theologie studiert. Aber leider mußte ich feststellen, daß es in bestimmten, wie ich meine, entscheidenden Dingen immer mehr zu Diskrepanzen zwischen der

offiziellen Kirche und mir etwa in Hinblick auf Begriffe wie: Nation, Vaterland, Wiedervereinigung, oder bei der Frage nach dem Weg der Kirche in einer atheistischen Gesellschaft überhaupt gekommen ist. Mit Schuld daran, wenn man hier von Schuld überhaupt sprechen kann, waren hierbei ganz sicherlich die kirchlicherseits fehlenden rechtzeitigen Informationen an ihre kirchlichen Mitarbeiter, Vikare und Pastoren, insbesondere darüber, was ihren Weg, eine Kirche im Sozialismus sein zu wollen, anbelangt. So entwickelten sich aus anfänglichen Irritationen zunehmend immer mehr Tabus, nicht zuletzt was auch die bereits erwähnten Begriffe anbelangt. Der Freiraum Kirche verfiel allmählich, aber stetig der Engstirnigkeit und Einseitigkeit. Viele junge Theologen verstanden das Verhalten der Kirche oft nicht mehr. Weil sie aber nicht ständig gegen ihre Überzeugung und gegen ihr Gewissen handeln konnten, haben sie sich schließlich zu dem gewiß nicht leichten Schritt der Ausreise entschlossen. Über den Stellenwert und die Aufgabe der Kirche in der DDR war es bereits schon auf den Theologiestudentenrüsten immer wieder zu erbitterten Auseinandersetzungen, mit zunehmend unversöhnlicher werdenden polarisierenden Zügen zwischen den Streitenden gekommen. Hatten die DDR-Kirchen, insbesondere die lutherischen, bislang einen abwartenden Standpunkt, der, wie in unzähligen Gesprächen mit Gemeindegliedern, aber auch mit »Normalbürgern«, ob christlich oder nicht, immer wieder lobend erwähnt wurde, eingenommen, so hatte das Spitzengespräch am 6. März 1978 zwischen Staat und Kirche zu einer weitgehenden allgemeinen Verunsicherung unter den Menschen geführt. Immer wieder war danach unter anderem zu hören, wo denn nun der neutrale Charakter des Ansprechpartners Kirche bliebe. Und daß es der Kirche ja doch nur um die Wiedererlangung ihrer Privilegien gegangen sei. Gemeint waren damit ganz unzweifelbar unter anderem auch die Westreisen, die einige Kirchenleute aus der DDR häufig zu einseitiger Propaganda, ganz im Sinne der DDR, nutzten. Durch diese Entwicklung hatte das Vertrauensklima schwer gelitten. Aus diesen, aber auch anderen Gründen, so dem der verweigerten Freizügigkeit, des vorenthaltenen Rechts auf freie Meinungsäußerung, und in der tiefen Überzeugung, daß die Bundesrepublik Deutschland der freiheitlichste Staat, den es jemals auf deutschem Boden gegeben hat, gingen viele, wie auch ich, den Weg des Abschieds.

Da der Termin meiner Übersiedlung noch für das alte Jahr geplant war, war ich in der kommenden Zeit des öfteren in Güstrow. Es galt die letzten Formalitäten, dazu gehörten auch wieder die verschiedenen Abmeldungen bei den einzelnen Behörden, so schnell wie möglich zu erledigen. So hieß es für mich nun auch immer mehr verstärkt Abschied nehmen von Mecklenburg, dem Land der unzähligen Kontraste, nicht nur was die Landschaft hier anbelangt. Da sind die Seen, Wälder, Wiesen, Felder, sind die unzähligen Dörfer, die idyllisch gelegenen kleinen Landstädte, die Industrie- und Hafenstädte.
So ist auch meine Heimatstadt Laage, die zwischen Güstrow und der Hafen- und Hansestadt Rostock liegt, und von der es jetzt auch hieß Abschied zu nehmen, ein exemplarischer Beweis für das, was Mecklenburg unter anderem auszeichnet. Die Stadt Laage liegt an der Recknitz und ist von Wäldern, Seen, Wiesen und Feldern umgeben. Vor dem Krieg ist sie ein Luftkurort gewesen. Auch ich liebte es, ausgedehnte Spaziergänge in die nahen Wälder oder in die Heide zu machen. Hier war die Natur noch in Ordnung. Hier konnte man noch tief durchatmen und sich an der Vielfalt der Schöpfung und an der Beschaulichkeit der Heimat erfreuen. Wie oft habe ich einfach nur so dagesessen und in die Ferne geschaut, überwältigt von der Schönheit der Landschaft. Hier, in diesem Teil Mecklenburgs, liegen die Wurzeln meines Seins. Das wurde mir auch bei meinem letzten Besuch auf dem Laager Friedhof, beim stillen Abschiednehmen von längst oder erst vor kurzem lieben verstorbenen Verwandten deutlich.
Ganz unzweifelhaft hat mich diese mecklenburgische Gegend, die Natur, haben mich die Menschen, die hier leben und Veränderungen nicht allzu gerne mögen und deshalb als bodenständig und konservativ im besten Sinne von Bewahren und Erhalten gelten, mitgeprägt. Darüber hinaus gehören aber auch meine unzähligen und umfangreichen Erlebnisse und Erfahrungen, die ich in Rostock und an der

Ostseeküste hatte, unzertrennlich zum näheren Bild meiner mecklenburgischen Heimat mit dazu. Denn von Laage ist es nicht allzu weit bis nach Rostock und bis zum Ostseestrand von Warnemünde.
Es würde aber den Rahmen meiner Erinnerung sprengen, wenn ich jetzt näher auch noch darauf eingehen würde. Eins möchte ich in diesem Zusammenhang aber trotzdem tun. Ich möchte erwähnen, daß ohne meine unzähligen Aufenthalte in Rostock, in Warnemünde, an der Ostseeküste ganz allgemein, mein Leben in Mecklenburg ärmer und unvollständiger gewesen wäre. Um nicht alte Wunden wieder aufzureißen, Erinnerungen können auch manchmal dieses bewirken, möchte ich nun in einer Art Zeitraffer zum baldigen Schluß meiner Erzählungen kommen.
Durch die Ereignisse in Polen geriet die Prozedur meiner Ausreise immer mehr ins Stocken. Von einer Woche zur anderen wurde ich von den Behörden, die meine Ausreise bearbeiteten, immer wieder vertröstet. So erlebte ich das Weihnachtsfest und den Jahreswechsel noch in der alten Heimat. Aber gleich nach Neujahr kam wieder Bewegung in meine Angelegenheit. Ich durfte endlich ausreisen. Mit dem D-Zug Rostock–Köln trat ich meine Reise, oder wie es amtlicherseits hieß, einmalige Ausreise, an.
Nach einer für mich bisher nur vom Hörensagen durchgeführten sehr gründlichen Kontrolle am Eisenbahngrenzübergang Herrnburg öffneten sich endlich die Tore. Der Zug setzte sich wieder in Bewegung und strebte Lübeck zu.
Zuerst dachte ich, es sei alles nur ein Traum. Aber dann erkannte ich, daß es Wirklichkeit, eine unglaubliche schöne Wirklichkeit war. Ich war im Westen.

NORBERT BEHNK

Die Jugendträume gingen bald vorbei

Eine halbe Stunde etwa war es noch bis zum Arbeitsschluß. Der Abteilungsleiter machte noch mal seine Runde. Ich sah ihn weit vorn in der Halle zwischen halbfertigen Maschinen und Stahlgerüsten sich einen Überblick über die Arbeitsleistung der Kollegen verschaffend, denn am Monatsende wurde nach einem komplizierten Punktesystem für jeden Einzelnen der besitzenden Klasse der Lohn festgelegt. Persönliche Sympathien und politische Überzeugungen waren ohnehin bekannt. Ich drehte im Radio den NDR weg, denn Westrundfunk ist nicht erlaubt im sozialistischen Betrieb, der dem Volk gehört. Die alten Maschinen klapperten monoton und die tiefliegende Frühjahrssonne spiegelte sich in den hellen Wänden der kleinen Werkstatt, die ich noch mit zwei anderen Kollegen teilte. Die vielen Grünpflanzen im Raum streckten sich nach diesen ersten Strahlen und die selbstgezogenen Pepperonipflanzen standen gut.

Diese neue Rationalisierungswerkstatt im größten Betrieb der Stadt ließ nur wenig Wünsche offen für die Beschäftigten. Alle sozialen Einrichtungen vom kostenlosen Berufsverkehr bis zum betriebseigenen Kindergarten und heller, freundlicher Kantine mit Wahlessen standen jedem offen. Sogar ein riesiges Wandbild hatten sich die Werktätigen hier geleistet. Mit großem Pinsel und schnellem Strich hatte eine Berliner Künstlerin spielende Kinder und eine Gruppe Musikanten auf die meterlange Stirnwand gestrichen und auch nicht haltgemacht, als sie schon auf der neuen Holzvertäfelung der nächsten Wand angekommen war. Den Laien mochte das wohl wundern, denn mühelos wäre das ganze Kunstwerk auch auf einem viel kleineren Raum unterzubringen gewesen. Auch mir wurde erst an diesem Beispiel klar, daß die Förderung von Wandbildern durch die Entlohnung nach Quadratmetern begünstigt wird. Wer schon wollte es da der Künstlerin übelnehmen, wenn sie gar nicht wieder aufhören wollte. Die Arbeitsskizzen gingen als kleine Aufmerksamkeit an die Betriebsleitung. Die Werktätigen aber sind in diesem Land selbstsicher und viele hätten sich zugetraut, diesen Auftrag zu erledigen. Ein guter Kunstunterricht in den Schulen und die ständige Beschäftigung mit kulturellen Fragen hat die Menschen in diesen Zustand versetzt. Auch der Betriebsmalermeister hätte sich gern diesen Batzen Geld verdient, denn auch er ist ein Volkskünstler. Damit hatte nun wiederum die Partei und Betriebsleitung nicht gerechnet. Sie hatten die Werktätigen unterschätzt, denn diese hatten sich schneller als erwartet zu allseitig gebildeten Menschen entwickelt. Einige rätselten auch herum, ob man zur Begleichung der Unkosten einige Zeit zuvor das jährliche Urlaubsgeld von 30 M gestrichen hatte.

Aber die Löhne waren die höchsten in der Stadt und jeder hoffte, daß es noch lange so bleiben würde. Die Perspektive des Betriebes war gesichert, denn nur hier wurden die begehrten Pommes Frites für die ganze Republik hergestellt. Geschickt sorgte das Landwirtschaftsministerium dafür, daß nur soviel produziert wurde, daß man selten in den Kühltruhen von HO und KONSUM die Tüten mit den Pommes fand. Bei dieser Steuerung, das ist jedem klar, gilt die Nachfrage auch in den nächsten Jahren noch als gesichert. Delegationen aus Polen und Korea und besonders linke Gewerkschaftsgruppen aus der Bundesrepublik waren immer begeistert, wenn sie den Betrieb durchströmten und von speziell abgestellten Kadern umsorgt wurden. Sie wurden dann auch nicht damit belästigt, wie schwer es war, in der eigenen Entwicklungsabteilung aus westlichen Patenten eigene Maschinen zu bauen. Auch die Umweltprobleme ließ man außen vor, denn für Abwasser und Filteranlagen in dem riesigen Rohbraunkohleheizwerk war die Zeit noch nicht gekommen. Das moderne, nur wenige Jahre betriebene Ölheizwerk war eingemottet und gerade dann außer Dienst gestellt worden, als die Weltmarktpreise für Rohöl ständig sanken. Natürlich wären diese Probleme besonders geeignet, von der Arbeiterklasse des

Landes einer Lösung zugeführt zu werden, aber niemand schien sich da berufen zu fühlen. Auch Fragen nach diesen wichtigen Dingen vermieden unsere aufgeklärten Zeitgenossen ganz. Sie sind ganz in Anspruch genommen von der Frage, wer den begehrten Ferienplatz von der Gewerkschaft bekommt, ob der Zement für die Garage reicht, und ob der eigene Wagen die Zeit bis zum Ende der Autoanmeldung durchhält? Die Umweltprobleme sind dann doch eher für die westlichen Nachbarn wichtig. Die verdreckten Bäche und Flüsse würden sowieso irgendwann nur in Hamburg stinken, und bei Ostwind würden sie auch noch den Dreck von der Braunkohle bekommen. Die Verantwortlichen mochten wohl denken, daß man bei geschickter Verhandlungsführung bei den deutsch-deutschen Gesprächen die Bundesrepublik soweit bringen konnte, daß sie diese Anlagen auch bezahlt. Ihr Interesse liegt auf der Hand und ähnliche Beispiele gibt es ja schon in Bayern. –

Als also der Genosse Abteilungsleiter bei mir angelangt war, gab er seiner Stimme einen geheimnisvollen, vertraulichen Klang: »Du sollst zum Rat des Kreises kommen und auch deine Frau mitbringen. Laß alles liegen und geh schon mal los.« Seit über einem Jahr hatte ich immer wieder auf so eine nichtssagende Wendung gewartet. Seitdem ich den Antrag zur Ausreise für meine Familie gestellt hatte, kamen zuerst die ungewissen Wochen des Schweigens, wobei aber ganz klar war, welche Aktivitäten die staatlichen Stellen und Informanten entwickelten. Nun würde ich also wieder in den wuchtigen Klinkerbau dieses Amtes gehen, der in unserem mecklenburgischen Kreisstädtchen die amtliche Machtzentrale war. Er nimmt sich denn auch ziemlich gewichtig aus in der Hagenstraße. Vor dem Kriege hatte hier schon eine andere Arbeiterpartei residiert. Diese einzige Asphaltstraße im Zentrum des kleinen Ortes wird sonst von Häusern gesäumt, die einen noch unschwer das bäuerliche Leben seiner Bewohner von einst erahnen lassen, bevor der Flecken zur Kreisstadt aufgeblasen wurde. Geduckte Fachwerkhäuser, hölzerne Toreinfahrten vor den Höfen, in denen nun sorgfältig »restaurierte« Trabbis und Wartburgs stehen. Im Zuge der neuen Zeit waren dann Hausfassaden mit dreiteiligen Serienfenstern und glattgeputzten Wänden hinzugekommen. Die alten Ziegeldächer nehmen sich dann oft fremd auf diesen Gebilden aus, etwa so komisch wie eine Glucke auf Gipseiern. Natürlich ist das nicht nur ein typisches Hagenower Erscheinungsbild, man kann es wohl in allen Orten dieser Größe in der Landschaft zwischen Elbe und Oder finden. Da ich nun aber in Wittenburg aufgewachsen bin, das etwa 12 km in westlicher Richtung von Hagenow liegt, blickte ich sowieso nie ehrfurchtsvoll auf die nahe Kreisstadt, die nicht mal ein Schwimmbad hat. Für meine Großeltern, bei denen ich viele Stunden meiner Kindheit erlebte, war dieses kleine alte Städtchen der absolute Mittelpunkt der Welt. Hier hatte alles seine Ordnung und die Nachbarn grüßten sich. Generationsprobleme wurden nicht diskutiert. Nur wie einst im Mittelalter, wo jede Stadt durch feste Mauern eingegrenzt war, schien auch für mich kein Platz mehr zu sein in meiner Heimatstadt, als ich die Jahre der Kindheit hinter mir gelassen hatte. Ich war doch ziemlich überrascht, als ich mich mit sehr langen Wartezeiten durchaus vertraut, auf dem Rathaus in die lange Liste der Wohnungssuchenden aufnehmen lassen wollte und erfahren mußte, daß es einfach aussichtslos sei und man mir nur den Rat geben könnte, doch selbst ein Haus zu bauen. Nun muß ich sagen, daß mein Einkommen es mir damals zwar erlaubte, das eine Zimmer, welches meine Frau und ich bewohnten, das weder Wasser noch Gasanschluß und auch keine Toilette hatte, mit einem Bett, einem Schrank, einem Schreibtisch und sogar einigen Büchern auszustatten, aber mehr war einfach nicht drin. Daß dieses nicht so tragisch war, wie es für mich damals den Anschein hatte, sah ich dann später ein, aber es war ein erster Abschied aus meinem geliebten Heimatstädtchen, und bei späteren gelegentlichen Besuchen gewann ich dadurch Distanz, daß das Städtchen immer mehr von der Zeit geschleift wurde. Das konnte auch nicht dadurch verborgen werden, daß man manche Fassade auswechselte oder auch nur übertünchte zu irgendwelchen politischen Höhepunkten. Im »Hotel zur Post« brach dann auch einfach mal die Decke herunter, aber die rührigen Maurerkolonnen richteten es schon in weniger als einem Jahr wieder her, oder war es doch länger? Kaum aber war es instandgesetzt, bröckelte es an anderer Stelle. Das Schuhgeschäft in der Nähe des Marktplatzes lag sehr lange verödet in dem vermoderten Fachwerkhaus. Dann ging es mit dem Gebäude, in dem der »Staatliche Blumenhandel« untergebracht war, abwärts. Aber das war nun auch wieder ein freudiges Ereignis, denn die Verkaufstellenleiterin, die die hinteren Räume bewohnte, kam so zu einer Neubauwohnung. Auch waren die Wittenburger wohl nie große Blumenfreunde, was man an dem knapp gehaltenen Angebot leicht ausmachen kann. Plötzlich fand sich also auch diese Familie in diesen, im ganzen Land anzutreffenden, gleichmäßigen Wohnblöcken, die mal nach Norden oder mal nach Süden ausgerichtet sind. Da ist ein System nicht auszumachen. Für den Reisenden kann dieses in der flachen Landschaft leicht zum Problem werden, weiß er doch manchmal nicht, in welchem Neubaugebiet einer Stadt er sich gerade befindet. Da hat man es mit den Resten der alten Stadtkerne in Mecklenburg doch entschieden einfacher. Und ich liebte diese alten Gemäuer, engen Gassen und kleinen Häuschen, die immer den ganz individuellen Geist der Bewohner ausstrahlten. Immer war ich neugierig als Kind, wenn mir die Großmutter aus der alten zerfledderten Chronik vorlas. Wilhelm, mein Großvater, kramte derweil im Stall herum und hatte dort stets einen ansehnlichen Vorrat an selbstgeflochtenen Kiepen und Körben. Die Weidenzweige hierfür schnitt er sich noch immer selbst von jenen Bäumen, die auf Wiesen und an Gräben überall zu finden sind. Einige Hühner kratzten auf dem Hof, und Großmutter war immer sehr stolz, wenn ihre buntgefiederten Italiener regelmäßig gackernd vom Nest geflattert kamen. Ein wunderschöner großer Hahn wurde natürlich auch auf dem Hof gehalten, und jedem von uns tat es schrecklich leid, als er dann doch endlich in den Suppentopf sollte. Sonnabend wurde der kopfsteingepflasterte Platz dann immer mit dem selbstgebundenen Reisigbesen gekehrt. An der Tür zum Haus standen die »hölten Tüppel«, auf denen man immer bei jedem Wetter zum Häuschen über den Hof gehen konnte, sofern es einen dazu drängte. Ein Garten schloß sich hinter den Stallungen an, und hier gab es den ersten Rhabarber, den ersten Salat und die ersten Beeren, und dann war auch noch genug übrig, um tüchtig einzuwecken für den Winter. Nie kam einem der Gedanke, daß einem etwas fehlen würde, denn politische Gespräche mit dem Großvater gab es nie. Jede Theorie war ihm ein Greuel, und statt dessen hörte ich Geschichten aus seinem Leben. Um so erstaunter war ich dann, als ich eines Tages ganz nebenbei erfuhr, daß er ein Parteimitglied war. Vor der Nazizeit war er in die SPD eingetreten, aber die duldeten auch die neuen Machthaber nicht mehr und er war in die SED übernommen worden. Von dieser Stunde an schlug er keine Zeitung mehr auf, und wenn ihm jemand nur freundlich irgendetwas in der »NBI« zeigen wollte, lehnte er mit einem freundlichen Lächeln ganz bestimmt ab. Großmutter hingegen vergaß nie, die täglichen Nachrichten vom »Hamburger« abzuhören und achtete auch peinlich genau darauf, daß ich ihr nicht den Sender verstellte. Sie hatte ein blitzsauberes Haus und wußte in der Bibel Bescheid, wenngleich sie mir immer zu bedenken gab, daß nicht klar war, von wo sich die beiden jungen Männer, die am Anfang in die Welt geschickt wurden, ihre Frauen geholt hatten. Etwas spöttisch fügte sie hinzu, daß ja eigentlich nur die Affen in Frage kämen.

Die schönsten und spannendsten Abende aber waren, wenn Wilhelm von seinen Kriegserlebnissen aus dem Rußlandfeldzug erzählte, wozu er leider nur ganz selten zu bewegen war. Nichts von Haß und Eroberung, er war mit den russischen Soldaten gut ausgekommen, hatte sich in den vordersten Schützengräben sogar mit ihnen verbrüdert und berichtet, daß alle nur wieder nach Hause wollten. Nur mit den Läusen, das sei eine schreckliche Plage gewesen bei diesem Volk. Ich glaube auch, daß er seit dieser Zeit den Schädel kahlgeschoren trug. Ein Unglücksfall beim Waffenreinigen brachte ihn dann wieder rechtzeitig weg von der Front im fernen Rußland und ins vertraute Mecklenburg zurück, wenn auch nun der Zeigefinger an der rechten Hand fehlte.

Als Junge fuhr ich gern mit ihm auf seine Wiese, wo er dann stundenlang mit der Sense das Gras mähte. Selten nur wischte er sich dabei den Schweiß aus dem Gesicht. In langen geschwungenen Reihen lag dann das Gemisch von vielerlei Kräutern und Blumen und verströmte

den Geruch des Sommers. Ich kletterte in den Büschen und Bäumen herum und war ein glückliches Kind. Hier hörte ich das Quaken der Frösche und das Summen und Gezirpe der Insekten. Zur Heueinfahrt wurde die ganze Familie zusammengerufen, und alle waren zur Stelle, wenn der große Leiterwagen beladen wurde. Die Aufgabe von uns Kindern war es dann, das Heu auf dem Dachboden festzutreten, und das Gehopse war schon ein Riesenspaß. Malzkaffee und Zuckerkuchen waren die köstlichste Belohnung für alle.
Ging das Jahr zu Ende, war der Schlachter bestellt und in der großen Küche siedete das Wasser in einem riesigen Kessel. Auf dem Hof an einer hölzernen Leiter hing das gekreuzigte Tier in der kalten Winterluft. Die Frauen reinigten die Därme, um sie dann mit der frischen Wurstmasse zu füllen. Hier sah ich auch einmal, wie der Großvater auf dem toten Tier kniete und das frische Blut in einer Schüssel auffing. Seit dem Tage habe ich keine Blutwurst mehr angerührt, und ich war später ganz froh, als ich von den alttestamentlichen Speisegeboten hörte.
So hatte das Leben in unserer kleinen Stadt einen festen Kreis im Jahr und sicher eine lange Geschichte, denn schon ab 1226 wird sie als Stadt genannt, und Lübeck ließ sich vom Hohenstaufenkaiser II. den Handelsweg nach Wittenburg urkundlich sichern. Stellten römische Geschichtsschreiber etwa um das 1. Jahrhundert v.u.Z. noch Germanen als Siedler fest, so waren hier schon 150–200 Jahre später, nachdem diese das Gebiet verlassen hatten, Slawen seßhaft geworden. Die große slawische Horst- und Flußburg wurde dann im 12. Jahrhundert mit einer deutschen Burg überbaut. Später entstand auf diesem Gelände, das künstlich aufgeschüttet ist, das frühere Amtsgericht und ein Frauengefängnis. Diese Gebäude lernte ich auch von innen sehr gut kennen, als ich mit meiner Schwester die Nachmittage der ersten Schuljahre dort im Schulhort verbrachte, der sich in diesem Gebäude befand. Ein Teil der Vergitterung war von den Fenstern entfernt worden, doch wenn wir Kinder die Eisentreppen herunterdonnerten, um im ehemaligen Gefängnishof zu spielen, schien dieses Haus immer noch kein gewöhnliches Schulhaus zu sein, denn Eisentreppen und vergitterte Flure bedürfen wohl einer längeren Gewöhnung. Es dräng-

ten sich Fragen auf, welche Frauen man hier zuletzt eingesperrt hatte und aus welchen Gründen, was war mit ihren Kindern geschehen? Durch die riesigen Stahltore in den hohen Ziegelmauern, die oben immer noch mit Glasscherben besetzt sind, waren wohl einst die Transporte gegangen. Beim Fußballspiel konnte einem der Ball so aber nicht so schnell abhanden kommen. Vom höher gelegenen ersten Hof hatte die Aufsichtsperson einen guten Ausblick auf die spielenden Kinder und die Blicke kreuzten sich, wenn man den dahinjagenden Wolken nachträumte. Eine lange Betontreppe und eine schwere Stahltür trennten beide Höfe voneinander. Dem ehemaligen Gefängnis gegenüber steht das älteste Bauwerk der Stadt, der alte Hauptturm der Burganlage, mit seinen etwa 3 m starken Mauern aus Feldsteinen und im oberen Teil großen Backsteinen, die größtenteils unter einem Dach von Efeu verschwanden. Ich sah, wie im Laufe der Zeit der Eingang versperrt werden mußte, da das Deckengewölbe immer mehr Sonnenlicht in den unteren Raum ließ. Der anschließende Amtsgarten wird noch heute von den Resten der alten, ebenfalls mit Efeu bewachsenen Stadtmauer und Wehrtürmen umgeben. Die Erkundung dieser Anlage und deren Besteigung war ein ziemlich wichtiges Ereignis für einen Jungen. Vor diesen alten Resten der Geschichte liegen die satten Wiesen bis hin zur Motel, einem kleinen Flüßchen, das heute kaum noch lebendes Getier birgt, aber ich habe dort mit Großmutters altem Kaffeesieb die ersten Stichlinge gefangen. Hier, in der schönsten Natur, war auch das alljährliche Ferienlager, wo wir als kleine Pioniere beim Fahnenappell mit feuchten Augen die Geschichte eines Stadtrates hörten, wenn er aus seiner Zeit aus dem Konzentrationslager erzählte. Später, als er dann nicht mehr in der Öffentlichkeit auftauchte, hieß es, daß er gar nicht aus politischen Gründen in das KZ gekommen sei. Dabei hatte er immer unsere Herzen angerührt, wenn er aus den schlimmen Jahren mit ganz gebrochener Stimme berichtete und mit seinem von Narben gezeichneten Gesicht aussah wie ein Märtyrer. Anschließend sangen wir dann immer unter der blauen Fahne: »Die Heimat hat sich schön gemacht« und »Wenn die bunten Fahnen wehen ... wolln wir ferne Lande sehen«, aber das würde wohl alles noch werden, denn alle Pioniere der Republik sammelten Steine für den Rostocker Hafen, und wenn die »Völkerfreundschaft« dort erst im Hafen liege, stünde dem ja nichts mehr im Wege. So dachte ich als Kind und wußte nichts von den Plänen, dieses kleine Land auch noch mit einer undurchdringlichen Grenze abzuschnüren. Meine kleine Welt war in Ordnung, da wo Bleichstraße und Wasserstraße sich kreuzten. Die schmalen Gassen waren mit rohen Feldsteinen belegt, und in den Sommermonaten düngten die Kühe der kleinen Ackerbürger den in der Straßenmitte verlaufenden Fußweg. Auch dieses war ein beständiges Bild: Solange es im Jahr genug frisches Gras auf den Stadtweiden gab, schaukelten die wohlgenährten Kühe mit ihren strammen Eutern durch die Straßen, und jede von ihnen fand ihren Stall in ihrer Straße allein.

Wie anders sahen dann aber die Bilder aus, die ich in einer dieser modernen Großviehanlagen sah, als die Kollektivierung bereits weitgehend abgeschlossen war. Nie mehr haben diese armseligen Kreaturen eine grüne Weide gesehen. In Stahlrohrboxen fristeten sie ihr Dasein und wurden nur mit Knüppeln aus Gummischläuchen die schmalen Gänge entlang getrieben, bis hin zum Melkstand, wo natürlich nicht mehr allzuviel zu holen war. Die Nordlandfahrer aber schafften immer ihre Norm in ihrer Schicht. Man tröstete sich dann mit einem Chruschtschow-Wort, das ich da auch zum ersten Mal hörte: »Die Ziegen von den Deutschen geben mehr Milch als unsere Kühe.«

Aber zurück zu den glücklichen Erinnerungen der Kindheit. Die erste Bootsfahrt unternahm ich auf dem kleinen Teich vor unserer Stadt in einem hölzernen Waschtrog. Deshalb freute ich mich schon auf so einen Waschtag. Auf den Trockenwiesen flatterte dann die Wäsche auf endlosen Leinen, welche von langen Holzstangen gestützt wurden. Diese Stangen waren wieder nötig, wenn wir im Frühjahr mit den Eisschollen fahren wollten. Das Waschwasser war aber erst einmal in Eimern nach Hause zu tragen. Nachdem die Wäsche gekocht und gewaschen war, mußte man sie dann wieder im nassen Zustand zur Pumpe zurücktragen, um sie dort zu spülen. So hatten die Familienväter ein volles Wochenendprogramm nach einer langen Arbeitswoche und brauchten sich keine modischen Sportarten auszudenken.

Aber ich will nicht verschweigen, daß die neue Zeit auch vor unserem Städtchen nicht halt machte. Die Kunde, daß eine Stadtwasserleitung verlegt werden sollte, bewegte die Gemüter schon eine Weile und bald wurden riesige Gräben aufgeworfen, und bei starken Regengüssen sah es sogar ein wenig wie in Venedig aus. Man wendete natürlich die sehr vorsichtige Arbeitsweise von Spaten und Schaufel an, und tatsächlich tauchten einige Zeugnisse der Vergangenheit auf, wie etwa verkohlte Balken von den früheren, großen Stadtbränden. Einige Zeit später, die Straßen waren gerade wieder ordentlich gepflastert worden, begann man erneut zu graben. Nun ging es um die Gasleitung, die natürlich genausoviel Interesse fand, wie zuvor das Wasserversorgungsprojekt. Nur die Alleen rings um die Stadt, die auf geebneten Stadtwällen gepflanzt waren, wuchsen Jahr um Jahr ungestört in den Himmel. Die angrenzenden Wiesen und Gräben zogen mich in die Natur hinaus, bis zu jenem Moor, das für uns Kinder als das verbotene Land akzeptiert wurde. Wenn man den Weg durch diese blühende Welt bis fast zum nächsten Dorf geschafft hatte, konnte man schon am Abend müde und froh ins Bett fallen und noch von der Erkundung der Fragmente der Reichs-Autobahn träumen, die sich von Hamburg in Richtung Berlin hinziehend – überall zu finden waren. Inzwischen hat sich der Transitverkehr ja auch diese Stück betoniert, und meines Wissens gab es nur einen Dorfschullehrer, der dagegen protestierte. Sicher aber kann er diese Autostraße wenigstens in einer Richtung benutzen, wenn er nämlich zum Einkaufen nach Berlin fährt.

Die Brückenpfeiler waren schon halb zugewachsen, als man endlich diesen alten Plan zu Ende führte. Mein Großvater hatte noch selbst an diesem Projekt mitgearbeitet, bis der Krieg keinen Beton mehr für Autobahnen übrig ließ. Das Städtchen selbst hatte auch während des tausendjährigen Reiches keine größeren baulichen Aktivitäten zu verzeichnen . . . Den Mittelpunkt des Ortes bildet noch immer der Marktplatz, wo nie ein Markt abgehalten wurde, solange ich dort lebte. Hier liegt auch das stattliche Rathaus, das nach Plänen des Hofbaumeisters

Georg Adolf Demmler (Schwerin 1853) erbaut wurde, und die dominierende St. Bartholomäuskirche, die nach Gadebusch der älteste Kirchenbau im Südwesten Mecklenburgs ist. Der über 60 Meter hohe Turm ist 1908 angefügt, von ihm kann man weit ins Land sehen. Beim Übergang vom romanischen zum gotischen Baustil in Mecklenburg um 1550 war dieser dreischiffige Hallenbau bereits abgeschlossen. Bei Umbauarbeiten 1846 wurde jene Reliquienflasche aus graublauem Glas entdeckt, die als das älteste, sicher datierbare deutsche Glas nach der Jahrtausendwende angesehen werden muß. Ein Wachssiegel Ulrich von Blücher, Bischof von Ratzeburg (1257–1284), weist auf die Weihe des Hochaltars. Um das 15. Jahrhundert kam es zu einem durchgreifenden Umbau. Der kostbare Schnitzaltar vom Ende des 15. Jahrhunderts, die Arbeit eines unbekannten mecklenburgischen Meisters, war die Krone eines jeden Weihnachtsfestes für mich, wenn die Heiligen und Apostel im Glanz der unzähligen Kerzen erstrahlten. Die Wittenburger Kirchgemeinde hatte den Altar gegen eine Glocke in Hagenow eingetauscht, wo er im Turmgeschoß gestanden hatte. Das sind die Orte und Landschaften meiner Kindertage, und es ist schwer, sich davon zu verabschieden. Großvater hatte mir erzählt, wie er mit dem Pferdegespann nach Lübeck oder nach Ratzeburg gefahren war, und ich sollte es hinnehmen, diese nahen Orte nicht zu kennen, zu glauben gar, daß die Welt ein Ende hat und zugenagelt ist, und das schon am Schaalsee. Recht mittelalterliche Vorstellungen, die diese Machthaber in Berlin entwickelt hatten, und wen interessiert schon in Westmecklenburg Berlin, das so viel weiter entfernt ist als Hamburg und die anderen Hansestädte.

Ich würde ganz gewiß viel verlieren, aber ich würde den Freund wiederfinden, den sie aus unsere Mitte gerissen hatten, als sie ihn morgens holten und ihn durch die Gefängnisse der Republik schickten – auf daß er sie auch von dieser Seite beurteilen konnte – und ihn erst freiließen, als er nicht zu beugen war und das andere Deutschland ihn und viele andere wollte.

Ich würde auch die eigene Mutter wiedersehn, denn die Ablehnung ihrer Einreiseanträge war nur zu überwinden durch unwürdige Bitt-

gänge zu den mit Decknamen versehenen Staatsdienern. Die Mutter war im Winter 1945 aus dem ostpreußischen Mohrungen vor den heranrollenden russischen Panzern im Treck bis ins mecklenburgische Wittenburg gekommen, nachdem die Familien bis zur letzten Minute in ihrer Heimat von den Durchhaltern und ihren Erschießungskommandos belogen und hingehalten wurden. Erst als das Motorengeräusch der russischen Fahrzeuge sehr nahe kam, siegte der Selbsterhaltungstrieb der Ostpreußen über ihre großdeutsche Hörigkeit.
Hier nun in Wittenburg begegnete meine Mutter als junges Mädchen meinem Vater, der aus amerikanischer Kriegsgefangenschaft wieder nach Hause kam. Er war davongekommen und hatte in den USA das Ausmaß der deutschen Volksverdummung erleben müssen. Viel war nicht übrig geblieben, was für einen neuen Anfang taugte. Er starb, als wir Kinder gerade erwachsen waren, nach jahrelanger schwerer Krankheit. Das strahlende Uran, das er gleich nach dem Krieg im erzgebirgischen Aue für die russischen Interessenten ausgrub, hatte ihn wohl ganz langsam dahinsiechen lassen.
Nun zog es meine Mutter wieder zurück nach Westfalen, von wo aus die Familie einst umgesiedelt war nach dem fernen Ostpreußen. Diese Wanderung von Ost nach West dauert also seit dem Kriege an und kann nur durch brutale Gewalt einer Stahl-, Beton- und Todeslinie gebremst werden, wie sie heute nicht nur Deutschland, sondern ganz Europa durchschneidet. Mit den Jahren wurde die Frage immer drängender: Soll ich gehen, westwärts, wie so viele schon vor mir? Oder bleiben in der vertrauten und geliebten Landschaft mit ihrem weiten, sommerlichen Himmel und einem Leben auf den Knien?
Ich habe mich für die Freiheit entschieden, und in Mecklenburg würde es wohl wieder länger dauern, als woanders, denn die Leibeigenschaft hat hier schon einmal viel zu lange gedauert. Seit Jahren wuchsen die Hindernisse im und um das Land herum, und die Hoffnung, mit heiler Haut herauszukommen, verbesserte sich nach meiner Einschätzung nicht. Nun war aber noch die Frage: Wie den selbstgefällten Beschluß in die Tat umsetzen? Gehört hatte ich von den abenteuerlichsten Versuchen. Das Ballonfliegen war da nur das populärste Bei-

spiel. Ich bin nicht der Mensch, der Frau und Kinder wissentlich großen Gefahren aussetzt und habe mich nie mit Tunnelgraben und Spezialfahrzeugbau beschäftigt, zudem war ich als Mecklenburger dafür, die Sache mit dem Kopf zu machen, um nicht zu sagen, mit den Hörnern. Ich fühlte mich immer im Recht und nie als Leibeigener irgendeiner politischen Clique. Geliebäugelt habe ich aber, das muß ich sagen, schon auf Reisen in Südosteuropa damit, eine dieser »ungefährlichen« Grenzübertretungen zu tun, aber auch dafür ist erheblicher Aufwand zu treiben, und gescheiterte Aktionen aus dem Bekanntenkreis waren da auch nicht ermunternd. Auch als die Besetzung der Ständigen Vertretung der Bundesrepublik Deutschland in Ostberlin sehr beliebt war, schien mir das kein geeigneter Weg, denn daß sich diese Einrichtung nicht zum großen Tor auftun konnte, liegt in der Natur der Sache.

So habe ich dann also im Januar 1983 einen Ausreiseantrag auf Familienzusammenführung gestellt.

Eigentlich war er schon lange überfällig, auch schon, als ich noch einige Jahre zuvor in dem hübschen Elbstädtchen Dömitz wohnte und täglich dem schockierendem Anblick der stetig wachsenden Grenzbefestigungsanlagen ausgesetzt war. Aber ich hing hier fest und dachte bei meinen Besuchen auf der Festung oft an Fritz Reuter, der hier auch so lange hatte ausharren müssen. Nur hatte die Stadt damals noch nicht diese fürchterliche Narbe an der Elbuferseite, dieses Gebilde aus Elektronik und feuerbereiten Mündungen. Aber die Schützen hinter den Gewehren, was unterscheidet sie? Auch ihr Lohn ist immer noch der Sold. Hinter dem Deich lag noch nicht diese rotte von hochmotorisierten Schnellboten, und nur die Tolerierung der Grenze in Flußmitte läßt sie ihre schauerlichen Fahrten machen. Nachts erstrahlt dann dieses Stück Deutschland im Lichtermeer wie ein großes Schaufenster und jeder kann mit eigenen Augen sehen, was der Menschheit hier angeboten wird. Im schroffsten Gegensatz steht das hier zu der sanften Landschaft mit den saftigen Wiesen auf östlicher Seite und dem emporsteigendem Elbufer auf der andern Flußseite. Unser Haus an den Schmölener Wanderdünen gelegen, war auch nicht in alle

Richtungen zu verlassen, denn schon nach einigen Metern westwärts gelangte man an den Schlagbaum, der einen jeden fernhält von dem bis zu fünf Kilometer breiten Sperrstreifen, der nicht im Besitz besonderer Dokumente ist.

So konnte man auch den Schiffsverkehr auf der Elbe nur bei Hochwasser im Frühjahr von weitem wahrnehmen. Das ganze Land stand dann unter Wasser bis auf die Wege der Deiche, die Wachtürme, die nun noch um so deutlicher hervortraten, und das Hundegebell war die Geräuschkulisse dieses wie von Menschen verlassenen Landstrichs. Ein Paradies gewiß nur für die Wasservögel, die sich hier für wenige Tage zur Rast niederlassen konnten. Und dann waren sie auch wieder verschwunden, wie sie gekommen waren. Und wenn der Fluß das Wasser wieder in sein Bett zurücksog und das Grün aus dem Boden wuchs, war der Dornenkranz auf den Deichen wieder das untrügliche Zeichen vom »Fortschritt« der Menschheit. Die wenigen Gehilfen dieser Metallschlange nehmen sich angesichts ihres Ausmaßes nicht wie die Herren sondern wie die Gefangenen dieses Monstrums aus. Alles verfängt sich in diesem Drahtgeflecht, kleine Tiere und Treibgut des Wassers, aber nicht die geflügelten Träume der Freiheit, die neue Verhältnisse zu einstigen Freunden offenbart, denn nicht allen bedeutet sie gleichviel, wie aus einem Brief der letzten Tage an mich deutlich wird.

»Unser beider soziale, berufliche Lage war oft sehr verschieden. Darunter litt ich nie, aber ich vermute: Du manchmal. Deshalb wurde die Differenz im Blickwinkel auf manche Dinge zeitweilig persönlich strittig. So wurden Dir einige meiner Aktivitäten, auch viele künstlerische, zu verschraubt, verschlüsselt, ängstlich verkniffen, intellektualisiert, mißverständlich. Und meine wortschwalligen Erläuterungen und Beteuerungen waren Dir eher verdächtig als verbindend. Was nun? Weißt Du, einer der sich vorgenommen hat, hier auf längere Zeit künstlerisch zu arbeiten, bedient sich dieser Tatsache angemessenen Bildthemen und Kunstformen . . .

. . . Während der vergangenen Wochen war ich an der Kunstschule in Heiligendamm und besuchte bei dieser Gelegenheit . . .

Sie waren sehr betroffen von der Lage im Lande und empfinden bittere Parallelen zu etwa 1958–61, als man fortwährend fragen mußte, ob dieser oder jener noch hier sei. Deshalb nochmals Glück auf den Weg, Mut zum Neubeginn, Gerechtigkeit denen, die bleiben, ehrliche Träume und Streben nach Werten, die unsere Jugendzeit nicht verraten. Mach's gut!«
Es gibt Leute, die wachen niemals auf. Für mich waren die Jugendträume vorbei, als ich eines Morgens auf offener Straße von staatlichen Kidnappern in ein Auto gezerrt wurde, um am Schweriner See in einem unauffälligen Bungalow zwischen Versprechungen und Drohungen bekehrt zu werden. Erst da habe ich zutiefst begriffen, was wir alle gemeint hatten, wenn wir »We Shall overcome« sangen mit allen Unterdrückten auf dieser Erde. Joan Baez hatte uns mit Martin Luther King und Gandhi diesen Glauben neu gegeben, wenn sie sang! »Wir werden in Frieden leben/Wir haben keine Angst. Tief in unseren Herzen glaube ich daran, daß wir eines Tages triumphieren werden.« Die Kraft gab uns eine lebendige Kirche, Pfarrer und ihre Frauen, in deren Wohnungen die Kerzen noch hell und warm leuchteten. Ohne Angst konnten wir uns hier öffnen, Fragen stellen und Antworten erhalten, die nicht auf einige Quadratkilometer beschränkt sind. Natürlich war es gut, nicht einem der seltenen »Volksfrontpfarrern« zu begegnen, die meinten, einem aus ihrem Abseits auch noch etwas Neues über den Sozialismus vermitteln zu müssen. Mit der Lust und der Notwendigkeit auf Selbstbestimmung wuchs auch die Einsicht in die fast ausweglose Situation. Damit kommt dann schon ein Stück Einsamkeit. Als dann auch noch die glühendsten Hoffnungen von Helsinki durch die östlichen Realpolitiker ins Reich der Träume geschickt wurden und sie mir statt dessen, nach einem unglaublichen Theaterstück (Hauptdarstellerin eine Volkspolizistin, die mit Verleumdungen arbeitet), den Personalausweis abnahmen und den sogenannten »PM 12« ausstellten, die »Judenkarte« genannt wird, glaubte ich immer noch, daß wenigstens ein Rest von Recht in diesem Staat für den Bürger übrig geblieben war und machte eine Eingabe an das Ministerium des Innern in dieser Angelegenheit. Aber das Ausmaß der Arroganz wur-

de mir klar, als ich niemals von dort etwas erfuhr. Währenddessen hörte ich von Gerüchten, daß alle Aussiedler in einem Sonderzug von Schwerin aus abtransportiert werden sollten. Bei der oft erlebten Rechtlosigkeit war das auch nicht unbedingt eine freudige Information, wußte man doch nie, was sie wirklich vorhatten. Offiziell aber gab es immer noch die Auskunft, der Antrag sei abgelehnt, ja sogar zur Antragstellung hätte ich kein Recht und weitere Anträge würden gar nicht entgegengenommen. Aber dann wußte ich wieder von einigen, die es geschafft hatten. Morgens stand ein Container vor der Tür, und dann sagte man in der Stadt, die Gardinen sind ab, was bedeutet, sie sind ausgereist. Dabei sind die staatlichen Stellen sehr darauf bedacht, die Zeit der Abreise sehr kurz zu halten, damit es nicht mehr zur Verständigung untereinander kommt.

Es war also der 28.2.1984 hereingebrochen.

Schon am 2.2.84 war ich zum Betriebsdirektor bestellt worden, hatte dann in seinem Zimmer aber nur den MfS-Mitarbeiter angetroffen, auch eine übliche Regelung. Dieser hatte mir gesagt, daß meine Ausreise nicht mehr unmöglich ist, aber ich solle doch eine Erklärung abgeben, daß ich später in der Bundesrepublik keine DDR-Bürger bei ihrem Ausreisebemühen unterstützen würde.

Nach weiteren 20 Tagen bekam ich dann wieder eine Karte, die mich aufforderte, mich beim Rat des Kreises einzufinden. Nun erfuhr ich offiziell, daß mein Antrag bearbeitet wird, aber von einer bevorstehenden Ausreise könne nicht die Rede sein. Gleichzeitig erhielt ich den Laufzettel und mußte die verschiedenen Ämter aufsuchen und dort Stempel sammeln. Da war die Staatsbank, das Wasserwerk und Energiewerk in Schwerin und ähnliches. Und nun, am 28. Februar, betrat ich also wieder die Abteilung Inneres. Meine Frau entschuldigte ich erst mal, denn sie saß beim Frisör unter der Trockenhaube.

Gegen 17.00 Uhr war ich dann in den verwinkelten Gängen des Rates des Kreises Hagenow, sah noch einmal einen ehemaligen Klassenkameraden in einem der finsteren Büros sitzen. Er hatte sich durch intensive FDJ-Arbeit bis hier hochgedient und war auch mit dem Fahrrad über Land gefahren, um die Beiträge der einzigen Jugendorganisation

einzusammeln. Alle hatten geschmunzelt, wenn ihn jemand erschöpft am Straßenrand sitzen sah, aber hatte er denn eine andere Wahl? In seinem erlernten Beruf mochte ihn die Elektrofirma, wo er gelernt hatte, nicht länger beschäftigen, und so konnte man ihn dann dort auch den Hof fegend antreffen. Nun würde ich also gleich in das Zimmer des ersten Stellvertreters gebeten. Dieser Mann schien mir unsicher und deshalb aufgeblasen. Unaufhörlich ließ er seine eingeübten Formulierungen ab und eigentlich konnte er einem ja leid tun. Wie oft mußte er ausreisewilligen Bürgern wider besseren Wissens die Unwahrheit sagen, daß sie nie aus der DDR rauskämen, daß ihr Antrag rechtswidrig sei, daß die Menschenrechte so nicht ausgelegt werden könnten. So schien es mir auch nicht abwegig, wenn höhere Parteigenossen meinten, daß er dem Alkohol ziemlich zusprach und auf ihn herabsahen. Wer wollte aber so ein Amt bekleiden? Hatte er in unserer letzten Sitzung doch Meinungen zum Ausdruck gebracht, wie sie ganz im Gegensatz standen zu den offiziellen Verlautbarungen über das innerdeutsche Verhältnis, wo von wohlwollenden Prüfungen der Ausreiseanträge die Rede war. Aber ich selbst hatte mir Formulierungen wie diese anhören müssen:
»Der Antrag ist rechtswidrig.«
Strafbar wäre es, wenn ich damit an die Öffentlichkeit ginge. Der Antrag werde nicht genehmigt, auch nicht in zwei Monaten oder in einem halben Jahr, oder auch wenn jemand anderes die Sache zu entscheiden habe.
Wenn der Staat immer nur auf die privaten Dinge Rücksicht nähme, wäre es nicht möglich gewesen, in der Vergangenheit den Frieden zu sichern.
Natürlich sträubten sich mir bei diesen Äußerungen alle Haare, denn platter ging es ja wohl nicht mehr. Aber noch hoffte ich durch aktive Teilnahme an diesem unfairen Spiel doch noch zu meinem Recht zu gelangen. Es war mir schon klar, daß es diesem Staat vor allem darum ging, nicht sein Gesicht zu verlieren, wenngleich da von meiner Seite aus betrachtet auch nicht mehr allzuviel auf dem Spiel stand.
Die Flure leerten sich also, denn es war ja auch schon allgemeiner

Arbeitsschluß um diese Zeit. Ich wurde durch das schmale Vorzimmer hereingebeten und mußte mich erst einmal wieder an die neuen Lichtverhältnisse im Zimmer des ersten Stellvertreters gewöhnen, denn die Sonne leuchtete den einfachen Raum nur im oberen Teil aus und die kleinen Fenster waren weit über Augenhöhe, so daß das Büro mehr einer geräumigen Zelle glich. Gleich nach der Begrüßung teilte er mir mit, daß ich am 1.3.84, also in zwei Tagen, ausreisen würde. Und zwar sei das eine Ausweisung! Eine junge Frau schrieb unterdessen, in einer Ecke sitzend, laufend irgend etwas auf.
Außer der Anweisung, keine großen Abschiedspartys zu veranstalten, bekam ich ein ziemliches Pensum an Behördengängen für die nächsten und letzten Stunden als DDR-Bürger verpaßt. Die Freude war natürlich übermächtig, nur mußte ich mich darauf konzentrieren, was ich noch alles zu erledigen hatte. Von nun an lief alles wie ein Film ab. Ich hatte das Gefühl, fast zu schweben, als ich das Haus verließ und in meinem Skoda in unseren Stadtteil fuhr. Die Erklärungen unserer Geschwister und Eltern, daß sie keinen Anspruch auf eventuelle Pflege erheben, hatten wir ja schon. Zu Hause angekommen, erzählte ich, mich fast überschlagend, meinen beiden Mädchen, daß wir nun endlich fahren können, daß wir die Ausreise haben, aber in Wirklichkeit hatte ich absolut nichts in der Hand. Als meine Frau dann frisch gelockt vom Frisör kam, waren wir schon ganz in Hektik, und nun ging es darum, die engsten Freunde und Familienangehörigen zu verständigen, und da ja kaum einer Telefon hat, tankte ich erst einmal voll und fuhr los, die Botschaft zu verkünden. Die vorbereiteten Kartons wurden aus dem Keller geholt und die Schreibmaschine begann zu klappern, denn alles, was eingepackt wurde, mußte auf einer Liste für den Zoll vierfach erfaßt werden. Die Bücher hatte ich schon in den vergangenen Monaten nach Dortmund zu meiner Mutter geschickt. Einige Koffer waren auch schon seit Monaten gepackt, um für die Kinder und uns das Nötigste dabei zu haben, wenn die Ausreise überraschend käme. Meine Frau sortierte dann, was wir von den Sachen mitnehmen wollten, und was wir zurücklassen mußten. Die Geschwister waren bereit, auch öfter mit ihrem Pkw-Anhänger die Sachen abzufah-

ren. Was unsere Kinder in dieser Zeit gedacht und getan haben, ist mir entgangen, aber sie erlebten, wie etwa 10 Leute uns halfen, unsere Wohnung immer leerer zu machen, und wußten ja, nun geht es in den Westen. Ich weiß nicht mehr, wann wir in dieser Nacht ins Bett gegangen sind, aber viel geschlafen haben wir auf gar keinen Fall und schon am frühen Morgen ging es nach Schwerin zu DEUTRANS und zum Zoll. Einen Schätzer für meine Münzsammlung suchte ich vergebens. Dann fuhren wir zum Landbaukombinat Schwerin, Sitz Ludwigslust, wo meine Frau arbeitete und brachten die Papiere in Ordnung. Uns verwunderte es auch nicht, daß man dort, wie auch in meinem Betrieb, in der Kaderabteilung schon auf uns wartete. Das restliche uns zustehende Geld wurde korrekt ausgezahlt, nur bei der Versicherungsanstalt gab es Probleme, da man dort erst die Entlassung aus der Staatsbürgerschaft sehen wollte. Während meine Frau sich dann wieder um unsere vielen Helfer kümmern konnte, gelang es mir sogar, in Hagenow noch einige Koffer zu kaufen, um wenigstens während der Reise das Notwendige zu haben.

Am späten Abend waren die Schränke leer, die Koffer und auch die Kisten mit den Bildern standen bereit. Wir waren total angespannt und schließlich zum Umfallen erschöpft, aber geschlafen haben wir kaum, denn es war soweit, endlich, solange schon hatte ich mir diesen Tag gewünscht, und als er da war, konnte ich doch nicht einfach die Zeit verschlafen. Die Kollegen hatten mir Glück gewünscht für die Zukunft und manche sahen dabei traurig aus. Einer hatte einen gescheiterten Fluchtversuch hinter sich und hatte seine Träume begraben, als er die Verhöre hinter sich hatte. Nun war es wohl das erste Licht, daß aus unserer Wohnung in die Nacht strahlte, als der Morgen kam, aber dicker Nebel hüllte alles ein und machte alles noch unwirklicher. Den Kaffee im Gehen getrunken, und schon wieder saßen wir im Auto und versuchten trotz des Nebels rechtzeitig um 7 Uhr früh in Schwerin zu sein, um bei der DEUTRANS-Niederlassung Endgültiges über den Abtransport unserer Sachen zu erfahren. Beim Rat des Kreises hatte man mir geraten, möglichst alles mit einem Mal mitzunehmen, denn was ich mir später nachschicken lassen würde, müßte in DM bezahlt werden.

Wir staunten dann aber nicht schlecht, als uns die jungen Frauen bei DEUTRANS in ihrem engen muffigen Büro offenbarten, daß wir einen Lkw bekämen und die Menge des Umzugsgutes diesen zwar nicht füllen würde, aber dafür sollten wir es sofort hier und in westlicher Währung zahlen. Da konnte einem ja schon die Luft wegbleiben, denn offiziell gibt es die Währung gar nicht in der DDR und auch in den Intershop-Läden gibt es nur Gutscheine, die angenommen werden. So war es die absolute Wahrheit, als ich sagte, daß wir gar keine DM hatten, was wiederum die weiblichen Angestellten dieses merkwürdigen Unternehmens, das ja wohl im krassen Gegensatz zu allen Verlautbarungen von der neuen sozialistischen Gesellschaft steht, nicht sehr überraschte, denn wie auswendig gelernt, bekamen wir die Antwort, dann zahle das eben das Sozialamt in der Bundesrepublik. Bis zu dem Zeitpunkt wußten wir kaum, was ein Sozialamt ist, und ganz geheuer war uns ab nun nichts mehr, denn offensichtlich waren diese braven Kommunisten ganz clever und wollten daran, daß sie einigen Menschen gestatteten, ihre Heimat zu verlassen, auch noch kräftig verdienen. Nun fielen mir schon Parallelen aus der jüngsten Geschichte ein und mir schien es doch geraten, dieses Thema nicht an diesem Ort weiter auszubreiten. Denn wenn bei einem Fuhrunternehmen Uniform getragen wird, sollte man schon auf der Hut sein, und wenn wir solche Mengen DM besessen hätten, wären wir doch noch vor Tagen im höchsten Grade verdächtig gewesen. Ich machte also hier in der Puschkinstraße 14 eine ganz neue Erfahrung über den seit Jahren kritisierten »Schwindelkurs« von 1:5, denn bei jeder Staatsbankfiliale ist der Kurs 1:1 ausgezeichnet, nur in der Praxis funktioniert nicht mal dieser verlängerte Arm des Staates, denn was sonst ist ein solches Staatsunternehmen wie DEUTRANS, die DDR-Mark in Zahlung nimmt? Dazu muß ich sagen, daß wir schließlich immer noch als DDR-Bürger galten. Wenigstens akzeptierten die dortigen Angestellten erst einmal 43 Mark Ost für den Vertrag, den wir bezüglich unseres Transportes erstellt hatten. Aber dieser enthielt keine Klausel über die Zahlungsbedingungen.

Lange war nicht Zeit, sich über diese Merkwürdigkeiten zu wundern, denn schon um 8 Uhr sollten wir ja beim Rat des Kreises wieder in Hagenow sein. Bei DEUTRANS hatte man uns den Lkw für 11 Uhr zugesagt, und mit dem Zug kurz nach 13 Uhr hatten wir diesen Staat ja schon zu verlassen.

So hatte ich also nochmals Gelegenheit, mich in Hagenow nach den DEUTRANS-Aktivitäten zu erkundigen, aber da war man sehr erstaunt und sagte mir, daß von solchen Dingen nichts bekannt sei. Wir gaben unsere Ersatzausweise ab, und da die Vordrucke für den Ausreiseantrag schnell ausgefüllt waren, bekamen wir jeder eine Identitätsbescheinigung mit unserem Foto gegen 25 Mark pro Stück. Welch ein Gefühl der Freude, endlich etwas schriftlich in der Hand zu haben, und dann bekamen wir noch das Visum zur einmaligen Ausreise nach der BRD, wie es in dem Stempel steht. Hiermit fuhr ich dann eiligst zum Bahnhof Hagenow-Land und bekam nach Vorlage des Visums die Fahrkarte nach Dortmund. Vorher aber hatten wir auf dem VOLKSPOLIZEIKREISAMT noch diese wunderbaren Urkunden für 30 Mark das Stück holen müssen, auf denen amtlich bescheinigt ist, daß wir aus der DDR-Staatsbürgerschaft entlassen sind. Natürlich war auch das ein wirklich befreiendes Gefühl, als uns die blondgelockte Frau in Uniform die Dokumente übergab. Ich sah nicht das Gesicht, nur das viele Silber an der grünen Uniformjacke und die vielen Stempel auf dem breiten Schreibtisch vor ihr. Schnell ging es dann mit dem Wagen zur Versicherung. So wurde uns auch noch die Summe für die Töchterversicherung ausgezahlt. Dann fuhren wir vor unser Haus in der Johannes-R.-Becher-Straße und sahen einen ziemlich großen Lastwagen mit Anhänger und Westberliner Kennzeichen auf uns zufahren. Das war also dieser Wagen der Firma Ihle aus Westberlin Alt-Buckow. Vorn am Führerhaus die schwarz-rot-goldenen Flaggen – ohne sozialistischen Hammer und Zirkel – waren ebenso auffällig wie der mit Werbung versehene Laderaum – ein ungewöhnliches Bild, überall gingen die Fenster auf oder es wurde verschämt hinter den Gardinen beobachtet. Mir war zu diesem Zeitpunkt nicht bekannt, daß die Firma Ihle schon 1968 einen Vertrag mit DEUTRANS abgeschlossen hatte und zunächst 25 Prozent des Bruttospeditionsgewinns aus dem DDR-Geschäft dorthin abführen mußte. Die ganzen Hintergründe dieser dubiosen Verbindungen zu erhellen, würde an dieser Stelle aber zu weit führen. Aus dem Fahrzeug stieg ein junger energisch, aber auch mürrisch aussehender Mann, und die beiden jungen Burschen in seinem Fahrerhaus sahen aus, als hätte er sie gerade erst angeworben. Freundlich und mit Handschlag begrüßte er wie einen alten Bekannten den Beamten des DDR-Zolls. Nun sahen sie sich gemeinsam die Ladung an, und der Zöllner nahm erst einmal alle Namen und Adressen unserer Helfer und Freunde auf. Meine kleine Tochter Judith sah in diesem Moment ganz verloren aus. In einem kleinen Rucksack hatte sie ihre Lieblingspuppe, ein Matchboxauto und einige andere Dinge, eingepackt. Daumen im Mund, sah sie mit großen fragenden Augen inmitten der vielen Menschen in ihrer Wohnung, die schon so fremd wirkte, ganz verloren aus. Der Zöllner, eine gedrungene Gestalt, entspricht den Beschreibungen, die Tolstoi einst von den russischen Staatsbeamten gab: weichlich, aber zu allem bereit, was seine Vorgesetzten von ihm fordern. So begann er denn auch, nachdem alle den Raum verlassen mußten, in welchem die Koffer und Kartons waren, an Hand unserer Listen, Kontrollen vorzunehmen. Ausgiebig schnüffelte er in unseren privaten Foto- und Diakisten, und als er die persönlichen Briefe eines ganzen Jahres interessant genug fand, sagte er kurzerhand: »Die nehme ich mit!«. Ich erhielt dafür den Einziehungsbescheid »A 085255«, wo er ein Druckerzeugnis als beschlagnahmt eintrug. Ich mußte derweil gute Miene zu dem üblen Spiel machen, denn viel Zeit war nicht mehr, bis wir in unseren vorgeschriebenen Zug steigen mußten. Dann postierte er sich unten auf der Straße neben dem Fahrzeug und sah noch mal in jeden unserer Schränke, bevor diese verstaut wurden. Durch unsere vielen Helfer schafften wir dann die Beladung in kurzer Zeit. Kurz warf er noch einen Blick in die Kisten mit meinen Bildern und Plastiken, aber damit konnte er nichts anfangen. Die meisten unserer Nachbarn im Haus waren noch zur Arbeit und konnten erst am Abend, wenn sie heimkamen, an unserer leeren Wohnung sehen, daß wir fort waren. Die wenigen, die wir noch im Haus trafen, wünschten uns versteckt alles Gute, und auch von den

Freunden und Familienangehörigen verabschieden wir uns hastig, und schon sitzen wir wieder im Wagen und fahren ein letztes Mal die Bahnhofstraße entlang nach Hagenow-Land, zu dem bedeutendsten spätklassizistischen Bau an der Eisenbahnstrecke Berlin–Hamburg, wie es in »Denkmale im Kreis Hagenow« heißt. Eine Durchsage der Deutschen Reichsbahn bringt uns die Kunde, daß der Zug etwa eine halbe Stunde Verspätung hat. Nun ist es Zeit, die Brote herauszuholen, denn die Kinder kommen etwas zur Ruhe und haben Hunger. Als wir dann endlich im Zug sitzen, der im Volksmund »Mumienexpreß« heißt, haben wir uns noch auf dem Bahnhof von unserem Pfarrer verabschieden können und wissen, da ist etwas, was auch über diese Grenze hin Bestand hat. Die wenigen Kilometer durch unsere alte Heimat bis zur Grenzübergangsstelle Schwanheide fahren wir zum ersten Mal, und in wenigen Minuten sind wir dort angelangt. Hundegebell und dann Uniformierte in Stiefeln, als hätten sie draußen noch ihre Pferde stehen. Handtaschen und Koffer werden kontrolliert. Der Zug steht lange, auch noch, als wir längst unsere Stempel in den Papieren haben. Wir sind nicht die einzigen Ausreisenden hier in diesem Zug, das sehe ich, als der Kontrollierende seinen Bauchladen aufklappt, worin er Stempel und Papiere mitführt. Dort hat er auch einen Zettel mit unseren Namen und macht ein Zeichen für ›erledigt‹.
Endlich fährt der Zug wieder an. Draußen vor den Fenstern schiebt sich nun die metallene Absperrung in unterschiedlichen Staffelungen vorbei und reißt dann ganz plötzlich ab, und nun sehen wir eine ungeschändete Natur. Das Gesicht unserer großen Tochter ist an die Fensterscheibe gepreßt und auf ihrem Gesicht liegt ein glückliches Lächeln. Wir haben unsere unfreie Landeshälfte verlassen und sind endlich frei. Von einem freundlichen Beamten des Bundesgrenzschutzes werden unsere Daten im fahrenden Zug aufgenommen und an den sauberen hübschen Häuschen, die wir draußen an der Bahnlinie erkennen, sehen wir, daß wir schon angekommen sind in unserem freien Landesteil. Die Kinder bekommen inzwischen Bananen und Apfelsinen gereicht, die sie lange nicht gesehen hatten. Das Schlagen der Schienenstöße hat aufgehört, und schon hält der Zug auf dem

Hamburger Hauptbahnhof. Als ich mit meiner Familie und den wenigen Habseligkeiten aus dem schmalen Gang des Waggons auf den Bahnsteig unter die Menge der Reisenden trete, steht da schon der Freund, den ich so viele Jahr nicht gesehen habe, und wir liegen uns in den Armen.

II.
Literarische Erinnerungen an Mecklenburg

Carl Guesmer

Geschehen und Landschaft

Kleine Stadt in Mecklenburg

Vor einigen Tagen ereilte mich in der Stadt auf abendlichem Heimweg eine sonderbare Dämmerung, die wie ein Aufatmen, eine Erleichterung mich durchdrang, fahl und dunstig wie eine Erinnerung breitete sie sich aus; die Passanten auf der belebten Straße führten ein Schattendasein, hoben sich hier und da wie schlichte Mahnmale längst eingesunkener Jahre ab. Wie weiße Taktstöcke dirigierten die Autoscheinwerfer das Abendkonzert der Schritte, und jetzt begriff ich, daß alle Beleuchtung erloschen, die Stadt ohne Strom war; die gleißenden Schaufenster und Leuchtschriften, Magneten, die sonst alle Blicke zu Kraftfeldern ordneten, hatten unvermutet ausgesetzt.
Blasser wurde der Himmel, gab sein Licht langsam auf, und die Giebelreihe stand groß wie die Fieberkurve des geschwächten Tages vor mir, ein Anblick, der seit über zehn Jahren nicht mehr seinesgleichen hatte: die Dämmerstunde, sonst im Gehege der Lichtreklame, ging wieder ungehindert um. Wie eine glitzernde Eisdecke hatte das elektrische Licht nachgegeben, das Zwielicht brach herein, schwamm in den Straßen, und alles watete unbeholfen darin.
Die Nacht stieg, und mit ihr überliefen mich Erinnerungen, die das gewohnte Stadtbild mehr und mehr verdrängten, eine Straßenecke aus der mecklenburgischen Landstadt meiner Kindheit erschien mir und noch eine, verwittert wie der Schein der Gaslaterne, der sich vom Ende der Seitengasse heranschleppte, und plötzlich war ich wie aus einem wirren Traum ganz dorthin zurückgekehrt. Leiterwagen polterten gemächlich die Straße hinab, das Kopfsteinpflaster wiederkäuend. Aus frühester Erinnerung trat der Kuhhirt hervor, der seine vom Sonnenuntergang getroffene Herde mit den hinfälligen Häusern der

Ackerbürger mischte, und zierliche Paarhuferspuren saßen wie Fliegen mitunter auch auf dem Gehsteig. Sein Hornruf durchmaß das Städtchen am Rande der Dunkelheit, als wollte das Nachtwächterhorn von einst die Nacht zurückgewinnen, aus der man es wie aus einem Paradies vertrieben hatte. Aber dann gaben Hirt und Herde die Stadt dem Autoverkehr preis, breitschultrige Limousinen zogen mit dem erbeuteten Hornsignal im Triumphzug durch die Hauptstraße, immer dichter wucherte dort das Schaufensterlicht wie eine Forsythienhecke, hinter der sich die Stille bald in ein Märchen verwandelte. Zwei Kirchen, die mit ihren Türmen den Glauben als feste Burg veranschaulichten, machten sich nicht gemein mit der knechtischen Häusermenge, die dem Abgott Technik wie Treibgut zuströmte, sich schon der Gaslaternen als wunderlicher Alterserscheinung der Nebengassen schämte; Wehrkirchen waren es wieder, die ihr kantiges Gemäuer zusammennahmen gegen ein Zeitalter. Ein wenig Beistand leisteten zwar jene Nebengassen, nicht imstande, sich mit Backsteintürmen gegen das Zeitalter aufzulehnen, hielten sie es wenigstens hin mit störrischem Kopfsteinpflaster und unstimmigem Häusergerümpel; die Lichterfülle, mit der die Hauptstraße sich in den späten Geschäftsstunden loszusagen begann vom saumseligen Gestern, wurde von diesen Gassen kaum beantwortet.
Einmal im Jahr, wenn dem November der Nebel schwoll, fuhr die elektrische Helle schwerste Geschütze auf: Karussells, Schaubuden, Verkaufsstände; ein Jahrmarkt durchtoste wie ein Feuerwerk die halbe Stadt. Lautsprecher säuberten bis Mitternacht die letzten Winkel vom Mittelalter, auf einem funkelnden Stausee von Glühbirnen schäumte und zerplatzte mutwillige Musik. Drei Tage ging das so, dann erzitterte nachts das Fachwerk; die schwerfälligen Zirkuswagen orgelten vorbei, der Ferne zu, und der nachrückende Alltag mußte das Seine erst weggeworfenem Papier und allerlei Unrat wieder abtrotzen. Das letzte Herbstlaub zog aus, und die Adventszeit wurde mit roten übers Flurlicht gestülpten Sternen im Hause gehalten, das waren magische Hindernisse, die ihr den Weg nach draußen versperrten. Im Süden umschmeichelte ein Fluß die Stadt mit ihrem Spiegelbild, aber der

Winter räumte rasch auf mit solchen Verzärtelungen, solchen zitternden Verinnerlichungen und zwang ihn zu einer Eisdecke, die oft schon im Dezember aufbrach ob ihrer Stärke und, gekitzelt von den Schlittschuhen der Jüngsten, ein hohles, quietschendes Gelächter ausstieß. Kopfweiden waren wie abgekämpfte versprengte Truppenteile des Sommers, eines legendenhaft fernen, ja heiligen Sommers, denn hier zeichnete sich der Unmut über den ausdauernden, mit Frösten sich tief ins Erdreich grabenden Winter nicht nur in den Stirnfalten der rechnenden Hausväter, sogar in den bald versiegenden Schlittenspuren der Kinder ab. An windstillen Februartagen standen die Rauchsäulen wie die Ruine eines antiken Tempels über der Stadt in unnahbar eisiger Bläue, eine Fata Morgana frostgeplagter Gemüter, oder waren es gar Schatten, die südlich-milde Luftströmungen vorauswarfen?
Zusehends erholte sich der Fluß von seiner Eiszeit und hißte das Stadtbild wieder; die Häuser flatterten wie bunte Leinentücher in der trägen Flut. Jenseits des Flusses wurde ein Sumpf trockengelegt; eine Schilfkolonie setzte sich mit aller Schärfe zur Wehr, aber bald lagen die grünen widerspenstigen Kolonisten, die in den Händen rasch noch ganze Pflanzungen aus Schnittwunden anlegten, vertrocknet herum und redeten wie Gespenster mit dem Wind.
Für uns Kinder gab es als abendliches Vergnügen die Lorenbahn, die ausgeruhte Erde als Ablösung für das entkräftete Sumpfland heranführte, um die sich nach Feierabend eine unwiderstehliche Verlassenheit breitete. Wir ließen die Loren rollen oder stießen mit ihnen an auf die Gesundheit des neuen Gartenlandes, es knallte und schepperte, die Schienenstränge zwitscherten und jubilierten dem alternden Mond zu Ehren, dessen dünnes Licht diesen Fahrten Weihe und Weite gab, die Loren grölten hemmungslos durch die Nacht.
Damals kränkelte die Stadt schon unter einer vom Krieg verordneten Überdosis Dunkelheit; hatte das Zeitalter aus einer Hand jahrelang mit der tauben Lichtersaat nur so um sich geworfen, so ließ es aus der anderen Geschöpfe aufsteigen, die sich darüber hergemacht hätten wie über einen Futterplatz, mit ihren spannweiten Klauen, den Bomben, alles verwüstet hätten, wenn dieses Licht wie eine Goldader, über

die man zugleich erfreut ist und erschrocken, nicht rasch mit undurchdringlicher Finsternis wieder zugescharrt worden wäre.
So erwiesen sich außer dem Mond nur die Gewitter als verläßliche Lichterspiele. Manchmal beobachteten wir vom Kirchturm aus, wie sie die Ebene wie unheimliche Krämpfe befielen; einmal trafen sich gar mehrere Gewitter über der Stadt, in allen Himmelsrichtungen standen die Blitze, als würden die Wurzeln der Zeit für Sekunden sichtbar; der Anblick traf mich stärker als jener kalte Schlag, der einmal wie eine derbe Anerkennung auf die Turmwand niederfuhr.
Meiner Kindheit redete der Staat unentwegt drein, es war ein großsprecherisches Jahrzehnt, aus allen Fenstern schrien die Hakenkreuzfahnen, sahen sie doch aus wie aufgerissene Mäuler, aus denen das Emblem wie eine Phrase scholl. Mitunter erinnerte mich das Hakenkreuz auch an das Messerrad eines Fleischwolfs, das alles um sich in einen roten Brei verwandelte. Man mißverstand die Giebel der Fachwerkhäuser als Ahnen der neuen Fahne, mißverstand die alten Giebelreihen als Fahnenaufmarsch, der seinen Führer lange herbeigesehnt hatte. Nun war er da und mit ihm die vielen kleinen stämmigen Jungen, deren Unarten durch die Gänge unseres abgestandenen Gymnasiums hallten, die aber beim Dienst in der Staatsjugend den ihnen untergebenen Jüngeren keine Unart nachsahen, auch wenn sie denen nur über das Gesicht flackerte. Beim »Auf« und »Nieder« auf dem Übungsgelände tanzte das ferne Stadtbild wie ein Papierschiffchen vor meinen Augen. Bomben hatten es bisher nicht in Bewegung gebracht; lose Verbindung zum Alltag in den zerstörten Städten stellten nur deren geflüchtete Bewohner her, die oft nicht einmal ihren Wortschatz gerettet hatten.
Noch wenige Monate vor Kriegsende konnten Stadt und Umkreis dem Himmel ins forschende Blau sehen, ohne durch Feuersbrünste oder sichtbares Blutvergießen rot geworden zu sein, ohne daß dieser Aufblick durch Rauchschwaden unsicher gewesen wäre. An Tagen, die mit den Dächern ins Blaue fuhren, sah man die fremden Bomber, symmetrisch aufgereiht und nebensächlich wie Nadeln in einem blauen Nadelbuch, nur ihr allumfassender Motorenlärm wurde für die

kleine Stadt zum Tribunal, vor dem sie ihre Altersschwäche und Nichtigkeit beteuerte. Manchmal glaubte ich, in den Fliegerverbänden die in den Himmel gekommenen Spuren der Kuhherde von einst zu erkennen: machten sich Idylle und Beschaulichkeit immer auf diese Weise aus dem Staub?

Auch in meine Träume schien damals schon das Unheil wie ein unverrückbares Sternbild, sie waren schreckhaft und stets sprungbereit, immer ein Fluchtgepäck Wirklichkeit an sich gedrückt. Anhaltendes Zittern durch näherrückende Detonationen durchlief die Häuser wie Zündschnüre, an denen Alltag und Kleinstadt wohl irgendwann lautlos hoch- und auseinanderfliegen würden wie verbranntes Seidenpapier.

Die Hundstage brachten immer mehr Hitze der Luftgefechte, und eines Tages wurde der Horizont so durchgerüttelt, daß er zu kentern drohte, die Griffe der geöffneten Fenster klapperten, und das Telefon rasselte wie ein unerlaubtes Nachschlüsselbund, die Landeshauptstadt und eine Stadt an der Ostsee hätten böse Minuten hinter sich, alles, was aufräumen könne, habe sich einzufinden. Lastwagen mit wenig Männern und vielen Jungen zerschnitten das Gelände, wie Abfall flog die Ebene vorbei, der Wind schien Gefallen an unseren Gesichtern zu finden, so drückte er sich an sie, vorbei Dörfer, die sich im Rauschen schwerkroniger Bäume und im Hahnenschrei geborgen wußten, vorbei eine Kuhherde wie eine Illusion, ein Stafettenlauf der Telegrafenmasten, von denen unsere Lastwagen zügig weitergereicht wurden. Bis ans Ziel, eine schwer angeschlagene Straße in der Hauptstadt, aber das sei nur am Rande, an der Ostsee gebe es mehr zu tun, kaum Aufenthalt, und die Stadt setzte sich von unseren Fahrzeugen ab wie roter Niederschlag, Bodensatz der Fahrt. Voraus hämmerte der Krieg auf den Horizont ein. Was man von der Seestadt zuerst sah, Rauchspitzen oder die Kirchtürme, die einander wie Brüder ähneln, war nicht auszumachen, Backsteingotik aus Qualm oder Teile des gewohnten Stadtbilds.

Als wir näher kamen, stand die Stadt in einer Lotosblüte aus Rauch, oder war es eine unfaßbare Blüte vom Baum der Erkenntnis, deren riesige Blätter sich mit erschreckender Feierlichkeit um den ganzen steinernen Graus zusammenschlossen, wie betend, als wollten sie dem Himmel diese Marter anempfehlen. Die Bomberverbände waren seewärts gezogen, wie silberne Gerstenähren standen sie in der Luft mit den langen Grannen ihrer Kondensstreifen, Getreide, aus dem die tägliche Furcht gebacken wurde in glühheißen Mauerresten.

Das Stadtinnere schlug uns wie grundloser Haß entgegen, alle Farbe war aus den Straßen gewichen, alte Frauen suchten die ihnen fremd gewordenen Habseligkeiten zusammen, von den Lippen des Angriffs verunreinigten Hausrat, ein erniedrigendes Geschäft wie später das Kippensammeln. Bahren mit Schwerverletzten glitten vorbei, blutüberströmte Hoffnungen, das andere sah ich nicht, über die Toten hatten sich die fassungslosen Häusermassen geworfen und rangen verwirrt die Hände. Eisenträger ragten zu bekümmerten Gesten ineinandergeschoben aus dem Schutt; die Arbeit warf nach und nach einem jeden von uns eine eintönige Staubkleidung über; der Tag verrann, und das Sonnenlicht fiel von den Strebepfeilern einer angeschlagenen hochschiffigen Kirche wie Fleisch von einem Gerippe.

Wie eine verlassene Feuerstelle war diese Stadt, hier und da waren noch kleine Flammen auszutreten, aber die Nacht trieb zur Rückkehr an. Ich habe diese Stadt nicht wiedergesehen; auch die andere kleine, das Gassenknäuel mit dem anhänglichen Fluß, zog sich bald auf ihren Namen und ein paar Erinnerungen zurück.

Land- und Feldwege in Mecklenburg

Zu den wenigen deutschen Landschaften, deren Interpunktion vorwiegend aus Land- und Feldwegen besteht, gehört auch die mecklenburgische. Verläßt man die Landstraßen, die asphaltierten und die staubigen, so tun sich einem weite Bereiche des Landewegs auf, die ganze Gruppen von Ortschaften einschließen, Bereiche, die in anderen Gegenden nur noch in den Berichten der Alten ihren Platz haben. Langsam wie die Entschlüsse des Mecklenburgers kommen auch seine Straßen zustande; hier sind sie noch allzuoft auf einem Entwicklungsstand, der im besten Fall der Erfindung des Fahrrades Rechnung trägt. Diese Wege sind eigentlich die Aufzeichnungen der gemächlichen Erntewagen; ihr Verlauf rührt oft von Zufälligkeiten her, so galt es irgendwann einmal, einem Findling auszuweichen oder einer beharrlichen Riesenpfütze; mit der zittrigen Unschlüssigkeit einer Greisenhand tastet sich der Weg durch das Land. Autos widersetzt er sich heftig, und wenn sich doch eins in solche Gefahr für Achsen und Federung begibt, zieht sich ein drohendes Unwetter aus Staubwolken über dem Wagnis zusammen. Hier gehören Räder hin, die sich Speiche für Speiche vorwärtsmühen, derbe hölzerne Räder, die sich auf Meditation verstehen, die dem Phlegma des Sonnenumlaufs nacheifern.

Hat man sich dem Landweg lange genug ausgesetzt, so vollzieht sich allmählich eine Umwertung von Begegnungen und Ereignissen: Plätze hektischer Technifizierung, gestern noch Alltag, muten wie phantastische Sagen an, ein Autounfall drüben auf der Chaussee hat etwas von der grotesken Unwirklichkeit von Alpträumen. Vorgänge drängen sich in den Vordergrund, denen man vorher kaum Beachtung geschenkt hätte, wie etwa dem Gruß eines gleichgültigen Vorübergehenden: der feierliche Auszug der Samen der Pusteblume, die verhaltene Brandung der Ähren, der beschwörende Duft von Grabenkräutern. Vogelrufe streifen ihre Anonymität langsam ab, man hält inne, wenn die Lerche den Augenblick quirlt und verfolgt den heftigen Strich der Schwalben.

Als ich Kind war, nahm ich mir in den Ferien, die ich viele Sommer in der Nähe von Gadebusch verbrachte, oft Zeit für die Darbietungen von Landwegen. Der Himmel hat hier schon die helle, lautere Färbung des Himmels über dem Meer, als verlange er nun ungeduldig nach seiner blauen Bestätigung durch die Wogen der Ostsee. Damals suchte ich ihn oft nach den Wetterbäumen, den schlanken, zerzausten Vorboten von Regentagen, ab. Die Landschaft strebt nach Norden, eine grüne Hymne an das Meer; hochbeladene Wagen füllen die Scheunen, die Fuhrleute lassen Flüche wie Peitschenhiebe auf die verdrossenen Pferde niedersausen. Manchmal entlädt sich eine Fuhre vorzeitig, worauf sich alsbald die Arbeiter um das Malheur versammeln, weniger um das unförmige Hindernis fortzuschaffen, als es und den Schuldigen mit hämischen Redensarten zu überschütten. Dann wird ihm der Ausdrucksreichtum des Plattdeutschen unbequem.

Aber danach ist wieder Ruhe, wie eine blaue Henne kauert der Mittag auf dem Land, auf dem verstreuten grünen Gelege der Rundgehölze, das doch vergebens bebrütet wird; die Horizonte weiten sich und drohen zu zerspringen. Wenn der Wind vor den Kopfweiden steht, die dem Weg das Geleit geben, gleichen sie, da sich die silberne Unterseite ihrer Blätter ihm zukehrt, großen blinden Spiegeln, von denen er sich aber bald enttäuscht abwendet, da er darin vergebens nach seinem Abbild sucht. Staub legt sich träge auf den längst ausgetrockneten Graben, in dem sich das Unkraut drängt; Brennesseln, Hundskamille, Wegerich werden von spärlichen Grasnarben mühsam in Schach gehalten; Klettenstauden findet man dort, deren wohlgezielte Blütenköpfe oft herhalten müssen, Jugend miteinander bekannt zu machen.

Nach Westen zu verlieren sich die Landwege in ein holsteinisches Gepräge, die Knicklandschaft hebt an, gedämpft zwar, mit Schlehdornhecken an den Wegen, mit den anmutigen Takten kleiner Laubwälder; die holsteinische Seenplatte entläßt ihre verkümmerte Nachkommenschaft ins Mecklenburgische. Und die Menschen, denen man hier auf den Wegen begegnet, sind wortkarge Untertanen der Feldarbeit, die Julisonne schließt den Mund; sie sprechen kaum und singen nicht; das Non-cantat, vom Sprichwort eigentlich einem anderen norddeutschen Volksstamm vorbehalten, steht mit eckigen Mündern auch in diesen Gesichtern geschrieben. Sie lieben ihre Landwege, die, wie kaum etwas, die Abgeschiedenheit dieser Gegenden bekräftigen, durch deren Einsamkeit und Stille sie sich verstanden fühlen.

Aber mein Thema, der Feldweg in Mecklenburg, läßt auch eine Variation in Moll zu. Am Rande der Lewitz, des reizvollen Moorgebietes, das sich schon aus weiter Entfernung durch Kanäle und Straßen kennzeichnende Birken- und Pappelreihen bemerkbar macht, liegen durch ausgedehnte Kiefernbestände voneinander getrennte kleine

Wald- und Heidedörfer. Es ist ein Landstrich, der die Herbheit norddeutscher Heidelandschaft ins Mecklenburgisch-Idyllische übersetzt. Hier werden die Landwege von den Dörfern wie lange schwarze Schleppen getragen; der Boden gibt wenig her; genügsame Kartoffelsorten sind verbreitet. Ich erinnere mich da besonders an einen Weg, vor allem dadurch, daß ich ihn an einem Abend kurz nach Weihnachten zu gehen genötigt war.

Es mochte gegen acht gewesen sein, als wir – mein Vater und ich – in die Nacht hinausgingen, eine Nacht, die uns seit dem frühen Nachmittag schon hinter den Gegenständen in der kleinen Bauernstube auflauerte. Der Arm des Ziehbrunnens ragte weit in den Frost hinein, als wir vor das Haus traten; das Schaf im Stall zerrte an seiner Kette. Dem Gehöft gegenüber stand eine Kieferngruppe, kein Wald mehr, hochstämmiges Mondlicht fand reichlich Platz zwischen den Bäumen. Dieses Nebeneinander von Schwarz und Weiß gab der Baumgruppe das Aussehen eines Fächers, der – die Wipfel bewegten sich leicht – entfaltet sein mochte, die Sterne, die scharenweise heraufzogen, zu verscheuchen. Wenn ich nach oben blickte, glaubte ich, einen Schneefall über einer entrückten Welt zu beobachten. Aber der Weg ließ kein längeres Betrachten des Himmels zu: gefrorene Wagengleise machten den Schritt unsicher, es waren ihrer auf dem sehr breiten Wege so viele, daß es oft schien, als betrachte man einen Verschiebebahnhof aus der Vogelschau.

Zur Linken wurde dem Auge Weitläufigkeit gewährt: tiefschwarze Ebene, walddurchsetzt; das Mondlicht fand Halt an überall verstreut blühenden Schneeresten. Zur Rechten verlor sich das Dorf: kleine Anwesen mit zurückgezogenem Strohhaus und vernachlässigten, eingesunkenen Zäunen. Als Empfehlung für alte, womöglich bessere Zeiten taugten die niedrigen Bauernhäuser nicht; das Strohdach lastete wie die ausgemergelte drückende Hand der Armut auf dem winterlichen Alltag der Bewohner. Wahrzeichen der Demut waren diese Gehöfte, der Demut vor der Weite des Landes, vor dem Wind, vor dem Sternengewitter, das sich über das ganze Firmament entlud. Jetzt zur Nachtzeit sah man niemanden, aus den Fenstern drang kein Licht.

Ringsum war es still. Dem emsigen Knistern unserer Schritte antwortete höchstens an Zweigen raschelndes totes Laub. Birken im Rauhreif hielten den Weg leidlich zusammen; immer dann tauchten sie auf, wenn die Wagengleise wie störrische Herdentiere ins Ungefähre ausbrachen. Allmählich ließ das Mondlicht Einzelheiten in der Ferne zu, die man wolkenlosen Tagen vorbehalten glaubte: den langgestreckten Wald, der dem Horizont anhing, den Schattenriß des Dorfes zwei Kilometer voraus, der mir vorkam wie das Heck eines Schiffes, das uns den Weg, ein breites Kielwasser, hinterlassen hatte, denn die Stille, deren letzte Widersacher unsere Schritte waren, nahm schließlich den ganzen Weg ein, unsere Schritte verstummten, und wir gingen dahin wie auf einem durch ein Wunder gangbaren Meere.
Dies alles hat sich mir in einer Lebendigkeit erhalten, deren Ursache mich oft beschäftigt hat. Ich kam dann immer wieder dahin, daß diese ungestüme Plastizität des Erinnerns wohl herrühren mochte von der Eindringlichkeit, mit der sich besonders die Land- und Feldwege Mecklenburgs schon beim ersten Anblick dem darbieten, der dieses Land als Heimat verstehen und lieben gelernt hat.

Ein Staubstrich Lewitz

Die erste Bekanntschaft mit der Lewitz, dem Wiesen- und Moorgebiet im Südwesten Mecklenburgs, machte ich mit elf Jahren. Ich hatte gerade ein Fahrrad bekommen, das mich zu allerlei Streifzügen in die nähere Umgebung anstiftete. Unsere Stadt lag in festlicher mecklenburgischer Landschaft, nur vom Westen her drängte sich eine schwarze Ödnis heran wie eine Wetterwand. eine eintönige Chaussee führte nach dürftigen Flächen in ein struppiges Nadelgehölz, ein Gefangenenfriedhof aus dem Ersten Weltkrieg lag auch da draußen; ein Füllhorn der Melancholie war dieser Westen, und zu Spaziergängen gab es dort wenig Anreiz.
Diese schäbige Gegend, sagte ich mir, konnte nur in Langeweile ausarten, aber meine erste größere Ausfahrt ging dann doch in diese Rich-

tung. Mit dem immer wieder einfallenden Nadelwald, den ersten Dörfern, hielt ich mich nicht lange auf; ein Fuchs lief über die Landstraße wie verfrühtes Abendrot und setzte meine Fahrlust in Brand. Selten machte sich ein vorüberknarrendes Bauernfuhrwerk über die Einsamkeit her; die Telegrafendrähte summten, als siede das Gelände unentwegt, ohne jemals überwallen zu können. Die Elde, ein kleiner, wendiger Fluß, umspielte die Landstraße zuweilen wie ein weißes Wiesel, mitunter brach ihr Wasserspiegel herein, als hätten alle Birken ringsum ihren Schimmer darin abgeworfen.

Zusehends nahm die Landstraße ab, holte mühsam Atem mit weit aufgerissenen Schlaglöchern, erreichte kaum das letzte Dorf und hörte an einer kleinen, untersetzten Feldsteinkirche ganz auf. Eine Hühnerschar pickte den Rest fort, und Gänse zischten so beängstigend, daß ich unwillkürlich nach der Luft in meinen Reifen fühlte. Die hatte ich allerdings nur noch nötig für wenige Kilometer über das Dorf hinaus und für die Heimfahrt, denn draußen wies mich die Auskunft eines Bauern, wie man denn nun weiterkomme, direkt in den Sand. Wie eine dürre Hand lag das, was jener einen Weg genannt hatte, vor mir und drückte mir die Fahrt ab. Vielleicht war es dieselbe vertrocknete Hand aus der Kirche hier, die, von fadenscheinigen Legenden umhüllt, an der Rückwand des Altars befestigt sein sollte, und die nun nach mir langte, weil ich ihr Bewunderung und Erschauern vorenthalten hatte und achtlos an ihr vorbeigefahren war.

Jedenfalls verlief meine erste Fahrt in die Lewitz buchstäblich im Sande; dabei entspann sie sich unmittelbar vor meinen Augen, ich konnte ihre unermeßlichen Wiesenräume überblicken und sah die endlosen Pappelreihen, die zielstrebigen Fährten der Stille. Weiteres Vordringen wäre allenfalls zu Fuß möglich gewesen, und weil sich der Tag schon anschickte, hier und da Schatten auszusetzen, wandte ich mich geschlagen zurück, vom Fahrtziel mitten ins Gesicht geschlagen, zurückgewiesen mit einem unverbindlichen Weg, der sich mir wie ein Aal entwand. Wie ein Lasso lag er da; hier: nimm es auf, fang dir die Weite ein! Meine Rückfahrt beschleunigte der Vorsatz, mich ein zweites Mal nicht so schmählich heimschicken zu lassen: auch diese Landschaft mußte sich einem zu Füßen legen, mußte sich fällen lassen von beharrlichen Schritten, konnte der Schneide des Fahrrades nicht widerstehen, war sie doch kein Gaukelspiel, kein Luftgebilde, keine große Gebärde des Windes. Künftig wollte ich versuchen, ihr aus einer anderen Richtung beizukommen. Bis zu dieser zweiten Begegnung sollten dann allerdings noch Jahre vergehen.

II

Den ganzen Vormittag über hatte es geregnet; langbeinig stolzierte ein Landregen im Garten, oder ein kräftiger Schauer hielt ihn in blinkenden Krallen. Zahllose Tropfen rannen über die Fensterscheiben wie Kugeln eines Geduldspiels, und ich wartete und überlegte, ob die Ausfahrt, derentwegen ein Freund zu mir gekommen war, noch hielt, was ich ihm und mir davon versprochen hatte. Mittlerweile hatte sie der Regen – wenn er jetzt nachließ – auf einen knappen Nachmittag zusammengedrängt, und ich fürchtete, die Weiten, zu denen ich den Freund ausersehen hatte, könnten wie beiläufiges Wetterleuchten seine Erinnerung durchfliehen, nicht unbändig darin auflodern und die Gedanken wie Schatten umhertreiben, wie ich es mir wünschte für seine Heimreise in die ferne Großstadt. Wir warteten und der Regen wechselte Sekunde um Sekunde in Tropfenmünzen um – eine harte, für uns jedoch unbrauchbare Währung, die er in Pfützen, seinen Sparbüchsen, verschwinden ließ.
Endlich trennte sich der Himmel von der Nässe. Er sann wohl noch auf Regen, denn dunkle Falten huschten über seine fliehende Stirn, aber Wind kam auf, hob die Wolkendecke an wie ein Flugzeug und ließ sie auf plötzlicher Bläue zergehen. Nun waren wir doch noch auf unsere Fahrräder gekommen, die gleißende Chaussee wurde zum Sonnenstrahl, an dem wir emporstiegen in einen Traum vom Grenzenlosen. Über uns verläßliches Blau, nur auf die Naben unserer Räder prasselte der metallene Speichenregen ein; wir hatten ihn unter uns wie Bergsteiger, die sich eines in tieferen Zonen niedergehenden Schauers freuen. Rasch verbrauchte sich das kaum merkliche Hügelgewoge – Laubwald, Feld und Wiese in gefälligem Wechsel, in sich

balgender Kindlichkeit –, lockeres, lichtes Rokoko mecklenburgischer Landschaft, zugunsten großer Linien: Horizonte strichen unter dem Himmel hin, endlos, unerreichbar. Wiesen, vorhin noch zahme, dem Auge sich fügende Weggenossen, zerrissen mit dem Nachdruck weniger Kilometer ihre Fesseln, die Koppelzäune, und bemächtigten sich mit einem Feldgeschrei von Grillen und Heuschrecken der Ebene, griffen um sich wie eine Krankheit zum Endlosen, die auch uns heftig zusetzte.

Solche Landschaften zeigen mit Fingern auf das Ich. Ausflüchte, wie Tal und Hügel, sind uns vergangen, kein Gegenüber mehr, kein Baum bietet einem die knochige Ästehand, die letzten Sträucher versagen uns die Gefolgschaft und rücken zum Waldrand aus, wenn das Selbst durchs Auge verströmt, ausblutet, als Sperlingsflucht im nicht endenwollenden Himmel versickert. Hier hat die Erde den Winden, den Richtersprüchen des Absoluten, nur Gras entgegenzusetzen; sie ergibt sich in grüner Demut. Wortlos wichen wir vor dem Anblick der Weite zurück, diesem Anprall des Unwägbaren; das Wiesengelände reicht bis an die Sonne, die hier wieder zum Auge des Ewigen wird mit den Wimpern der langen Gräben. Im Fahrradgeräusch verebbte unser Fernweh, die Chaussee war wieder da mit behäbigen Bäumen; die Allee hielt den Himmel an zur Bescheidenheit, und dann und wann zog die Erde große Kiefernwälder wie ein Schultertuch fröstelnd zusammen.

Als wir losfuhren, sahen wir lehmige Wege, in die sich der Regen eingezeichnet hatte wie Maserung in edle Hölzer; jetzt rieselten Sandpfade rechts und links in die Felder, die Feuchtigkeit war fast aus ihnen gewichen: dahinsiechende Wege, die ihre Seele aushauchten. Wir hatten die »griese« Gegend gestreift; gri(e)s bedeutet im Plattdeutschen grau, und Name und Charakter dieses entlegenen Landstrichs fordern ein Wortspiel heraus: der Sand erinnert an grauen Grieß, und manche Bewohner vergreisen durch Inzucht zu früh. Der Sand läßt nur Kiefernwald, Kiefernheide, karge Anwesen und Äcker zu. Allenorts mischt sich die Kiefer ein: Kieferngruppen an den Dorfstraßen, zwanglos wie Reisende auf dem Bahnsteig, die strohgedeckten Gehöfte sind ihr großes Gepäck. Wir fuhren ohne Verzug und erreichten bald die eigentliche Lewitz. Die Elde, der geschmeidige Fluß, eine silberne Fußfessel für die Stille im südlichen Mecklenburg, blitzte auf; die Bohlenbrücke gewitterte dumpf unter uns hin. Das war das Zeichen zur Kieferndämmerung, fortan bestimmten sie unsere Fahrt nicht mehr, setzten sich ab, begnügten sich mit Tribünenplätzen am Himmelsrand.

Ein Wiesenschauer überlief die Ebene, wieder weitschweifiges Land, aber hier ging der Blick nicht ins Leere, Pappelreihen waren als Dämme gegen das Wesenlose gesetzt, hielten das Nichts in Schach. Wie ein Großfeuer breitete sich das durchsichtige Grün überall hin aus, züngelte als Pappelflamme hoch, und die zurückgebliebenen Wälder lagerten wie träger Qualm am Horizont. Und jetzt fiel mir das Bild wieder ein, das mir die Lewitz vor Jahren geboten hatte, als mein Fahrrad, trunken vor Sand, torkelte und hinschlug und nicht in das unwirklich scheinende Land zu bringen war, das ich als Bild nur hingehalten bekam, ein Bild, das die Jahre unversehens zerschlugen: hier war es wieder, nur in der Perspektive ein wenig verändert: als Höhepunkt in der Ferne (näher freilich als von jenem Sandweg) eine gekrümmte Holzbrücke. Sie überdauerte gelassen die zögernd dahinkreiselnden Fluten eines breiten Kanals, eine Narzißbrücke, die sich hingegeben über ihr Spiegelbild beugte. Aber auch heute blieb die Brücke unerreichbar wie ein Regenbogen; war es damals der Sand, der zur Umkehr zwang, so waren es diesmal die Kanäle. Da wir mitten in die Lewitz eindringen wollten, mußten wir einen der vielen Wiesenwege einschlagen, mit dem die Fahrräder leidlich zurechtkamen. Aber da schillerten sie plötzlich von allen Seiten: Kanäle wie träge blinzelnde Vipern, in hohen Gräsern verborgen, weggewischt war der Weg von Wasserspiegeln, so daß auch hier nichts auszurichten war, als innezuhalten, sich um die ferne Brücke, den Gipfel im weiten Rund, nicht zu grämen und wieder abzuziehen.

Innezuhalten und nichts zu tun, als den Augenblick einzuatmen, gaben uns freilich nicht nur die Kanäle und ihre glitzernde Umklammerung ein, auch das Rauschen der Pappelreihe hielt uns hier, deren

Kammlinie eine gezackte Küste war, an die das Unendliche brandete. Ich dachte daran, daß die Lewitz in grauer Vorzeit ein riesiger See gewesen sein soll; das Schilf rauschte über mich hin wie ein Schlaf, das kühlende Rauschen schwamm wohlig um meine Haut, die plätschernde Weite schlug über mir zusammen, ein Binsenstrudel sog mich auf. Die Geister der längst verblichenen Wogen stiegen hoch, immer höher, mit dem Glucksen der Lerchentöne schwappten die Wasser am Himmel, an Sandbänken aus Wolken. Wie Weckergeklirr rissen mich aus diesem Versunkensein zwei auﬄatternde Sumpfvögel, ihre Schatten glitten wie Uhrzeiger über uns hin; wie Sicheln leuchteten unsere Fahrräder auf und mähten Weite, Wald, Äcker und Alleen in einer betäubenden Heimfahrt.
Brachten wir auch von diesem Streifzug die Lewitz nicht heim wie eine Trophäe, so war er doch mehr gewesen als ihr bloßer Anblick, ihr Aufblick, ihr abgründiges Zuzwinkern aus zusammengekniffenen Kanälen. Meine Berührung mit ihr war nicht inniger als das Anstoßen eines Schmetterlings an ein Blatt, aber wie darauf Staub von den Flügeln zurückbleibt, glänzt auch ein Staubstrich Lewitz immer wieder in meiner Erinnerung auf.

Mühlenstraße 40

Das Pfarrhaus war eines von den vielen niedrigen Fachwerkhäusern einer Straße am Stadtrand, die mit dem Abstand ausgedehnter Kleinstadtgärten, an deren Ende die Stadtmauer zerfiel, entlang eines Flusses verlief; es hob sich von den anderen Häusern allenfalls durch seine breite Front ab. Unsere Nachbarn waren Handwerker, Ackerbürger, Gastwirte und Viehhändler; feinere Leute wohnten hier nicht. Die Straße war erfüllt von Wahrnehmungen des Nahe- und Nächstliegenden: von den Hinterhöfen stieg, sich geruhsam verbreitend, der Dampf der Misthaufen auf; oder wenn ich, des Pfarrgartens überdrüssig, vor das Haus lief, sah ich kaum andere als die vertrauten Vorgänge: da rollte der Stellmacher ein großes Rad vom Bauernwagen über die

Straße zum Schmied, und die Bewegung der Speichen machte den Eindruck unklarer Vergrößerungen, als glitte eine Lupe suchend über die Hauswände der anderen Straßenseite. In frühen Kindheitsjahren gab es dort auch noch eine Kuhherde, an die ich mich aber nur noch wie an einen buntscheckigen Nebel erinnere, der jeden Abend in die Straße einfiel und sich, hier und da in den dunklen Hauseinfahrten der Viehhalter verharrend, allmählich auflöste.

Aus der gleichen Zeit bekam ich auch noch eine Veranschaulichung des Wortes Feierabend mit: da saßen die Leute von April bis August abends auf Stühlen vor der Haustür und schwatzten bis zum Dunkelwerden. Da wurde die Weltlage beredet, wenn auch nur in bestimmter Richtung, denn als ich zur Schule kam, war das Jahr 1935; da hielt man sich schon mit Äußerungen zurück. Und das weiß ich auch noch: unser Pfarrhaus grenzte sich dann deutlich gegen das damals Zeitgemäße ab. Es konnte auch einem Kinde nicht entgehen, daß in der Schule andere Ansichten herrschten als zu Hause. Dort wurde mir die Umwelt, die ich als immer beflaggt in Erinnerung habe, als nicht recht geheuer geschildert; ich durfte jedenfalls niemandem sagen, was manchmal bei Tisch besprochen wurde. In mir vollzog sich sozusagen eine Trennung von Staat und Kirche, von Draußen und Drinnen. Ging ich zur Schule, schloß sich die Haustür hinter mir wie ein Schlagbaum an der Grenze; ich wechselte in ein Ausland hinüber. Unterwegs sank in mir das zu Hause Gehörte und als wichtiger Empfundene und blieb als Bodensatz, der nicht durch unbedachte Worte aufgerührt werden durfte. Die Stichelreden einiger »zeitgemäßer« Mitschüler überhörte ich, soweit einem Acht- bis Zehnjährigen das möglich ist; fiel jedoch auch noch der Lehrer ein, wurde mir das »Ausland« über seinen etymologischen Zusammenhang hinaus zum Elend. »Du sollst nicht Perlen vor die Säue werfen«, tröstete ich mich in Situationen, die mir eigentlich Bekennermut abverlangt hätten. Es kam nämlich noch hinzu, daß mir die Begabung fehlte, mit der Faust das weltanschauliche Gleichgewicht in der Schulklasse zu regulieren, was den Mitschülern, zu denen doch auch die Maxime paßte: »Wieviel Divisionen hat der Papst?« wahrscheinlich als einziges »geist-

liches« Argument Eindruck gemacht hätte. Dort mit dem zu Hause Gelernten zu antworten, hätte mich vollends entblößt, denn daß Spottlust Schwäche bedeutet, wußte ich damals noch nicht.
Da hat es der Vater leichter, dachte ich manchmal. Zwar exponierte er sich Sonntag für Sonntag auf der Kanzel, wagte sich mitunter weit vor gegen das Draußen, aber er blieb drinnen, war in den Kirchenmauern, die seltsamerweise noch einen gewissen Schutz boten, wie in einer mittelalterlichen Rüstung geborgen. Wer nicht mehr zuhören wollte, blieb eben fern oder nahm in der anderen Kirche die »Deutsche Frömmigkeit« an.
Mein Vater war nicht durch Familientradition in den Pfarrberuf hineingewachsen; er stammte aus einer Bauernfamilie, die in der »griesen«, der grauen, sandigen Gegend Mecklenburgs ansässig war. Er hatte Sinn für preußische Kargheit und Strenge und litt darunter, daß der Nationalsozialismus das Preußentum wie eine Krebserkrankung befallen hatte. Was die Partei betrieb, nannte er eine »Entdeutschung« und bekannte sich zu allen Gemeindegliedern, mochten sie nun Schneider, Schulze oder etwa Mandelzweig heißen. Heute gibt er sich damit nicht zufrieden und meint, daß mehr hätte getan werden müssen. Die Siegesmeldungen Anfang der vierziger Jahre ließen ihn kalt: »Wir gewinnen Europa und verlieren den Krieg«, habe ich ihn wiederholt sagen hören. Zu meinem Kummer liebte er so nüchterne Dinge wie Mathematik und Latein am meisten von meinen Schulfächern, weswegen wir uns oft zankten und erst über eine geistliche Unterhaltung wieder zusammenfanden. Andererseits ließ er es mit den Jahren beim Anblick meiner Zeugnisnote in Mathematik bei angehobenen Stirnfalten bewenden, die dann aussahen wie das geraffte untere Ende eines Vorhangs, hinter dem das Drama verborgen blieb. Daß ich mich im Konfirmandenunterricht so anhänglich zeigte, hing sicher nicht zuletzt mit der mich und meine Herkunft ablehnenden Umwelt zusammen: ich hatte erlebt, wie die »Zeitgemäßen« unter den Mitschülern und Jungvolkgenossen mit mir umsprangen, weil das von meinem Vater Verkündete letztlich aus Palästina herrührte, und da die Christenlehre für mich die einzige Alternative zu dem damaligen Zeitgeist war,

der mir so unfreundlich begegnete, bedurfte es keiner besonderen Entscheidung, um mich zu orientieren. Wenn mir 1945 keine, wie man später so schön sagte, »Ideale zerbrachen«, so verdanke ich das hauptsächlich denen, die mir ihre Methoden nicht als sonderlich ideal vorgeführt hatten. Ob mir das Pfarrhaus in einer ihm wohlgesinnten Umwelt genauso wohnlich vorgekommen wäre, vermag ich nicht zu sagen.

Für Wohnlichkeit des Pfarrhauses im eigentlichen Wortsinn hatte freilich die Mutter gesorgt. Sie war in den Tropen aufgewachsen, auf den Samoainseln, und ihren Berichten konnte man nur mit Fernweh auf der Spur bleiben. Suez und Panama, Ceylon und Sydney waren für mich nicht nur geographische Gegebenheiten oder Abenteuerlektüre, sondern lebendige mündliche Überlieferung. Apia in der Südsee klang für mich anheimelnder als etwa Mannheim oder Nürnberg. Erst als ich 1966 selber durch den Panamakanal fuhr, füllte sich meine Welterfahrenheit gegenüber der meiner Mutter ein wenig auf wie ein Wasserstand in der Schleusenkammer. Der mecklenburgische Winter setzte meiner Mutter arg zu; sie liebte die Nähe des Kachelofens, und wenn ich heute im Wetterbericht etwas vom »Zustrom von Kaltluft polaren Ursprungs« höre, sehe ich die Zimmertür zu unserem langen, klammen und winterdunklen Hausflur weit offen stehen. Wer erlebt hatte, daß die Wärme das ganze Jahr hindurch über alle Himmelsränder hinausreichen kann, mußte in ihrer begrenzten Ausstrahlung, wie sie der Kachelofen bot, schon ein Sinnbild für die Enge des Horizonts der neuen mecklenburgischen Kleinstadtheimat sehen, wobei ich nicht an den landschaftlichen Horizont denke, der nun wirklich weit genug war. Das Rauschen des Windes in unserem zweihundert Jahre alten Nußbaum muß ein dürftiger Ersatz gewesen sein für das jahrelang gewohnte Rauschen des Pazifiks; dabei konnte der Sturm über den Ebenen an der Ostsee schon gewaltig tosen, die Nußbaumkrone wie Meeresgischt aufwühlen und in eine Brandung aus aufgerollter Dachpappe, wie sie bei uns auf Wohnhäusern häufig war, ausarten. Der Vater liebte die Strohhäuser und Sandwege, die Eintönigkeit von Kiefernwäldern; eine Weite, die doch immer Nähe bleibt, und für den

Alterssitz zog es ihn in ein schwermütiges Heidegebiet, wo meine Eltern heute wohnen. Die Mutter dagegen konnte ihre langjährige Umgebung, die schon einen Zirkelschlag um den Erdball bedeutete, nicht einfach aus ihren Vorstellungen tilgen, und das gab Ergänzung und Widersprüchlichkeit in der Gemeinschaft, und mir erschien es als eine, wenn auch ganz äußerliche Synthese dieses Gegensätzlichen, als ich im Norden Japans, den Reiserouten meiner Mutter nun also dichtauf folgend, vor dunklen Nadelgehölzen strohgedeckte Bauernhäuser vorfand, die den niedersächsischen überraschend ähnelten. Hier erkannten sich in mir Heimatliches und Weltweites als Brüder, und daß es erst hier dazu kam, war eigentlich verwunderlich auf einem Planeten, an dessen Nord- wie Südende der gleiche Schnee anzutreffen ist. Daß sich die landschaftliche Vorliebe meines Vaters auch in mir bemerkbar macht, dürfte z. B. durch diese Zeilen aus meinen »Heide-Etüden« nachzuweisen sein:

Ich fahre langsam vorbei. Die Hunde knurren müde.
Ein Alter schleppt die Schwüle über den Hof.
Der Nachmittag dehnt seine Brust, den blauen Himmel.
Die Zeit ist im Ginster hängengeblieben;
der Feldweg ist eine Sanduhr, die nachgeht;
sogar der Regen spricht hier Dialekt.

Und die Erlebniswelt meiner Mutter wird mich immer wieder veranlaßt haben, Plätze aufzusuchen, an denen sich solche Aussagen einfangen ließen:

Dort geht ein Schiff mit leicht
brennbarem Fernweh übergossen
in Möwenflammen auf.
Lichterloh brennt der Abschied,
Wind schürt den Möwenflug.

Beide Erlebnismöglichkeiten griffen ineinander, wenn ich die »Auferstehung« eines erfrorenen Dornbusches, den ich im Frühjahr im Holsteinischen gesehen hatte, durch Hornissenflüge aus einem Baumstumpf, denen ich in einem Tempelgarten Nordjapans ausgewichen war, zu verdeutlichen versuchte, nachdem ich die Hornissen zu ihren hier wie dort häufigeren Verwandten verkleinert hatte:

Vorigen Winter erwürgte
reißender Frost seinen Bruder,
den Dornbusch. Dem dürren Stumpf
schlagen Wespenflüge
aus: erlöstes Gezweig.

In den Kriegsjahren wurde mein Vater wegen einer Handverletzung aus dem Ersten Weltkrieg nicht eingezogen und bekam daher zur eigenen noch etliche durch Militärdienstverpflichtung brachliegende Pfarrstellen auf Dörfern übertragen, und da ich einmal die Umgebung unserer Stadt auf Radfahrten liebgewonnen hatte, zum anderen unsere Meinungsverschiedenheiten über Mathematik durchaus auch in den Hintergrund treten konnten, begleitete ich meinen Vater oft zu den auswärtigen Gottesdiensten. Auf den je nach der Jahreszeit aufgeweichten, staubigen oder hartgefrorenen Landwegen lernte ich den rechten Gebrauch des Fahrrades, denn Benzinfahrzeuge waren im Kriege nicht übrig, schon gar nicht für solche Ziele. Die Hauptanziehungspunkte für mein Mitfahren waren immer leicht auszumachen am Horizont, die fremden Glockentürme nämlich, und wenn ich während der Gottesdienste dem Gemeindegesang der oftmals tatsächlich nur zwei oder drei Versammelten nicht aufhelfen mußte, suchte ich aus den Turmluken die Gegend nach Neuigkeiten oder die patinabewehrten Glocken, die mit Dohlenschmutz betropft waren wie Flaschen mit Kerzenwachs, nach Inschriften ab. Ehrwürdige Patina half übrigens manchmal wirklich gegen die Kriegsumschmelzung von Glocken, und meine Lateinkenntnisse waren beim Entziffern der Inschriften endlich zu anderem nütze als zu ihrer Selbstbestätigung durch die »Caesar«-Lektüre. Nun war es mit den Ansprüchen, die solche Inschriften an Lateinkenntnisse stellen, nicht weit her, weshalb ich mithalten konnte. Die Inschriften, die ja die Glocke meist umringten, hatten auch eine »dunkle«, durch hinderliches Gebälk unerreichbare Seite, und hier konnte die in trockenen Unterrichtsstunden abgetötete Sprache bei der nicht immer zu erratenden Fortführung der Inschrift wie ein vermeintlich dürres Holz wieder ergrünen, was übrigend auch zu der grünspanigen Buchstabenfolge auf Glocken paßt.

Die mecklenburgische Landschaft ist abwechslungsreich, und dies prägte sich mir auf solchen Sonntagsfahrten unauslöschlich ein. Da gab es inmitten von Wäldern kleine runde Seen mit den von spärlichem Schilf verschleierten Ufern, mit Booten, die – Abkömmlinge des Waldes – mit der Mitte des Sees offenbar wenig im Sinn hatten und sich, fast immer an Stegen oder am Strand vertäut, im seltenen Wellenschlag wiegten wie Zweige im Wind. Im Frühsommer machten blühende schmale Rapsfelder den Eindruck von gelben Zuflüssen eines Sees, die seine Farbe unterwandern könnten. Zu Pfingsten, wenn das helle Buchenlaub noch fleckigem Sonnenlicht ähnelte, füllten sich Strand und Wald mit Ausflüglern, und, zogen es Kinder und Jüngere vor, in die enganliegende Hülle des Wassers zu schlüpfen, so begaben sich andere in die weite und lockere Hülle des Waldes, und beides kam einer Verwandlung gleich, wenn auch nicht einer so gründlichen, wie sie Schmetterlingslarven in der Verpuppung durchmachen. Unvergeßlich sind mir die Landstraßen mit Kopfsteinpflaster und den Telegraphenleitungen, die mit ihrem Gesumm schon in der Ferne waren, in die sie führten. Oder die Waldwege im Winter, wenn der Wind knackend durch das Gewölbe aus kahlen Buchenwipfeln ging, durch das ganze Waldgehäuse, daß man meinen konnte, die über den Weg verlaufenden Baumwurzeln wären eben entstandene lange Risse. Meist ängstigte ich mich dann nur wenig, wenn mich auch das Geräusch, mit dem der Specht eine weithin hallende Mahlzeit hielt, an Zähneklappern erinnerte. Aber ich freute mich doch, wenn die ersten Gehöfte auftauchten, ein Dorf, in dem manches breite Dach stand – wie eine Strohmiete, würde ich heute sagen, als sollte sie bäuerliche Vergangenheit über diese für sie eisigen Zeitläufte hinweg bewahren. Freilich hatten die Ansiedlungen auch ihre Schattenseiten; das waren die fremden Hunde, die ich nicht mochte, und ich beruhigte mich erst, wenn das gefletschte Hundegebiß hinter einem geschlossenen Zaun schimmerte. Für das Anwesen bedeutete diese gefährliche Zahnreihe oft den wirksameren Zaun. Wieder entzückten mich die Gehöfte, die ihre Strohdächer den umliegenden Äckern als immerwährende Hocken vorzeigten, wohl um sie zur Fruchtbarkeit anzuregen, wie man es bei Hennen mit dem Nestei macht. Und dann breitete die Landschaft wieder ihre Einsamkeiten aus, und ich setzte mich zu einem kleinen Rinnsal, das sich ein wenig Geräusch von umstehenden Pappeln entlieh und das mit seinem bunten Gesteinsbett salamandergleich unter den Weg kroch und auf der anderen Seite mit kleinem Gefälle wieder hervorkam.

Auch solche Bilder waren in den Jahren Wirklichkeit, in denen anderswo die Trümmerfelder wuchsen, in denen einer heilen Welt von den Machthabern des Landes, die Dichter gern davon sprechen hörten, der Garaus bereitet wurde. War Rostock auch eine der ersten heftig bombardierten Städte, so kam doch der Krieg erst in seinen letzten Monaten auf Mecklenburg zurück. Zwei meiner Brüder waren schon eingezogen; bei mir blieb es bei kurzfristigen vormilitärischen Ausbildungen. Der Schulbetrieb stockte schon im Spätsommer 1944, und wir wurden mit allerlei kriegsbedingten Bau- und Schanzarbeiten beschäftigt, im darauffolgenden Winter dann auch mit der Betreuung von Flüchtlingen. In feindlicher Klarheit standen die Sterne in den Februarnächten, wenn uns Halbwüchsigen die Übermüdeten aus den schneeverkrusteten Flüchtlingszügen buchstäblich entgegenfielen, Brot bekamen oder in die Schulen, die Massenquartiere geworden waren, geleitet wurden. Unsere Kirche, in den Wintermonaten seit langem schon kaltgestellt, weil wegen Kohlenmangel der Gottesdienst im Gemeindesaal stattfinden mußte, stopften Soldaten mit Tuchballen voll und nahmen die Schlüssel mit. Sie war an gewöhnlichen Sonntagen in den Kriegsjahren der Gemeinde sowieso zu weit geworden, die sich unter der Kanzel wie ein Eiland mit ein paar Grasspitzen ausnahm, inmitten einer nur von der Orgel oder dem Widerhall der Stimme meines Vaters ausgefüllten Leere, und der Orgel lag wohl immer der Choral »Verzage nicht, du Häuflein klein« auf den Zungen, auch, wenn sie etwas anderes anstimmte. Der Turmraum, der dem Gottesdienst nach der Beschlagnahme der Kirche verblieb, brachte die Gemeinde wieder stärker zur Geltung, und das Ende alles dessen, was diese Gemeinde damals hatte klein werden lassen, rückte mit wuchtigen Schritten, mit Bombengedröhn und Geschützdonner, heran.

Morgenfrühen, in denen mein Schlaf, der traumlos eintönig wie Landregen verlaufen war und melodisch mit Vogelrufen vertropfte, in denen der Wind durchs offene Fenster kam und die Bettdecke wie an weit zurückliegenden Feiertagen noch leichter machte, wechselten mit Tagesanbrüchen, die die Hauswände erzittern ließen, als wären sie Laub. Am 3. Mai, nach einer Nacht, die Flüchtlingsströme auf den Straßen unter einem gastlichen Sommerhimmel verbracht hatten, der noch Wochen andauern sollte, standen die Russen vor dH Stille, nochmals zum armseligen Geklapper eines Fahrrades, mit dem ein Bote des Bürgermeisters dessen Bitte überbrachte, die weiße Fahne auf dem Kirchturm zu hissen. Die Kirche war somit als höchste Erhebung der Stadt, als Orientierungspunkt, wiederentdeckt. Wäre mein Vater allen Wünschen des Regimes so widerspruchslos nachgekommen wie diesem letzten, so wären ihm wohl Geldstrafen oder öffentliche Herabsetzungen erspart geblieben, die er von einer mit diesem Regime gekommenen und gegangenen Kirchenobrigkeit hatte hinnehmen müssen. Beim Untergang des Regimes fiel auch dessen Fahne in ihre Farben auseinander: mit der *weißen* Fahne im Arm, einem Bündel ausgefranster Bettlaken (man bewahrte damals alles auf), stiegen meine Eltern und ich auf den Kirchturm, die *rote* stand, Einlaß begehrend, draußen vor der Stadt, während ein jahrelang überzeugter, ein paar Häuser weiter wohnender Nachbar das *Schwarz* des Hakenkreuzes von seinem Rockaufschlag entfernte. »Ach, das Ding muß ja auch noch ab«, sagte er dabei in gemütlichem Plattdeutsch, und später wehte an der gewohnten Stelle neben seiner Haustür die gleiche Fahne, nur daß jetzt das weiße Feld in der Mitte getilgt war. War es verwunderlich, daß ich mich beim Besteigen des Kirchturms an den Steinen festhielt, die vor Jahrhunderten zum Lobe dessen hochgemauert worden waren, der, besonders damals, für die meisten Deutschen nur noch in der Zeitrechnung allgegenwärtig war? Die hatte immerhin neunzehnhundertfünfundvierzig Jahre überdauert, dachte ich bei mir, als ich der Fahne der Kapitulation eines armseligen Jahrzwölfts zusah, die sich wie ein Segel blähte und die, nachdem wir den Kirchturm wieder verlassen hatten, aussah, wie über einem davoneilenden Schiff ausgespannt, das Unbill und Widrigkeiten meiner sonst glücklichen Kindheit davontrug.

WALTER KEMPOWSKI

Rostock, nach siebenundzwanzig Jahren

Der Vopo-Mann an der Grenze fragte mich: »Haben Sie Bücher dabei?« Natürlich hatte ich. Wenn man nach Rostock fährt und ein Buch über Rostock geschrieben hat, dann nimmt man das doch mit. »Dieses Buch ist in der DDR nicht vorgesehen«, sagte er dann und nahm es mir fort, was mich nicht im mindesten berührte, denn ich war bester Laune. – Mit »Frohlocken« fuhr ich die Drahtzäune entlang, wie von Musik begleitet, singend, durch die knallgelben Rapsfelder mit den wohlbekannten mecklenburgischen Dorfkirchen: Dahinter lag ja die Heimat.

1975 nach Hause zu fahren, nach 27 Jahren, das heißt sich in einen diskreditierten Begriff begeben: »Heimat«. Allerhand Sprangerisches, allerhand Blut-und-Boden-Vokabeln gehen einem durch den Kopf. Aber man spürt zu seiner großen Verwunderung, daß diese Vokabeln gar nicht so aus der Luft gegriffen sind. Vielleicht ist durch Erziehung eine Heimat-Mater in uns angelegt, die sich so heftig nach Erfüllung sehnt, daß eben Blut-und-Boden-Gefühle aufkommen.

Aber nicht nur Spranger kam mir in den Sinn, auch Rilke: ». . . und reif wie eine Braut kommt jedem das Ding, das er will . . .« Der Entschluß, das Gelübde zu brechen und nun doch nach Rostock zu fahren, war spontan gekommen. Noch einen Tag vorher hätte ich gesagt: nie! Was sollte ich da drüben. »Im Starenkasten mir die Mäuse angucken?« – Der Wunsch nach »Heimat« kam wie eine Eruption.

»Rostock 8 km«, dieses Schild photographierte ich, und schon tauchten die ersten Hochhäuser auf, deren Silhouette ich nicht absuchte nach den Kirchtürmen, meinen Freunden. So wollte ich ihnen nicht begegnen.

Ich fuhr in die Stadt von der häßlichsten Seite ein, stellte das Auto ab – was gar nicht so einfach war (Parkplätze!) – und stand dann plötzlich vor der Marienkirche, diesem Mutterkoloß, und da war es aus mit dem Frohlocken des Sohnes, der sagt: Du hast mich verstoßen, aber ich habe es geschafft, auch ohne dich. Da hat es mich gewürgt, und ich flüchtete am ganzen Leib bebend in einen Hauseingang. »Sind Sie krank?« fragte mich eine alte Frau.

»Jetzt mußt du ganz stark sein«, ein solcher Romansatz ließ mich dann wieder ruhiger werden, aber ich wäre gern noch ein wenig bei meinem Schmerz geblieben und hätte wohl auch gut daran getan – den ganzen Krampf wär' ich losgeworden.

Dann betrat ich die Marienkirche. Der Küster sagte: »Aber machen Sie schnell, ich habe keine Zeit.« Zu spät fiel mir ein, daß ich mich hätte niederwerfen müssen und die Fliesen küssen. So haben es die Alten gemacht, und sie haben gewußt, was sie taten. – Ich ging einmal rundum, über die klappernden Heizungsplatten: diese verstaubte, grauweiße Mauerschlucht, klatschende Tauben hoch oben im Gewölbe, das Gestühl mit den aufschablonierten Nummern: Hier hatte der Vater gesessen und der Militärkapelle zugehört, die auf der Empore »Nun danket alle Gott« spielte, die Mutter daneben mit dem über die Nase gestrammten Hutnetz. Und zwischen ihnen der kleine Junge mit der Angst. – Nein, photographieren dürfe ich nicht, sagte der Küster, da brauchte ich ein Genehmigung aus Schwerin. »Sie müssen schon entschuldigen«, sagte er, »aber wir sind müde.«

Dann rollte ich wie eine Kugel durch die Straßen, ließ mich rollen (es war ein Glück für die DDR, daß die Sonne schien), am Gefängnis vorbei, in dem die Mutter damals gesessen hatte und am »Mecklenburger Hof«, wo uns der Vater in einer lauen Sommernacht Apfelsaft spendiert und so ganz anders gesprochen hatte als sonst, Lampions hatten unter den Linden gehangen. Heute ist das eine Kneipe mit Bretterzaun, an dem »Scheiße« steht.

Ob Menschenschlangen vor den Läden warten und seit wann die Häuser keine Farbe mehr gesehen haben, das interessierte mich nicht. Ich sah auf das Pflaster, auf dem wir Tippel-Tappel gespielt hatten oder

Hinke-Pinke, ich sah auch auf die Stelle, wo damals der Wagen der MWD stand: Seinen Frieden mit der Vergangenheit machen und sehen, daß man weiterkommt.

Irgendwann lief ich auch an unserer Wohnung vorbei: Der Sonne Licht des Apfels Kraft durch Kempgens Nordmark Apfelsaft! (wie der Spruch richtig heißt). Dieses Haus, an dem noch die Handabdrücke kleben, derselbe Torweg, in dem mir Hitlerjungen die Mähne abschnitten: Ich guckte gar nicht hin, mich interessierte das nicht. Das muß im Rücken bleiben, da ist kein Rätsel mehr zu lösen.

Dann stand ich vor dem Haus meines Großvaters, dem Erker, in dem er immer gesessen hatte, um zu sehen, wer da vorbeikommt: Die Leute von der Heilsarmee oder die SA: »Du büst ok so'n Morslock.«

Gleich neben der Villa meines Großvaters (Lieferanten den hinteren Eingang benutzen!) die Villa von Professor Woltersen, dem Wagner-Enthusiasten, in dessen Weinkeller ich von den Russen eingesperrt worden war, 18 Jahre alt, mit einem Idealismus im Leib, der nicht wußte, wohin. »Nennen Sie uns Spione und Agenten, und Sie können sofort nach Hause gehen.« Ich photographierte auch dieses Haus, und das Photo hängt jetzt in meinem Zimmer, aber es sagt mir nichts mehr. Der Schmerz ist abgestanden und der Triumph hat sich gelegt.

Am Konservatorium vorbei: ». . . ja *hörst* du das denn nicht?« (der Springbrunnen in der Mitte des Platzes immer noch abgestellt), zum Dicken Krahl, tatsächlich, das Schild noch an der Tür. »Wenn einer gerufen hätte: ›Der Weihnachtsmann ist da‹, das hätt' ich geglaubt«, sagt er, »aber du in Rostock . . .?« (Das sagte er auf Platt.) Dann saßen wir im Garten und redeten vom Hundertsten ins Tausendste, in aller Behaglichkeit, wie seine Eltern geredet hatten mit meinen Eltern, damals in den 30er Jahren, als man noch wer war in dieser Stadt. Gewisse Themen wurden nicht berührt: »Da Schwamm drüber . . .« in stummer Übereinkunft. Wichtig war, daß in seinem Zimmer noch immer der Kasten mit den Märklin-Autos stand, mit denen wir damals gespielt hatten, damals, in Klein Winzigerode, 1940 (siehe Tadellöser & Wolff). – Seine Tochter wird Lehrerin. »Die ist nun ins Gefängnis hineingeboren«, das fällt einem ein, aber sie sieht gar nicht so aus.

Ich wäre gern noch sitzen geblieben, beim Dicken Krahl, zwei, drei Stunden, aber sein Auto war schon gepackt: Camping an der Ostsee: »Was für'n Wagen hast *du*?« Da verdrückte man sich besser, nicht ohne vorher noch alles über den grünen Klee gelobt zu haben.
Ich schlief bei einem Bekannten, der mit seiner geschiedenen Frau in einer kleinen Wohnung zusammen lebt (+ drei Kinder), halblautes Geschimpfe hinter der geschlossenen Tür über den westdeutschen Besucher, der hier stört. Bevor man aufs Klo geht, erstmal an der Tür horchen, ob nicht gerade einer auf dem Flur ist.
Die Geschenke werden ohne Federlesens zerrupft, eines hierhin und eins dahin. Die Hohner-Mundharmonika kriegt die hübsche Tochter (in blauer FDJ-Bluse), sie verschwindet damit auf Nimmerwiedersehn. In A-Dur sollte es eine sein, unbedingt A-Dur.
Endlose Gespräche über uninteressante Dinge: der wundervolle Hafen, den man nicht besichtigen darf (nein, wie isser bloß schön!), die herrlichen Neubauviertel (ungeheuer gut dem Dinge). »Die werden wir uns dann morgen gleich angucken . . .« (den Deubel werd ich tun). Und die Schnellstraße nach Biestow, die ein ganzes Stadtviertel brutal zerschneidet (von einer westdeutschen Firma gebaut), »die werden wir dann auch besichtigen. . .« Wohl kaum, den Biestow war damals ein Dorf, in dem man Erdbeeren mit Schlagsahne aß, einen Sonntagnachmittags-Spaziergang weit entfernt.
Wir gehen noch nicht schlafen: ein langer Spaziergang durch einen Park: »Heimat deine Sterne«, der Park, in dem die Baracken mit den Ostarbeitern gestanden hatten, 1942, einen kaltgeschmiedeten Fingerring hatten sie gegen eine Tüte Kartoffeln eintauschen wollen. – Und dann saßen wir in dem Lokal, in dem früher Dienstmädchen tanzten: »Aber kommen Sie nicht zu spät nach Haus!« Hier wird uns im Jahre 1975 gutes Benehmen beigebracht:

> Tragen auch Sie durch Ihr Verhalten und Ihre Kleidung dazu bei, das Niveau und die gepflegte Atmosphäre dieser Gaststätte zu erhalten.

Ein Gast wird zurückgewiesen, ein Arbeiter: »Sie haben schon was getrunken.« – Eine halbe Stunde debattierten sie, ob man mit zwei Schnäpsen im Leib ein solches Lokal betreten darf. (Auch daß er morgen wieder auf Montage muß, hilft ihm hier nicht.) – Hansaplatte und rumänischer Rotwein. Eine Flasche Selter für die Nacht – das Rostokker Wasser ist noch immer so schlecht wie damals – darf ich nicht mitnehmen. Die höfliche und hübsche Kellnerin sagt: »Die leere Flasche fehlt dann morgen.«

Bis weit nach Mitternacht liefen wir noch durch die Straßen: »Hier siehst du dann morgen die neue Sowieso-Schule«, wird mir gesagt, und: »Die Polizisten sind hier eigentlich alle sehr nett, und die Soldaten sind gar nicht so zackig, wie man denken sollte.« Man sähe ab und zu sogar mal einen Betrunkenen, was bei Preußens doch ganz unmöglich gewesen wäre. – Auf dem harten Behelfsbett streckte ich mich aus und halte mich absichtlich wach, neide mir den Schlaf: schlafen kann man noch sein ganzes Leben.

Am nächsten Morgen hustet mein Gastgeber um Punkt halb acht Uhr, und er hustet noch einmal, um mir zu zeigen, daß er wirklich husten muß. Dann schwieriges Jonglieren mit dem Klo. Einmal wär ich beinahe mit der Frau zusammengestoßen, konnte gerade noch die Tür zuhaken. (Entdeckte dann, daß da kein Spiegel fürs Rasieren war, am nächsten Tag schleppte mir der Hausherr den Schlafzimmerspiegel hinterher.) Knallende Türen. Eine andere Wohnung ist nicht zu kriegen, und außerdem: »Wieso soll *ich* eigentlich ausziehen?«

Dann hab ich Mühe, ihn abzuschütteln, denn er will mich natürlich begleiten. Er kann nicht begreifen, daß ich mir alles alleine ansehen will, die Petrikirche und die Hafengassen, all das, was ich in der Erinnerung nicht wieder zusammengekriegt hatte, die Rätsel dieser Stadt, an denen ich schon solange herumgeknüsert habe. Ich will's, stehenbleiben dürfen, ohne zu erklären warum, ich will in fremde Häuser hineingehen und aus dem Flurfenster gucken, ich will »unmotiviert« lachen dürfen und will schweigen oder mit mir selbst sprechen: »Na so was! Hier stand doch früher mal . . .?«

»Aber morgen gehen wir zusammen in den Zoo«, sagt er, und ich hoffe, daß es dann regnet, damit ich nicht wieder alles loben muß, jede neu aufgestellte Bank oder die »weltbekannte Tigerzucht«. Im »Tiergarten«, wie wir damals sagten, würde ich mir allenfalls die wenigen Rudimente von damals betrachten wollen, den burgartigen Bärenzwinger zum Beispiel. Das obligate Sonntagsausflugsziel (in Russenzeiten lebensgefährlich). Die Wildschweine waren nach dem Gleichheitsgrundsatz gefüttert worden: erst du, dann du. »Junge, geh da nicht so dicht ran.«

»Die Herrschaft ist gegangen, und das Dienstpersonal ist geblieben«, so wird gesagt. »Sie gucken um die Ecke, ob sie nicht doch wieder zurückkommt, sie fürchten das und hoffen doch insgeheim darauf.« Die Westdeutschen, denen ich begegnete, sehen nicht gerade wie Herrschaft aus,unbeholfen wirken sie und still. Sie suchen – wie ich – ihre Vergangenheit und leiden darunter, daß ihnen dauernd die Zukunft dieses Staates in die Ohren geschrien wird. Mit Kind und Kegel laufen sie vor mir her, nicht wie Mallorcaleute, sondern stiller, gutgemachter. Wie ein Tourist wirkt eher der aufgeregte Rostocker Schwager, der ihnen erklärt, daß da drüben demnächst ein öffentlicher Fernsprecher aufgestellt werden wird, und ihnen beschreibt, was hier in dieser menschenleeren Straße für ein Betrieb ist bei der Ostseewoche. (»BRD« sagt er, um sich für »DDR« zu rächen, eine Abkürzung, die sie da drüben doch selbst in die Welt gesetzt haben.)

Erholung bei Kaffee und Torte, die mir umgekippt und auseinandergefallen serviert wird (»Das muß der Kunde so in Kauf nehmen«), im schönen Café Herbst. Bei den Nazis durften wir hier nicht sitzen, weil wir noch keine 16 waren. Über der Theke ein Mosaik der Stadt mit Kränen und Silos. Merkwürdigerweise fehlen die Kirchtürme.

Ich zähle mein Geld: Ein Herr mit SED-Abzeichen fragt: »Na, reicht's?« Eis mit Früchten will er nicht, er fragt, was die Früchte in dem Eis sollen, sonderbare Dekadenz, Früchte im Eis . . . Ob ich als Lehrer in der »BRD« nicht aus dem Amt flöge, wenn ich hier mit ihm spräche, will er wissen. Ich müßte doch bestimmt Bericht erstatten, drüben, in der »BRD«. Dann streiten wir über den Marktplatz, wegen der zu Aufmarschzwecken in die Luft gesprengten Giebelhäuser. Ich sage, daß sie in Rostock genauso brutal mit alten Gebäuden umgehen wie in mancher westdeutschen Stadt. »Ja«, sagt er, »wir haben viele Fehler gemacht.« Und das schönste – der Marktplatz sei für Aufmarschzwecke

auch jetzt noch völlig unbrauchbar. – Dann klagt er über die Jugend, die Bänke umschmeißt, kaum daß sie aufgestellt sind, und Telephonbücher zerreißt: »Wo wir doch für alles sorgen und ihnen bei jeder Schwierigkeit zur Seite stehen.«
Über den verhunzten Markt in die Altstadt, durch gleichmäßig mit gelbgrauem Staub eingepuderte Halbruinen. Hier haben die wilhelminischen Bürger trotz ihrer humanistischen Bildung mehr gesündigt als die Leute von der DDR. Während sie damals für den Kölner Dom sammelten, haben sie ihrer Stadt die Seele ausgerissen. Schade, daß der neue Staat sein vielzitiertes kulturelles Erbe so verschleudert und daß er auf das wenige, was noch übriggeblieben ist, geradezu Jagd macht. Wie kann man im 20. Jahrhundert noch Stadttore in die Luft sprengen und Stadtmauern niederlegen, das fragt man sich. Ob sich wohl Jugendliche gefunden haben, die dagegen demonstrierten? Gerade die Stadtmauer war es doch, die ihnen im »vaterländischen Sinne« wichtig war.
Davon zeugt das Kröpeliner Tor, so großartig restauriert und vorbildlich als Museum eingerichtet. Unten die alte Stadtgeschichte, in der Mitte Bürgerliches (wo ich viel photographierte) und oben Schautafeln vom Aufbau. Vielleicht ist noch ein Raum vorhanden, in dem eines Tages ein Modell von Bautzen aufgestellt wird. (Das zu verdauen kann ihnen niemand abnehmen.)
Ich gehe über den Wall, das Revier der mir zulächelnden Kindermütter. Das Kloster der Brüder zum Gemeinsamen Leben, von einer freichristlichen Gemeinde nach Feierabend instand gesetzt. Die Tür ist offen, ein langer Tisch ist gedeckt, ich darf mich setzen. Die Pfarrfrau streichelt mir die Hand, als ob *ich* derjenige wäre, den man hier bedauern muß. Ich spende dann, ganz im alten Stil, einen größeren Geldschein, sozusagen: »Beten Sie für mich.«
Dann bin ich noch zwei Tage herumgerannt in Rostock, immer mit »Frohlocken«, aber eigentlich schon zur Umkehr bereit, ihr Gemurkse mit unserm vergleichend: Unseres macht mehr Spaß. Gern hätte ich ein Souvenir mitgenommen, ein Bierglas mit »Rostock« drauf oder einen Rettungsring mit Heimat. Leider nichts zu machen. Kein Modell

der Marienkirche mit Spielwerk, das ich mir zu Hause in die Vitrine hätte stellen können, keine Flaschenschiffe mit Mönchentor. Einen tanzenden Russen aus Plastik allerdings, den hab' ich mir gekauft, er grinst und hat auch Grund dazu.

Als ich abfahre, ruft mir mein Gastgeber nach: »War doch schön hier – in der alten Heimat?« (Wenn ich was Gutes über die Bundesrepublik sagte, wurde er traurig, wenn ich ihm Schlechtes berichtete, ärgerlich.)

In Westdeutschland wurde man dann tatsächlich gefragt, ob man beschattet worden sei. Nein. Ich wurde nicht beschattet. Das Desinteresse an mir war fast beleidigend.

Ulrich Schacht

Wismar, die Tochter Lübecks

I

Wie spricht man von einer Stadt, von der hierzulande kaum einer spricht, weil sie kaum einer kennt oder auch nur im Bewußtsein hat? Wie spricht man von einer Stadt, die, je westlicher man fährt, um so östlicher vermutet wird, und die dennoch nach wie vor mitten in Deutschland liegt? Wie spricht man von einer Stadt, die man liebt, weil man mehr als nur in ihr gewohnt, weil man in ihr gelebt hat? Fragen, die eine Not signalisieren. Aber nicht nur die natürliche beim Beginn des Schreibens über eine Stadt, sondern vor allem die unnatürliche, die sich dann einstellt, wenn es keinen Weg gibt, sich eben dieser Stadt auch physisch zu nähern: Seit über zehn Jahren ist Wismar ein unerreichbarer Ort für mich. Ich habe Hongkong, Peking und Jerusalem gesehen und ich könnte wohl jederzeit Spitzbergen, Japan oder Feuerland besuchen. Wismar jedoch, die nahe Tochter Lübecks, wie sie genannt wurde, und meine erste große Liebe, wenn's denn pathetisch sein darf – diese Stadt weiß in der Tat keinen Weg, den sie mir heimlich und offen nennen könnte, um zu ihr zu gelangen. Dabei liegt zwischen ihr und Hamburg, meinem heutigen Wohnort, lediglich jener berühmt-berüchtigte »Katzensprung«, der doch so oft nur ein Synonym für Unüberwindlichkeit ist – jedenfalls immer dann, wenn die Politik der Geographie glanz- und grenzvoll, also bewußt bis zum Exzeß in den Weg tritt.

Und so ist die Stadt mir zur Stunde nur Traum: ein endloses Leporello aus Bildern im Kopf. Erinnerungen, von denen ich hoffe, daß sie es nicht bleiben. Bleibende Vergangenheit, die Zukünftiges anzeigt: Was hinter uns liegt, wenn es prägend war, liegt immer noch vor uns! Hoffnungs-Bilder also. Weiterzugeben an jene, denen das Verreisen von Deutschland nach Deutschland nicht nur eine Möglichkeit ist, sondern auch ein Muß!

II

Wer sich Wismar nähert, aus welcher Richtung des Himmels auch immer, erblickt zuerst und vor allem: Kirchen – Bauwerke, denen nicht einmal schwerste Zerstörungen die Mächtigkeit nehmen konnten, die sie seit Jahrhunderten verkörpern.

Vor fast sechzig Jahren hat Ricarda Huch den magischen Zauber dieser Stadt-Ansicht in unnachahmliche Worte gebracht: »Es wird Abend, und das Boot nähert sich der Küste. Graue Wolken haben sich gesammelt und die Inseln hinter mir verschlungen, in der Nacht wird es regnen; die Bootsleute halten inne, lassen das Wasser von den Rudern tropfen und blicken gedankenlos auf die Stadt, die aus dem Meer steigt. Seltsames Bild, wie hingemalt von den Fingern eines Träumenden an den Horizont. Die allzu hohen Türme, die aneinandergedrängten Dächer haben nichts Körperliches, und der kühle Hauch, der von der Erscheinung ausgeht, kündet Geisternähe an. Ist das Nineta, von der die Chroniken dunkel berichten? Hat die schaurige Stunde geschlagen, in der, einmal vielleicht in hundert Jahren, das Begrabene und Versunkene auftaucht? Ja, aus dem Meer kommt diese Fabelstadt, eingehüllt in die Feuchte der unerforschten Tiefe, die das Glutrot ihrer Steine dämpft. Kein Lärm dringt aus den Gassen oder vom Hafen her, wo es sonst in Seestädten so ausgelassen zugeht; diese Häuser scheinen von lautlosen Tränen überströmt zu sein. Ein altes Tor mit hochgerecktem Stufengiebel winkt zum Eintritt; darf man ihm trauen? Was geschieht dem Lebendig-Sterblichen, der den Zauberkreis betritt?«

Ricarda Huch konnte sich noch von der heilen Silhouette der Stadt in den Bann schlagen lassen, sie sah noch die atemberaubende Macht der drei unzerstörten gotischen Kathedralen.

Im dreizehnten Jahrhundert wurzelt die älteste. Von ihr, der Lübecker Marienkirche nachempfundenen und gleichen Namens, steht heute nur noch der Turm. Dort, wo der Chor sonst vielstrebig emporwuchs, befindet sich jetzt ein Parkplatz. Ergebnis eines vernichtenden Zusammenspiels anglo-amerikanischer Luftminen in den letzten Kriegswochen des Jahres 1945 und der »Baupolitik« eines Staatswesens, dem die Wiederherstellung sakraler Kulturgüter fast nichts, die Vorbereitung und Errichtung von Grenzbefestigungen dagegen fast alles bedeutete. Der Chor eben dieser berühmten Kirche war weniger zerstört als der entsprechenden in Lübeck. Im August 1960 jedoch, nach zahlreichen wie kompetenten Protesten, wurde er gesprengt. Wir Kinder spielten noch monatelang in den Schuttbergen Krieg. Sowjetische Soldatenkolonnen ließen später die Trümmerlandschaft verschwinden. Der Turm wirkt heute noch mächtiger.

Nur wenige Schritte weiter, vorbei am gut erhaltenen Renaissancebau »Fürstenhof«, eine zweite Ruine. Ihr Name: St. Georgen-Kirche und jüngste der drei großen, die frühzeitig schon die Silhouette der Stadt bestimmten. Immer nur mit merkwürdigem Turmstumpf (der Gemeinde ging das Geld aus) über den Häusern prangend, wurde auch sie von Luftminen getroffen, nicht aber von den Sprengsätzen der neuen Administration und ihrer Kulturpolitik. Statt dessen wurde beschlossen und verbrieft, sie wiederzuerrichten. Doch bis heute blieb der Beschluß Papier, und alle praktischen Ansätze, die es in den letzten vierzig Jahren gegeben hat, erwiesen sich im nachhinein als blanke Scharlatanerie: der schwer getroffene, kostbare Bau stirbt unaufhaltsam vor sich hin: Regen und Stürme, von denen die Stadt reichlich hat, lassen Wandmalerei um Wandmalerei verschwinden, untergraben Mauern und Bögen, zerbrechen den Stein. Man könnte Wetten abschließen. Man sollte sich einen schwarzglasierten Backstein retten! Und während sie fällt, steht die Mauer durch Deutschland fester denn je!

Einziger Lichtblick: die dritte im Bilde. Sankt Nicolai hat alles, bis heute jedenfalls, überstanden. Ihr Kirchenschiff gehört zu den fünf höchsten in Deutschland. Ein Dom, der nie einen Bischof kannte. Teil des Wortes, das es dennoch gibt: Wismar – die Stadt der Dome!

Diese drei Bauten jedenfalls, selbst als Ruinen, sind Argument genug, der Stadt entgegenzufahren. Aber es gibt mehr. Weitaus mehr.

Man weiß, und die Quellen berichten es, die Hanse hat Wismar groß gemacht und zeitweilig zu einem mächtigen Gemeinwesen werden lassen. Und so finden sich denn auch in großer Zahl weitere Hinweise auf diese so ferne, versunkene Zeit: mittelalterliche Giebelreihen von großer Originalität im Detail, Straßengewirr im alten Stadtkern, Bauten der Gotik, der Renaissance, des Barocks, Klassizistisches und ein uralter Hafen – und nicht zuletzt: mit 10 000 qm einer der größten Marktplätze Norddeutschlands. Was so dem Auge eindrucksvoll erhalten geblieben ist, wird unterstrichen von den Namen der Straßen, in denen diese Bauten stehen: Krämer-, Speicher-, Gerberstraße, Weber-, Grützmacher-, Böttcherstraße, Lübsche Straße, Hegede – sie und die Fülle der übrigen verweisen auf die Fülle des Lebens in jenen Zeiten, die nicht erst heute dahin sind. Die schon lange keiner mehr kennt. Alle diese Straßen, Gassen und Plätze habe ich am liebsten des Nachts durchquert. Dann erst, in der Dunkelheit und Stille eines verschwindenden Tags, fingen die alten Namen zu leuchten an, kam unter dem Routineschritt des Alltags Bedeutung hervor. In diesen Stunden, die immer sehr schnell zu einem Gang durch Kulissen wurden – unheimlich und heimisch zugleich –, füllten sich die Straßen mit dem exotischen Leben ihrer einstmals prosaischen Namen. Mit dem Leben aus Geschichte. Mit der ganzen Fülle einer Vergangenheit, die groß begann und dann, in endloser Tragik und Wirrnis, zur Provinz wurde. Es waren unverschuldete Kriege und Okkupationen, die die Stadt zur Bedeutungslosigkeit verdammt haben: »22 Generationen in Wismar erlebten zwölf Kriege, eine überdurchschnittliche europäische Zahl.«

Der Untergang der Hanse im Jahre 1629 und der Dreißigjährige Krieg haben der Zukunft der Stadt den Todesstoß versetzt. Wismar gehörte am Ende jenes Krieges zum Königreich Schweden: Ein Beutestück, das man nutzte. Der Brückenkopf auf dem europäischen Festland. 1680 avancierte er zur »größten Festung Europas«. »Entlang der 1276 gebauten Stadtmauer mit ihren fünf Toren«, von denen heute nur noch eins – das Wassertor – steht, »und 36 Wiekhäusern wurden Bastionen errichtet und über 700 Kanonen aufgestellt.« Der fatale Ruhm

währte jedoch nur kurz und bescherte nichts weiter als neues Leid: 1716, im Nordischen Krieg, wurde Wismar den Dänen übergeben. Neue Kontributionen folgten. Die Armut der Stadt wurde größer und größer. 1718 schliff man die Mauern, Wälle und Fortifikationen: die »größte Festung Europas« war nicht mehr. Drei Jahre später kamen die Schweden zurück. Aber schon ein gutes Vierteljahrhundert danach brach ein weiterer Krieg in die Stadt: der Siebenjährige. Diesmal brandschatzten die Preußen. Und als er zu Ende ging, war Wismar finsterste Provinz. So sehr, daß der englische Reisende Thomas Nugent nach einem Besuch der Stadt im Jahre 1766 schreiben konnte: »... übrigens ist der hiesige Handel so unbedeutend und die Stadt so wenig bevölkert, daß mitten auf dem Marktplatz Gras wächst ...«
Erst im Jahre 1803 gab es wieder so etwas wie einen Hoffnungsschimmer: die schwedische Krone verpfändete Wismar für 1 250 000 Taler auf 100 Jahre an den Herzog von Mecklenburg. Doch die Hoffnung war erneut verfrüht: Napoleon schickte sich an, den Osten Europas zu erobern. Und mit ihm kam die Kontinentalsperre – das Aus für den möglichen Handel auch in Wismar, der mithin weiter am Boden lag. Erst 1903 kehrte Wismar endgültig nach Mecklenburg und damit in den deutschen Verband zurück: Opfer eines jahrhundertelangen geopolitischen Verwirrspiels, dessen vielfältige Zeugen noch heute die Stadt charakterisieren.

Eines der markantesten Bauwerke erinnert denn auch namentlich an jene, mittlerweile fast sagenhafte Zeit: der »Alte Schwede« – Wismars ältestes Bürgerhaus. Ein gotischer Backsteinbau aus dem 14. Jahrhundert, an der Ostseite des Marktes gelegen, der eine äußerst geschichtsträchtige Schenke in seinen Mauern weiß: sämtliche Wände sowie die Decke zieren Schiffsmodelle, Waffen, Harnische, Kupferstiche, Urkunden, Landkarten, präparierte Seetiere, und nicht zuletzt sieht man hier die sogenannten »Schwedenköpfe« – farbenfohe Zeichen der ehemaligen schwedischen Souveränität, die die Grenze in den Wassern der Wismarschen Bucht markierten. Vier Pfeiler gliedern die Giebelfront des Gebäudes, zwischen ihnen Wimperge um Blenden, Fenster oder Lichtöffnungen – Backsteingotik: braunrotes Ziegelmeer

und hin und wieder schwarze und dunkelgrüne Glasuren, sparsamer Glanz.
Überhaupt: der Marktplatz. Von seiner Größe, die den Gedanken der Weite und Großzügigkeit einer hansischen Stadtgründung Gestalt annehmen läßt, war schon die Rede. Aber die Bauten, die seine Ränder säumen, vervollkommnen die Größe auch zu einer qualitativen. Vor allem sei das klassizistische Rathaus genannt: ein langgestrecktes Gebäude mit vorspringenden Seitenflügeln, dessen Wandflächen von Friesen und Rosetten unterbrochen sind. Es sind die einfachen Linien, die hier den Wert ausdrücken. Südöstlich von diesem Rathaus erhebt sich, wie Historiker und Begeisterte es nennen, eines der »Schmuckstücke« der Stadt: die Wasserkunst. Kein bloßer Brunnen, wie in vielen alten deutschen Städten, sondern ein geschlossener Sandsteinbau, dessen Innenraum ein durchbrochenes Gitter abschließt. Begonnen um 1580 von dem holländischen Baumeister Philipp Brandin aus Utrecht, ist das so praxisbezogene Unternehmen von einst, heute »nur« noch bestauntes Kunstwerk, das – inzwischen rundum restauriert – sogar in der Nacht bewundert werden kann: Scheinwerfer sorgen dafür.
Unweit dieser nicht nur ortsbekannten »Schönheit« erinnert eine Steinplatte im Marktplatz an Gegenteiliges: Blut ist dort geflossen, wo sie heute liegt: 1427 ließen hier ein Bürgermeister und sein Ratsherr ihr Leben. Politikerpech. So weit zurück nun auch wieder nicht.
Ich weiß nicht, wie viele Wismaraner von heute diesen Stein noch kennen, der da im Staub der Straße Zeiten überdauert hat. Ich habe frühzeitig von ihm erfahren, ihn gesucht – und gefunden, und ich mußte mir nicht im Museum alte Gemälde anschauen, um zu sehen, was damals an dieser Stelle geschah. Was nicht im Widerspruch zu der Tatsache steht, daß ich ungefähr seit meinem 12. Lebensjahr ein ständiger Gast des einzigen Museums war, das Wismar hat: des »Heimatmuseums« – eingerichtet in einem Bürgerwohnhaus aus dem 16. Jahrhundert, dem sogenannten »Schabbel-Haus«, das sich der Wismaraner Bürgermeister gleichen Namens errichten ließ. Im Dreißigjährigen Krieg wohnte Albrecht von Wallenstein hier, an den in Wismar ein

ganz besonderes Bauwerk erinnert: die Frische Grube. Ein aus großen Feldsteinen errichteter Kanal mitten durch die Stadt, der Teil eines intelligenten Plans war: der Verbindung zwischen Ostsee, Westmecklenburgischer Seenplatte und der Elbe. Als der böhmische Edelmann von der politischen Bühne seiner Zeit verschwand, verschwand auch der Traum einer solchen Verbindung. Und die einzigen wichtigen Schiffe, die den Kanal wirklich befuhren, gehörten meinen Freunden und mir. Und wenn wir sie hin und wieder befreien mußten aus der Umarmung grasgrüner Schlingpflanzen, dann war es, als käme Gulliver ins Land der Zwerge.

III

Später hab ich mir andere Namen gemerkt. Und andere Daten. Später fiel mir eindrucksvoll auf, daß die Stadt zu keiner Zeit einen befestigten Fürstensitz in ihren Mauern duldete und daß der unbefestigte, noch heute existierende »Fürstenhof« immer lübischem Recht unterworfen war. Zwar wurde Wismar nie eine freie und unmittelbare Reichsstadt. Aber sie blieb doch über Jahrhunderte hinweg ein mächtiger, privilegierter Widerpart der Landesherren. Ihre späteren Abhängigkeiten sind deshalb um so bedrückender.

Allerdings: Was dem Gemeinwesen im Laufe der Zeit an Größe verlorenging, das holten zwei Namen im 19. Jahrhundert ein wenig wieder zurück. Der eine: Dr. Friedrich Christoph Dahlmann. Wismaraner von Geburt, war er der Verfasser der Protesterklärung jener »Göttinger Sieben«, in der dem verfassungsbrüchigen König von Hannover der Huldigungseid verweigert wurde. Ein bekanntes Datum deutscher Geschichte. Eine Straße in Wismar trägt seinen Namen. Und eine in Bonn. Das zumindest verbindet diese beiden Städte, wie ich 1976, im Jahr meines Übertritts von Deutschland nach Deutschland, überraschenderweise erfahren sollte. Ich habe die Tatsache als Zeichen vermerkt. Man wird mir den Brückenschlag zwischen Bundeskanzleramt, Rhein und einer mittleren Straße in Wismar vergeben. Und auch nicht. Die Gedanken sind frei. Und auch nicht. So dachte und sprach ein weiterer Bürger dieser Stadt. Zeitgenosse Dahlmanns und viel weniger berühmt, aber nicht weniger groß: Dr. Johann Heinrich Sievers. Buchhändler und Dichter, Zeitungsgründer und Schriftsteller, Veranstalter einer Feierstunde am 27. November 1848 in Wismar zu Ehren des in Wien ermordeten Robert Blum. Rastloser Vorkämpfer einer neuen Verfassung für Mecklenburg-Schwerin und freier Wahlen zu einer verfassunggebenden Versammlung. Ein echter Achtundvierziger, der dann, als die befreienden Ergebnisse der Revolution, langsam aber sicher, auf ihr altes Unmaß zurückgeschraubt werden, einer der echtesten wird: ein Verfolgter, ein Fliehender, ein steckbrieflich Gesuchter. Ein Zurückkehrender und Gefangener. Schließlich ein Exilierter: zuerst in London, dann in der Schweiz. Dort stirbt er 1876. Einer von vielen und Glied einer langen Kette, die gerade in unseren Tagen um viele neue erweitert wird.

Besonders diesem Mann bin ich auf der Spur gewesen: in den Archiven der Stadt, des Landes. Und während dieser Gang ihm nach noch zu Höhepunkten vor alten Urkunden in geöffneten Panzerschränken führte – das älteste Stadtbuch ruhte in meinen Händen –, da war's schon beschlossene Sache, dem Spurensucher die vergangene Zeit so zu verkürzen und nahezubringen, daß aus den fremden Spuren eigene wurden – daß die Vergangenheit des einen die Zukunft des anderen werden sollte.

Wenn ich an Wismar denke, löse ich sie, was eigentlich nicht geht, aus der Gegenwart heraus und nähere mich ihr wie einem versunkenen Ort, der urplötzlich auftaucht. Ich habe diese Stadt immer nur als vergangene Gegenwart begriffen, um sie für eine größere Zukunft zu retten. Wäre sie mir nur »reine« Gegenwart geblieben, ich hätte wohl in ihr gewohnt, aber nicht gelebt: dazu waren die neuen Fassaden, Plakate und Sprüche zu brüchig. So aber verwandelte sie sich wieder und wieder vor meinen Augen: Durch die Straßen und Gassen gingen die Menschen aller wichtigen Zeiten. Ihr Lärm erscholl, ihr Singen, ihr Schrein. Ich sah die Kämpfe der Stadt, ihre Siege und Niederlagen. Ich habe das Jahr 1229 erlebt, das für den Beginn ihrer Geschichte steht, und ich war dabei, als die Ratsmannen Wismars mit dem berüchtigten Seeräuber Störtebecker einen Vertrag abgeschlossen, um dem in

Stockholm eingeschlossenen Landesherren zu helfen. Ich fuhr auf Wismarschen Koggen durch Nord- und Ostsee: an Bord das berühmte Bier und den berühmten Hering. Ich bezahlte mit Wismarschen Münzen und erlebte den alljährlichen Markt zu Pfingsten, bezeugt seit dem 14. Jahrhundert. Gespräche gab es mit Sievers und Dahlmann, mit dem Verleger Hinstorff und seinem berühmtesten Autor: Fritz Reuter. Selbst mit dem Hauptmann von Köpenick, der ein Jahr lang in Wismar Schuhe besohlte, wurden Worte gewechselt. Alle Epochen und alle Menschen, die den Ruhm meiner Stadt gemehrt haben, sprach ich und ließ mich davon überzeugen, daß es richtig sei, von dieser Stadt weiterzusagen: ihren Namen aufzuheben wie einen kostbaren Gegenstand, der uns Schönheit vermittelt und Weisheit.

FRIEDHELM MÄKER

St. Georgen oder Abschied vom Drachen

»Wat so'n Minsch all erlewen deiht!« säd oll Schult Papentin, as hei's abends mitt oll Bumgoren ut den Kraug nah Hus gung, wo Friedrich Schult von de Slacht von Leipzig vertellt hadd. ›Unserein kann säbentig Johr olt warden, äwer erlewen deiht hei nicks.‹ – ›Du hest recht, Vadder‹, säd Bumgoren.
Ich äwer segg, de Schult hett unrecht! – So egal un so sacht flütt kein Lewenslop, dat hei nich mal gegen einen Damm stött un sick dor in en Küsel dreiht oder dat em de Minschen Stein in't klore Water smiten. Ne, passieren deiht jeden wat, un jeden passiert ok wat Merkwürdiges, un wenn sin Lewenslop ok ganz afdämmt ward, dat ut den lewigen Strom en stillen See ward; hei möt man dorför sorgen, dat sin Water klor bliwwt, dat Hewen un Ird sick in em speigeln kann.«

Fritz Reuter, UT MINE FESTUNGSTID

I

ABSCHIED VON WISMAR
Aus den Augen
der Sand-
steinnymphen
sickert Blut, über Brust
und Bein, versickert
am Brunnenboden, glänzt
in der Mittagsonne
an verbranntem Backstein.
St. Georg wirft das weiße Tuch
über mich.

II

Wenn man Glück hat, so überliefert eine alte Sage, kann man während des nächtlichen Tiefschlafes der Stadt Wismar unter dem Marktplatz einen Trommler hören. Ein zum Tode Verurteilter hatte nach dem lebensrettenden Strohhalm gegriffen, er sollte einen geheimnisvollen Gang erkunden, und war mit einer Trommel in die dunkle Öffnung getaucht. Bis zum Marktplatz soll man ihn gehört haben, dann verstummte der lederne Puls. Traum oder Wirklichkeit, ich habe ihn gesehen, gehört. Erst öffnete sich die Tür zu meinem Kinderzimmer, irgendeine Magie schaltete meine Stimmbänder aus, dann stand er vor mir: ein Skelett in grauen Fetzen und übergehängter Trommel. Mit seinen Fingern trommelte er einen monotonen Marsch. Dieser Spuk dauerte nur wenige Sekunden, der Trommler löste sich auf, nur der Kopf blieb und nahm eine neue Maske an. Plötzlich konnte ich schreien, Vater und Mutter beruhigten mich. Träume hat der Junge, hörte ich Vater sagen. Dieser Traum kehrt in unterschiedlichen Zeiträumen wieder, den leisen Marsch kann ich nicht nachtrommeln.

III

Sportunterricht: Der ehemalige Unteroffizier Rompel läßt uns antreten. Wir stehen bequem. Der Schulhof der Pestalozzi-Schule liegt im Schatten des riesigen Backsteingebäudes. Der Himmel bezieht sich. Wir stehen immer noch, Rompel läßt uns warten, dann kommt er aus dem Maul des Drachens gelaufen, eine kleine Trommel in der Hand. Wir wissen: jetzt kommt Häschenhüpf. Als kleinster Junge der Klasse kann ich nicht mithalten und bleibe zurück. Gewehr in Vorhalte, so mußte mein Vater einige hundert Meter in der klassischen Häschenhüpfhaltung runterschinden. Du willst wohl nicht? Ich mach dir Beine! Er packt mit eiserner Faust zu.

IV

Ruine St. Georgen. Vom Turm aus hat man den besten Blick auf Stadt, Hafen und Ostsee. Meine Stadt ist eine Frau, weich und leise, dunkel und traurig. St. Georgen ist ihr Auge. Abends ist das Auge magnetisch, verschlossen für Fremde, offen für uns. Die verkohlten Balken sind die Wimpern und die kleine Glocke ist die Pupille. Der klare Klang. Einmal wurden wir von der Feuerwehr aus diesem Skelett vertrieben. Im Schutz der Rippen tauchten wir unter.

V

Es war einmal, und das ist noch gar nicht so lange her, da lebten auf einer Insel zwei Jungs mit ihren Eltern, andere Kinder mit ihren Eltern, kurz gesagt: da lebte ein ganzes Volk auf dieser kleinen Insel. Regiert wurde dieses Volk von einem König. Ein richtiger König mit großen Schlössern, Jagdgesellschaften, Spitzeln und einer riesigen Armee. Jeden Tag ließ sich der König huldigen, nur Heiligabend nicht, diesen Feiertag gönnte er der Kirche und die Pastoren und Prediger erfreuten sich an der vollen Kirche. Diese Insel war aber eine besondere Insel, d.h. der König hatte etwas Besonderes aus ihr gemacht. Niemand konnte und durfte ohne besonderen Ausweis die Insel verlassen. Der König hatte extra ein Büro für die Beantragung einer Reise geschaffen. Eine Insel liegt gewöhnlich mitten im Wasser, diese Insel aber lag auf dem Festland und war deshalb eine Insel, weil eine unüberwindbare Mauer das kleine Königreich nach innen und nach außen abschirmte. Keine Mauer ist unüberwindbar, dachten viele Leute und versuchten einen Ausbruch. Heimlich wollten sie über die Mauer klettern und nur wenige haben es geschafft. Entweder wurden die meisten Mauerkletterer gefangen und für viele Jahre ins Zuchthaus gesteckt, oder von den Wächtern mit Lanzen und Säbeln erschlagen. Das Volk hatte sich an diesen Zustand gewöhnt und lebte mit dieser Tatsache und manche Leute fanden dieses Königreich sogar gut und huldigten dem König. Alle Menschen hatten satt zu essen, es gab Schnaps und Bier, schöne Kleider und Volksfeste. Bis auf die Unfreiheit konnte man also recht zufrieden auf dieser Insel leben.

V

Der D-Zug Leipzig–Rostock hält kurz vor Einfahrt Ludwigslust. Wie immer. Links Stift Bethlehem. Nein, kein bekanntes Gesicht auf dem

Bahnsteig. Hätte ja sein können, eine Krankenschwester vom Michaelshof. Aber nach 10 Jahren hatten sich die meisten Kollegen von der Diakonie abgenabelt, arbeiten irgendwo und irgendwas. Noch 30 Minuten bis Schwerin. Ich werde das Schloß sehen, die Türme des Theaters, die heruntergekommenen Häuser an der Bahnstrecke. Grau, rissig, lebendig: mal winkt ein Kind, eine Katze am Fenster, Wäscheleinen, das alte Schild mit der Werbung für Juno: aus gutem Grund ist Ju . . . hier endet das zerrissene Blech. Schwerin, kann mich an jeden Tag erinnern, 6 Monate habe ich hier gelebt, Luftmatratze und geklautes Obst, gearbeitet als Kulissenschieber im Staatstheater. Bis die großen »Kulissenbewacher« zuschlugen. Der Zeuge M. bitte, ruft es im Verhandlungsraum, ein Arm winkt. Mächtig walten die Gewaltigen und Ohnmächtigen auf erhöhtem Podest. Unten: er. Das Haar ist dünner geworden, der Oberlippenbart kann die aufgeregten Muskelzüge nicht verdecken. Die Form ist gewahrt. Welch ein Prozeß, es geht um seinen Kopf – sie haben den längeren Arm. Ich drehe mich um und gebe ihm die Hand. Wir werden uns wiedersehen. Der Richter brüllt, mir schwillt der Kopf.

VI

Ist noch jemand zugestiegen? Ich zeige meine Karte. Nächste Station Bad Kleinen. Der See, die Mühle, kleine Wochenendhäuser am Hang, eng stehen die Bäume am Ufer. Die keilförmigen Bootsanlegestellen, kleine Boote mit einem Mast schlagen an die Gummireifen. Umsteigebahnhof. Der Zug ist überheizt. Ich frier und zieh mich an, verlasse mein Abteil. Der Regen spült den Dreck von den Fenstern. Die sanften Hänge am Horizont gehen stufenlos in den Himmel über. Grau in Grau. Transportpolizei beobachtet mißtrauisch die Ankömmlinge. Bad Kleinen, hier kreuzen sich die Züge Richtung Süd und West. Rentner bewegen sich unsicher hinter Glas. Ich finde Platz im Raucherabteil, eine Flasche Korn wird herumgereicht. Ich bin im Norden, ZU HAUSE. Noch einmal gehen die Trapos durch den Zug.

VII

Moidentin, der Zug hält. Wir steigen aus, der graue Sack ist voller Klamotten und riesig schwer. Krieg, wir haben Krieg. Ein Trabant steht am Bahnübergang. Im Schutz der Büsche ziehen wir uns um. Die Sondereinheit S. steht stramm. S. nimmt die Parade ab. Holzgewehre, Eisenbahnuniformen, Sanitätertaschen, mein langes Messer. Der Einsatz gegen eine Gruppe russischer Partisanen wird besprochen. Dann spricht niemand mehr. Ziel: die alte Mühle. Der Feind hat sich zurückgezogen. Feuer, geklaute Kartoffeln zischen in der heißen Asche. Krieg, wir kämpfen gegen die Lehrer, Ausbilder, Fahnen und Parolen.

VIII

St. Marien taucht auf. St. Georgen noch eine graue Masse. Meine Stadt. Einfahrt auf Gleis 1, dieser Zug endet hier. Hier endet mehr als ein Zug. Ich fahre nicht gleich zu meinen Eltern, nehme den Bus nach Wendorf. Möller, der ewig angeduselte Mehlkutscher, sitzt ganz hinten und schnauft. Hat seinen Verstand versoffen. Auch eine Art zu leben. Wendorf, das Dorf der Wenden, kein Ort zur Umkehr, nur wenden.

IX

Einer hatte es geschafft, war schwimmend durch den eisernen Ring der Küstenschnellboote gekommen.

X

Nicht Ebbe, nicht/ Flut; meine Spiele/ waren leise Bewegungen./ Aus Holz die Schwedenköpfe,/ mein Großvater führte/ das trunkene Schiff./
Schulende, ich sah/ den eisernen Horizont.

XI

Herbst 72, mit Taucherflossen, Masken, Schnorchel und einer Flasche Öl zogen wir an den Strand. Unser Plan stand fest: Wir werden es schaffen, und vielleicht kommt ein Segler aus Kiel und nimmt uns mit. Sportler waren wir beide nicht, die Grenzen waren gesteckt, nur durch tägliches Training konnten wir es schaffen. Es wurde täglich mehr Strecke, die Kondition steigerte sich. Dann wollten wir es wissen, Generalprobe. Ruhig und glatt lag die Ostsee. Quallen glibberten über den feinen Sand. Noch war unser Ziel nicht der eiserne Ring, wie lange würden wir durchhalten? Kontinuierlich zogen wir durch, kein Wort, leise glitten wir durchs Wasser. Wer aufgab, weiß ich nicht mehr, wir schwammen zurück. Vollkommen erschöpft und enttäuscht lagen zwei junge Männer im feuchten Sand. Unser Plan war nicht zu realisieren, St. Georgen hatte uns wieder.

XII

Der Badesteg ist ein graues Skelett, faulig im Wasser. Ich kehre um. Die Minigolfanlage ist kaum noch als solche zu erkennen. Auf den Betonbahnen liegen Äste und Blätter. Ein zerfetzter Badeanzug baumelt an einer kleinen Lampe. Kälte treibt meinen Schritt an. Die einzige Gaststätte hat wegen Renovierung geschlossen. Mit dem Bus fahre ich zurück in die Stadt: an der Russenkaserne vorbei. Der grüne Zaun und die kahlen Köpfe der Muschkoten, Deutsch–Sowjetische Freundschaft. Am Lindengarten steige ich aus, jetzt zu meinen Eltern.

XIII

Herrgottsfrühe, wieder im Zug. Zurück nach Thüringen. Außer den unterschriebenen Zetteln, daß meine Eltern und meine Schwester keine Forderungen an mich haben, trage ich einige Jugendbilder in meiner Jackentasche. Langsam schiebt sich der Zug aus dem Bahnhof. Nebel und Kälte geben keine Sicht frei. Selbst St. Marien und St. Georgen sind unsichtbar.
Mecklenburg, Wismar, mein Elternhaus: Mit Sicherheit werde ich zurückkommen. Als Tourist in die Heimat. Als Deutscher in Deutschland.

III.

Reden über Herkunft und Heimat

Uwe Johnson

Ich über mich

Herr Präsident, meine Damen und Herren: Wer in eine Akademie gewählt wird, soll Pflichten erwarten. Dennoch, wenn man in Darmstadt als erste von ihm eine »Selbstdarstellung«, verlangt, kann er überrascht sein von der Härte, ja Grausamkeit der Aufgabe und, in meiner Angelegenheit, versucht sein, ihr auf einem Umweg zu genügen, nämlich einer Vorstellung der Ansichten, die ihn bisher beschreiben sollten.

Zum ersten, Ihr neues Mitglied wird des öfteren, grundsätzlich, ein »Pommer« genannt, als sei das eine erschöpfende Auskunft. Daran ist richtig, daß er eine Bauerntochter aus Pommern zur Mutter hatte, jedoch nicht aus jenem hinteren Landesteil, von dem es lateinisch heißt, er singe nicht, sondern aus dem Gebiet westlich der Oder, 1648 schwedisch und 1720 preußisch geworden, was einem 1934 Geborenen als Obrigkeit den Preußischen Ministerpräsidenten Hermann Göring einträgt. Für die ersten zehn Jahre aufgewachsen im Vorpommern eines Reichskanzlers Hitler, bin ich zu wenig ausgewiesen als ein Pommer, wie er in den Büchern steht.

Zum anderen, es gefällt Leuten, mich einen Mecklenburger zu nennen, als sei das ein verläßliches Kennzeichen. Dafür ist nachweisbar, daß mein Vater geboren wurde im Ritterschaftlichen Amte Crivitz und aufwuchs im Domanialamt Schwerin, also in jenem »besten Mecklenburg«, das die traurigste Figur machte unter den Staaten des damaligen Europa. Dem bin ich verbunden nicht nur durch einen Vater, einen Absolventen des Landwirtschaftlichen Seminars Neukloster und Verwalter herrschaftlicher Güter, sondern auch durch eigene, ausgiebige Beschäftigung mit dem Boden dieses Landes, beim Kartoffelwracken,

Rübenverziehen, Heuwenden, Einbringen von Raps und Roggen, des Umgangs mit den Tieren auf diesem Boden nicht zu vergessen. In Mecklenburg habe ich gelernt, daß man als Kind schlicht vermietet werden kann in drei Wochen Arbeit auf fremdem Acker gegen einen Doppelzentner Weizen, daß Existenz umgesetzt werden kann in jeweils gültige Währung, und ich bin dankbar für die frühe Lehre. In Mecklenburg war ich von meinem elften bis zu meinem fünfundzwanzigsten Lebensjahr, und im sechzehnten mag ich begriffen haben, wie ich zu antworten wünschte auf die Ansinnen der Leute und Behörden, mit denen ich befaßt war. Viel nun spricht dafür, daß ich ein Mecklenburger sei.

Im Mecklenburg des Nachkriegs allerdings galt ich als einer von den »Flüchtlingen«. Da verschlug wenig, daß Vorpommern noch insofern zum Reste Deutschlands gehörte, als es der sowjetischen Militär-Administration für das Land »Mecklenburg-Vorpommern« unterstand. Denn am 1. März 1947 verschwand Vorpommern in der gesetzlichen Kürzung »Land Mecklenburg«, und wir waren endgültig von auswärts. In jeder ersten Prüfung durch die Einheimischen galt der Rest der Familie als unwiderruflich überführt: wir hatten keine feste Statt in Mecklenburg, und wir hatten zu wenig mitgebracht. »Flüchtling« also, nur daß diese Bezeichnung strengstens verboten war durch die Behörden, »Umsiedler« war statt dessen erwünscht. Siedeln hätte meine Mutter können, schon damit ich einen anderen Anfang fortsetzte als den eines Lehrlings in einer Dorfschmiede; sie ging in die Stadt Güstrow, da stand das ehemalige Gymnasium, das mein Vater für mich gewünscht hatte, die John Brinckman-Oberschule. Der Namensgeber war in Nordamerika gewesen, aber geschrieben hatte er im mecklenburgischen Platt. Das lasen wir auch.

In dieser Oberschule der Sowjetischen Besatzungszone und der späteren Deutschen Demokratischen Republik wurde ich mir bekannt gemacht als ein »Bürgerlicher«, Sohn eines Beamten bei einem abgeschafften Landwirtschaftsministerium, kein Sohn von Arbeitern und Bauern, an denen die Versäumnisse der bisherigen Bildungspolitik vorrangig gutgemacht werden sollten. Meine Mutter ging Uniformen schneidern für die Rote Armee, sie nahm Arbeit in den Volkseigenen Kleiderwerken der Stadt, sie kontrollierte Fahrkarten in Personenzügen – ich blieb der Sohn einer Angestellten, »bürgerlich«. Meine Mutter trat über in den Dienst der Güterwagenschaffner bei der Deutschen Reichsbahn, fortan war ich der Sohn einer Arbeiterin. Solche Kinder wurden eher zugelassen in eine Universität der D.D.R., als was ich bisher gewesen war.

Die erste Universität war eine mecklenburgische: Rostock, deren Studierende einstmals »höflich verbeten« gewesen waren. Nur, daß kurz vor dem Beginn des Studiums, am 23. Juli 1952, das Land Mecklenburg aufgelöst worden war in drei Bezirke, wobei nicht nur allerlei Historie verlorenging, sondern auch die Einheit »Mecklenburg«. Auch die Universität Rostock sollte eine sozialistische werden, und wer die Auslegung dieser Verwandlung durch die Behörden einmal verfehlt und dabei des Beistands seiner Kommilitonen entbehrt, geht nach dem zweiten Jahr erst einmal weg. Es muß nicht die Universität sein in Mecklenburg.

Unverdrossen als ein Mecklenburger bezog ich eine sächsische Universität, die von Leipzig. Hier geriet ich an Freunde, die mit einer unverdächtigen Neugier beobachteten, wie ich meine mitgebrachte Phonetik gegen ihre Landessprache verteidigte, und obwohl sie mir in meinem Bestehen auf dem mecklenburgischen R eine Nähe zu schauspielerischem Dilettantismus zugestanden, konnte ich mich doch mit meiner Kenntnis der Leipziger Straßenbahnlinien ausweisen als einen bemühten Adepten, und jederzeit vermochte ich sie zu versöhnen mit meinem einzigen annehmbar sächsischen Satz: »Da gommt Wald'her« (was eben zu sprechen war mit einer unverkennbaren Vorfreude auf eine unverhoffte Ankunft des damaligen Regierungschefs W. Ulbricht). In Leipzig traf ich ein Mädchen, das war aus Mecklenburg-Schwerin, aus der Residenzstadt Schwerin geradezu, auf die hatte ich lange gewartet und kann von Leipzig sprechen als »der Stadt, die unsere Jugend war«. Soviel irgend jemand will, bin ich ein Leipziger. Leipzig in Sachsen ist die wahre Hauptstadt der Deutschen Demokratischen Republik. Glauben Sie einem Landsmanne der Sachsen.

Seit 1949 war ich in den Augen der Behörden ein »Staatsbürger« der Deutschen Demokratischen Republik, wiederum ohne daß man mich angegangen wäre um meine Zustimmung in dieser Sache. Was den Behörden zu Ohren kam von meinen Äußerungen über sie, ließ sie zweifeln am meiner Eignung, ihnen in einer festen Anstellung zu dienen, so daß ich nach dem Examen drei Jahre lang zu leben hatte von germanistischer Heimarbeit, »arbeitslos« in einem Lande, das solchen Zustand abgeschafft haben wollte, bald steuerfrei, weil unter dem Existenzminimum. Das war die amtliche, wie immer unausgesprochene, Einladung zum Weggehen, was denn endlich den Anlaß gegeben hätte für eine Bezeichnung als »Verräter«. Da mir aber gerade gelegen war an der Natur dieser öffentlichen Sache, dieser res publica und Republik, weiterhin an dem Deutschen und dem Demokratischen dabei, lebte ich weiter im ehemaligen Mecklenburg und im ehemaligen Sachsen und dachte mir auf der jeweils achtstündigen Eisenbahnfahrt ein Buch aus, von dem meine Freunde mir versicherten, die Behörden würden es mißverstehen als eine Beleidigung der D.D.R. denn als einen Beitrag zu ihrer Wirklichkeit. Vertraut mit der Empfindsamkeit dieses Staates, stieg ich aus der Stadtbahn in Westberlin an jenem Tag des Juli 1959, da in einer westdeutschen Druckerei mein Name auf das Titelblatt von *Mutmaßungen über Jakob* gesetzt wurde. Damit war ich abermals ein »Flüchtling«, nämlich im Verständnis der zuständigen Organe der D.D.R., weil ich versäumt hatte, sie zu ersuchen um eine Erlaubnis zum Umzug. »Kein Flüchtling« war ich in Westberlin, denn ich war gekommen mit einer Zuzugsgenehmigung der Stadt und hielt mich fern von dem Flüchtlingslager Marienfelde, wo man Flüchtlingsausweise und allerlei Flüchtlingsgeld bekommen konnte. Nun waren aber in meinem Buch Personen der D.D.R. auch in normalen, ja lebenswerten Umständen gezeigt, anders als im damaligen westdeutschen Bild von ostdeutschen Leben erwartet, und es erhob sich die Vermutung, ich sei in Wahrheit über die Grenze geschickt als ein »Trojanisches Pferd«. Da ich mich in meinem zweiten Buch weiterhin beschäftigte mit den Unterschieden, der Grenze, der Entfernung zwischen den Daseinsmöglichkeiten in den beiden deutschen Staaten, wurde ich schließlich gedeutet als »Dichter der beiden Deutschland« oder »der deutschen Teilung«. Dies Etikett zu bestreiten, machte ich mir ausdrücklich Mühe. Denn ich war in wissenschaftlichen Instituten belehrt worden über die Bemühungen und die Befugnisse von Dichtern; mir hatte das als eine Warnung gedient. Zum anderen, ich hatte in meinem Erzählen von Leuten in Leipzig und Hamburg lediglich meine verwandelten Erfahrungen anbieten wollen, zur beliebigen Verwendung durch den Leser; es konnte mir nicht recht sein, den ganzen Lebenslauf eines Radrennfahrers (mitsamt den Schwierigkeiten, ihn zu beschreiben) eingeschnürt zu sehen in ein politisches Schlagwort. Die einzige Bedingung, unter der ich diese Indizierung hätte annehmen mögen, ihr Wortsinn, blieb mir vorenthalten: in beiden Teilen Deutschlands mit dem Leser verkehren zu dürfen.

Auch als »Westberliner« wurde ich verstanden oder behandelt und ich gebe diese Stadt als einen Wohnsitz für fünfzehn Jahre zu. Nicht nur habe ich sie mir als eine Heimat erworben, ich versuchte auch ihren anderen Bewohnern gut zuzureden bei dem Gebrauch, den sie seit der Einmauerung von ihrer Stadtbahn machten, was mir neben bösen Briefen und anonymen Telephonanrufen auch eine neue Kennzeichnung einbrachte, die als »Kommunistenschwein«, aber bis heute keine lebenslängliche Freikarte der Berliner Stadtbahn wenigstens für den Bereich der Westsektoren. Dann trug mir eine Doppelgeschichte über eine Berliner Liebschaft, getrennt und zerrüttet durch die vollendete Grenze, nochmals den Titel auf den Leib, der mich zum Fachmann machte bloß für die deutsche Teilung, und ich verzog mich nach New York. Nach zweieinhalb Jahren war ich beinahe ein »New Yorker«, denn jenes Buch, das ich dort fand, das Leben eines Menschen von Mecklenburg bis Manhattan, ich hätte es um ein Haar in amerikanischer Sprache geschrieben, wäre mir nicht das Geld ausgegangen, so daß ich es auf Deutsch in Westberlin fortzuführen begann. Ein Westberliner also, aber es genügt ein Umzug nach England und eine Paß-Erneuerung, mich umzubauen zu einem »Bürger der Bundesrepublik Deutschland«, zu kontrollieren am Schalter für die Angehörigen von

Staaten der Europäischen Wirtschaftsgemeinschaft. Für die Engländer, die mit mir umgehen, sollte ich nun ein »German« sein, wenn nicht gar ein »bloody German«, aber sie wollen Deutsches von mir nicht wissen, wollen reden über das Fischen und das Wetter, und fragen mich das als einen Nachbarn.

Am Ende könnte man mir nachsagen, ich sei jemand, der hat es mit Flüssen. Es ist wahr, aufgewachsen bin ich an der Peene von Anklam, durch Güstrow fließt die Nebel, auf der Warnow bin ich nach und in Rostock gereist, Leipzig bot mir Pleisse und Elster, Manhattan ist umschlossen von Hudson und East und North, ich gedenke auch eines Flusses Hackensack, und seit drei Jahren bedient mich vor dem Fenster die Themse, wo sie die Nordsee wird. Aber wohin ich in Wahrheit gehöre, das ist die dicht umwaldete Seenplatte Mecklenburgs von Plau bis Templin, entlang der Elbe und der Havel, und dort hoffe ich mich in meiner nächsten Arbeit aufzuhalten, ich weiß schon in welcher Eigenschaft, aber ich verrate sie nicht.

Rede aus Anlaß der Aufnahme Uwe Johnson als Mitglied in die Deutsche Akademie für Sprache und Dichtung in Darmstadt, Herbst 1977.

Ulrich Schacht

»Ich kann in Palermo sitzen und doch durch Mecklenburgs Felder gehn«

Meine sehr verehrten Damen und Herren!
Im öffentlichen Bewußtsein unserer Tage gewinnen drei Begriffe immer stärker an Kontur: »Heimat«, »Nation« – »Literatur«. Sie werden im Zusammenhang gesehen und diskutiert, und zwar so intensiv, daß nicht selten jeder zur Voraussetzung des anderen wird und umgekehrt.
Was, frage ich uns, ist geschehen? Was ermöglicht diese ungehemmte Zusammenschau, ja, was erzwingt sie offensichtlich geradezu und fast täglich? Nun, zuerst ist wohl etwas sehr Simples geschehen: die Zeit ist vergangen. Will sagen: Die Deutschen in Ost und West – und besonders ihre Schriftsteller – haben 37 Jahre nach der im Kern selbstverschuldeten Katastrophe endlich wieder bemerkt, daß es sie immer noch gibt, und vor allem: wie sehr es sie noch gibt und wie wichtig ihnen das ist.
Das Bemerken, daß es uns Deutsche noch gibt, also die deutsche Nation in ihrer kulturellen Substanz, dieses Bemerken nun wird quer durch die bisherigen innenpolitischen und geistigen Gefechtsfelder und offensiv reflektiert. Ja, wir müssen sogar weitergehen: Galt es bis vor nicht allzu langer Zeit noch »reaktionär«, dieses Bemerken und nationale Selbst-Behaupten, so gilt es inzwischen geradezu als »progressiv«, die Nation als notwendiges Thema zu entdecken, die Sehnsucht nach Heimat nicht zu verteufeln als Provinzspießertum.
Soweit der Befund, und wir sollten uns hüten, ihn nur als Ausdruck einer Mode zu verkennen. Das ist er gewiß auch. Aber zu unser aller Glück und in erheblichem Maße nicht nur. Andererseits darf nun nicht wiederholt werden, was in der Vergangenheit an der Tagesord-

nung war: das Interpretationsmonopol auf unsere Begriffe durch eine bestimmte und also begrenzte politische Gruppierung oder philosophische Richtung.

»Heimat« und »Nation« können nicht, denke ich, »progressiv« oder »reaktionär« definiert und verbindlich gemacht werden: es kommt vielmehr und nach wie vor darauf an, ihre Existenz oder ihren Verlust als eine prägende Realität zu erfahren. *Erfahrung* definiert sie und nicht das jeweilige ideologische Vor-Urteil, das sich erfrecht, ein Nachdenken darüber, je nach taktischer Laune, zu gestatten oder zu verbieten.

Erfahrung also. Drei grundlegende sind im Zusammenhang zu nennen: die der Eltern- und Großelterngeneration, die aus ihrer Heimat vertrieben wurde, die man zum Verlassen zwang, die flüchtete; die Erfahrung meiner Generation im anderen Teil der Nation, die die tödliche Gespaltenheit derselben vor allem auch als politische Unterdrükkung und Spaltung erlebte, sich in der Widerstandshaltung dagegen wiederfand und deshalb doppelt bezahlte: mit längeren oder kürzeren Gefängnisaufenthalten und dem anschließenden Preis der Freiheit, der im gespaltenen Deutschland immer noch Heimat heißt; schließlich die Generation nach mir und besonders die hiesige Hälfte: der das materielle Zuviel der Industriegesellschaft ein Zuwenig an Sinn bedeutet, die – was ich vor allem als Metapher verstanden wissen möchte – die Expansion des Betons als existentielle Bedrohung der landschaftlichen und urbanen Restrefugien versteht, die also auf bisher vielfach übersehene oder nicht ernst genug genommene Art und Weise so etwas wie Heimat-Verlust erfährt oder zu erfahren glaubt.

Sie sehen, ich bin immer noch bei der Beschreibung des Befundes und vermeide Wertungen. Aber, und dies ist das Merkwürdige im besten Sinne des Wortes, diese scheinbar so unendlich verschiedenen Grund-Erfahrungen provozieren ein Gemeinsames: »Sehnsucht nach einer sicheren Landschaft«, wie Friedemann Berger einmal formulierte, als es galt, das Werk des auch für mein Schreiben maßgeblichen Dichters Johannes Bobrowski zu charakterisieren.

Wir sollten deshalb, meine ich, diese Formulierung als ein Stich-Wort nehmen, weil es – wenn es um *die* Fragen geht, die unser Thema enthält – eine große Plausibilität zu besitzen scheint: »Sehnsucht nach einer sicheren Landschaft« – das heißt dann aber auch: Diese menschliche Ur-Sehnsucht, der Sucht nach Halt im Gehaltenen, diese Sehnsucht ist nicht nur geblieben, hat nicht nur, paradox gesagt, »überwintert« in all der Wohlstandwärme im Westen und unterm Verfolgungseis im Osten, sie ist nach dieser gesamtdeutschen Mischung aus Glück und Unglück stärker hervorgetreten als je zuvor. Das Elend der deutschen Zustände ergreift nicht mehr nur das Gemüt zu Weihnachten, es wird begriffen mit dem Kopf – und das täglich. Aus dem Jubiläumselend wird das alltägliche Elend, aus der Feiertagsbestürzung die anhaltende geistige Rebellion. Nüchterner konstatiert: Es ist zwar Zeit vergangen, viel Zeit – aber diese Sehnsucht eben nicht. Und die Redensart, daß die Zeit Wunden heile, mag stimmen für diese und jene oberflächliche Verletzung – »die Wunde namens Deutschland«, wie Walser es auf den Begriff brachte, diese tiefe Wunde hat sie – und ich sage es aufatmend – offensichtlich *nicht* geheilt, wo es doch andererseits lange so aussah, als sei ein Reden über diese Wunde, in welcher Form und aus welchem Anlaß auch immer, bestenfalls versponnener Anachronismus, ansonsten aber reaktionäres, den Frieden gefährdendes Palaver unverbesserlicher Revanchisten, um einmal den O-Ton Ostberliner Propagandazentralen anklingen zu lassen, der sich schädlicherweise auch hier breitgemacht hatte. Dabei will ich ganz und gar nicht abstreiten, daß es das bei manchen Leuten hierzulande wohl auch war – von der SED-eigenen Deutschland-Demagogie der fünfziger und sechziger Jahre allerdings ganz zu schweigen.

Aber ich für meine Person, ich habe – das Denken und die Sprache betreffend – keine Berührungsängste: nach welcher Seite hin auch immer. Wir müßten ja verstummen, wollten wir uns auf solch Abwägen einlassen.

Souveränität des Denkens – gerade in dieser Frage – scheint mir die wesentliche Voraussetzung zu sein, das Problem nicht nur geistig, sondern letztlich auch historisch und das heißt strategisch zu bewältigen. Was in meinem Falle – um nicht mißverstanden zu werden – nun ganz und gar nicht *die* Konsequenz mit sich bringt, daß der geistige Wiedereinstieg in die deutsche Geschichte, das Bekenntnis und der Wille zur gemeinsamen Nation, einhergeht mit einem Ausstieg aus der deutschen Gegenwart. Die so notwendige »Sehnsucht nach einer sicheren Landschaft« auch in nationalem Sinne bedeutet für mich jedenfalls nicht die Geringschätzung oder gar Aufgabe der relativ sicheren politischen Landschaft der parlamentarischen Demokratie Westdeutschlands. Im Gegenteil: Das zutiefst legitime offensive Nachdenken über die Zukunft Rest-Deutschlands und damit der grundsätzlich intakten Nation schließt für mich die prinzipielle Bejahung der gesellschaftspolitischen Rahmenbedingungen West-Deutschlands als *verbindliches Zukunftsmodell* für ein wiedervereinigtes Gesamtdeutschland mit ein.

Nun könnte man kontern und sagen, da ist er wieder, der so elend gescheiterte deutschlandpolitische Ansatz der fünfziger Jahre, das betrügerisch-selbstbetrügerische nationale »Lösungsmodell« eines Konrad Adenauer, dem ein Historiker wie Golo Mann in seiner »Deutschen Geschichte des 19. und 20. Jahrhunderts« eine »gewisse Unehrlichkeit« bescheinigt hat. Aber dieser Vorwurf kann nicht treffen. Mich jedenfalls nicht. Denn wenn auch nicht alles falsch ist, was da im Zusammenhang über Adenauer gesagt wurde, und es wurde ja auch von eigenen Parteifreunden gesagt – die radikal daherkommende, in Wirklichkeit aber sehr oberflächliche Alternative: »Neutrales Deutschland« ist mit Sicherheit nicht nur ebenso falsch, sondern vor allem: sie ist demokratiefeindlich und deshalb gemeingefährlich. Und zwar in dem Sinne, den Kurt Schumacher – der für *mein* deutschlandpolitisches Denken verbindliche Sozialdemokrat – gemeint hat, als es darum ging, die sowjetischen Einheits-Offerten energisch zurückzuweisen, indem er exakt beschrieb, was dabei herauskommen würde: nichts anderes nämlich als »die Einheit einer sowjetischen Provinz«. Schumacher war ein leidenschaftlich national denkender Mensch und Politiker, aber nicht minder war er ein leidenschaftlicher Verfechter der freiheitlichen Demokratie. Und genau diese Geisteshaltung – die für mich eine höchst vorbildhafte ist –, sie verbot es ihm, einen im

Kern deutschnationalen Lösungs-Zauber für die zerhackte Nation mitzumachen. Zumal: Es wäre ja immer auch eine Lösung auf Kosten aller übrigen osteuropäischen Völker, die dann endgültig eingepfercht wären zwischen einem begrenzt souveränen Neu-Deutschland und dem unbegrenzten Imperialismus der Sowjetunion. Schumacher hat das damals erkannt, und seine Analyse stimmt im Prinzip immer noch. Das unterscheidet im übrigen sein Nachdenken über Deutschland grundlegend vom Vorlauten Gerede zum Beispiel jenes SPD-Mitgliedes, das aus seiner diplomatischen Rolle eines »Ständigen Vertreters der Bundesrepublik Deutschland in der DDR« – die zu recht beendet ist – eine neue Rolle ableitet: die des ständigen Allein-Vertreters in Sachen Deutschlands Zukunft.

Meine Partei, ich sage es offen, ist schlecht beraten mit solch einem Berater, der in seiner Über-Schläue (auf Einzelheiten einzugehen, ist hier nicht der Ort) vor allem für *die* zum gefundenen Fressen und zur Gaudi zugleich geworden ist, mit denen er so überflüssig oft falsche Gemeinsamkeit zelebrierte, Sekt trank und Hasen schoß. Die Gaudi »Gaus« ist aber nicht zuletzt deshalb mehr bitter als lustig, weil er eben nicht nur ein Memoirenheld ist – das wäre ja zu ertragen und kostete uns allenfalls drei bis vier Zehn-Mark-Scheine –, sondern vor allem ein Baracken-Kapo, denke ich an seine Bonner Parteiposition.

Sie sehen, ich bin unversehens in aktuelle Politikgefilde geraten. Aber das beweist ja nur, wie aktuell unser Thema, das Nachdenken darüber ist. Dennoch: Man mißverstehe mich nicht: Was eben gesagt wurde, ist nicht Klage, auch nicht Anklage, sondern – so verstehe ich meine Sätze jedenfalls – ein Stück Kampf, der mir notwendig zu sein scheint: auch und gerade in diesen Tagen, denn wie auch immer es in Bonn ausgehen mag – meiner Partei stehen gewaltige Klärungsprozesse bevor. Nicht zuletzt dieses Thema betreffend. Die Güstrower Dezember-Bilder waren typische und nicht besondere. Wer uns letzteres weiszumachen versucht, will weißwaschen, stellt Blutbefleckten Persilscheine aus. Aber da sei »Salzgitter« davor und der Geist, der diese Institution als eine legitime erkennt. Denn genauso wie jener fatale Satz nicht stimmt, der da lautet: »Was damals Recht war, kann heute nicht

Unrecht sein!«, genauso wenig stimmt die aktuelle Auffassung: »Was in der DDR Recht genannt wird, muß auch von uns als Recht akzeptiert werden!«.

Nein, ich klage nicht – ich benenne lediglich und schließe mich damit jener Haltung an, die der Schriftsteller Bernd Jentzsch vor einem knappen Jahr sozusagen als kategorischen Imperativ in Sachen »deutsche Frage« für deutsche Schriftsteller formulierte:

»Der Schriftsteller soll nicht über die ›deutsche Frage‹ klagen, er soll keine Bittschriften verfassen, er hat vielmehr die Pflicht, die ›deutsche Frage‹ zu beschreiben, in Gegenworten . . . « Denn, so Jentzsch weiter: ». . . sie ist ein Arbeitsauftrag an die deutschen Schriftsteller in Ost und West, und das Wort ›Arbeit‹ bedeutet bekanntlich vielerlei: Mühsal, Not, Beschwerde, Leid, Bedrängnis und auch: mühseliges Werk.«

Es ist in der Tat ein »mühseliges Werk«, nicht zuletzt, weil es nach wie vor oder vielleicht sogar erst recht »Trauerarbeit« ist, über Deutschland zu schreiben, Menschen-Wege in Deutschland nachzuzeichnen, das Wort zu ergreifen – angesichts einer immer noch tödlichen Wirklichkeit, die einem immer noch oder immer wieder die Sprache verschlägt. Aber leichter und spannungsloser ist es nicht zu haben, unser Werk. Und wenn es denn hilft, die verstümmelnde Heilung zu verhindern, die glatte Tages-Ordnung aufzurauhen, die 1945 festgelegte Europakarte zu durchkreuzen, das Abfinden mit Jalta als Opportunismus zu entlarven – wenn es also der nationalen Neu- und Wiederfindung in hohem Maße dient, dann soll dieser mühselige Dienst als ein selbstbefreiender verstanden werden, als ein Freiheits-Akt. So jedenfalls habe ich mein bisheriges Schreiben nicht nur verstanden, sondern auch erfahren: an mir, am Hörer und Leser, der Gesprächspartner war.

Gewiß, das Wort von der Not, die zur Tugend wird, scheint auf – aber selten, glaube ich, ist weniger Ironie im Wortspiel, als in diesem Fall. Ja, die Not Deutschlands muß zur Tugend seiner Schriftsteller werden. Denn die Not der Nation ist ja vor allem die Not ihrer Menschen – auch wenn wir das eine Zeitlang vergessen hatten: unter dem Deckmantel des Wohlstands hier und der sich trotzig gebenden Resignation dort, die nicht selten mit dem fatalen Argument daherkommt: Wir hungern

doch nicht! Dem steht die biblische Weisheit entgegen: »Der Mensch lebt nicht vom Brot allein.« Und: Wer wüßte das nicht besser als die, die das hinter sich lassen mußten, was »Heimat« genannt wird.
Heimat ist zwar immer weniger als Nation, aber sie ist dem Einzelnen nicht weniger wert, oft ist sie ihm wesentlicher und wertvoller, liegt sie ihm doch in jeder Beziehung des Wortes *näher* als alles andere an Region auf der Welt. Aber ich meine, hier Gegensätze zu konstruieren, wäre falsch. Heimat ist der Grund des Einzelnen. Die Nation ist der Grund aller. Insofern ist Heimat-Bewußtsein gründendes Bewußtsein, National-Bewußtsein befreiendes.
Wer den Menschen und also sich selbst realistisch einzuschätzen versucht, wird wissen, wie nötig er beides hat, wie konstitutiv für seine eigene Existenz die Dialektik von regionalem Gebunden-Sein und nationalem Gelöst-Sein ist, wie elementar für sein Fortkommen als freier Mensch, das die jeweilige Rückkehr nicht als Niederlage interpretiert, sondern als beständigen Ausgangspunkt erkennt. Der Pädagoge Adolf Diesterweg hat 1835 in einem Aufsatz auf diesen Zusammenhang verwiesen, wenn er sagt:
»Die Liebe zur Heimat ist ... eine ganz natürliche, instinktmäßige ...«, aber »Wer *nur* seine Heimat, sein Dorf, seine Stadt liebt, ist ein Pfahl- oder Spießbürger ... Wer *nur* seine Provinz liebt und die Bewohner anderer deutscher Provinzen als Ausländer behandelt, leidet an der Landsmannschaftssucht, an dem Landsmannschaftsdünkel, an engherzigem Provinzialismus ... Über allen ... steht der Vaterlandsliebende, der Patriot. Patriotismus ist *praktische* Vaterlandsliebe. Was im Menschen nicht praktisch wird, nicht im Leben sich bestätigt, ist nicht wahrhaft in ihm vorhanden, ist Schein.
Wer sein Vaterland, die Eigentümlichkeiten desselben an Land und Leuten so liebt, daß er *dadurch unfähig* wird, anderen Ländern und Nationen Gerechtigkeit widerfahren zu lassen und sie in ihrem Wert anzuerkennen, trägt einen beschränkten Vaterlandssinn in sich. Es ist *Borniertheit*.«
Das ist die Einsicht, auf die es im Zusammenhang ankommt und die auch für mein Schreiben und Reden über die engere Heimat – heißt sie

nun Wismar und/oder Mecklenburg – gültig ist. Heimat-Literatur aus dieser Voraussetzung lebt von der Distanz, und am besten, meine ich, ist äußere und innere zugleich, wenn gelingen soll, was mir vorschwebt: Heimat in die Literatur zu bringen, damit Literatur Heimat werden kann. Distanz meint hier jedoch nicht Distanzierung, sondern eher und im Kern das Zusammenspiel von Rekonstruktion des Ortes der Kindheit und Jugend, Trauer um seinen Verlust als Ausdruck des Erkennens eines Wertes, der bleibt, und ironischem Kommentar, der die rückwärtsgewandte Utopie verhindert, weil es sie nicht gab, die heile Welt von vorgestern. Aufhellung der Herkunft ist also das Ziel und nicht Verklärung der Vergangenheit. So jedenfalls sollte aus meiner Sicht in der Heimat-Literatur die Heimat zu Wort kommen, damit uns das Wort zur Heimat werden kann, damit sie im Wort überlebt. Bloßes Heimat-Gefühl, diffus-seliges Erinnern reicht mir deshalb nicht aus, wenn es um Heimat-Literatur geht – ist mir zuviel im ärgerlichen Sinne, und deshalb natürlich viel zu wenig. Denn Heimat-Gefühl dieser Art ist vor allem eins: es ist austauschbar, und was es an Bildern produziert, erst recht. Nur das *exakte* Benennen dessen, was unseren heimatlichen Grund und damit den grundsätzlichen Verlust ausmacht, kann ihn – im geistigen Sinne – aufheben, ohne ihn – dies sei eingeräumt – zu ersetzen.

Mir scheint es jedenfalls wichtig genug zu sein, diese Dinge so deutlich beim Namen zu nennen, denn Heimat-Literatur – das ist andererseits leider etwas, was viele zu können glauben, aber nur wenigen wirklich gelingt. Heimat-Literatur ist, ich sage es noch deutlicher, immer noch zu sehr ein Feld für Dilettanten – im freundlichen und im kritischen Sinne des Wortes. Wir haben es also, nehmen wir es genau, mit einer sehr heiklen Sache zu tun, die doch so notwendig ist, was alles nicht leichter macht.

Meine Arbeitsmaxime will ich mit folgender These verdeutlichen: Heimat-Literatur – das ist die Provinz als Thema, aber als Thema der Welt. Das heißt: Wir müssen die Provinz aus ihrer Provinzialität herauslösen, um sie beispiel-, also *dauerhaft* zu gestalten.

In diesem Sinne ist Mecklenburg mein Thema, ist Wismar – die Hei-

matstadt – der zentrale Ort meines Schreibens. In diesem Sinne löst sich aber auch mein Blick von beiden: von der Landschaft und von der Stadt, um sie wiederzufinden in Deutschland, der im Fleisch immer noch zerrissenen, im Geist aber genesenden Nation.
Diese Hoffnung soll formuliert sein – auch auf die Gefahr hin, einer verfrühten das Wort zu reden. Ich kann also die Nation nicht von der Heimat trennen und umgekehrt – und beide nicht von der Welt.
Aber warum auch? Heimat und Nation in der Welt sind keine sich ausschließenden Alternativen, sie sind gleichrangige Erfahrungs-Elemente unseres individuellen Seins, die zusammengehören.
Wir leben aus ihnen und sie in uns. So aber überleben wir alle, führt Trennung nicht zum Tode, verwandelt sich Entfernung nicht in Vergessen, wird aus Zweifel nicht Verzweiflung. Mecklenburg ist mir jedenfalls mehr als nur ein blasses Erinnerungs-Bild, das ich an diesem und jenem Feiertag hervorkrame, um festzustellen: Ach ja, da war doch mal was. Als Belege könnte ich jetzt eigene Verse und Sätze zitieren, aber das Selbst-Zitat liegt mir nicht so. Ich habe deshalb in meinen Büchern gesucht und Strophen gefunden, die mir – so grundverschieden sie in ihrer Sprache auch sein mögen – treffend zu benennen scheinen, was jene geistige Nähe zur Heimat betrifft. Da ist die erste Strophe des Gedichts »Dat plattdütsch Land« von Felix Stillfried:
»Ik weit en Land, wat mi gefôllt,/ wat mi gefôllt von Harten,/ wat mi in dusend Keden höllt/ alltid in Freu' und Smarten.«
Und nun, wobei es sprachlich kontrastreicher nicht geht, ein modernes Bekenntnis zu diesem Land – gedichtet von der Wahl-Mecklenburgerin Sarah Kirsch, die inzwischen auch eine von dort Vertriebene ist und in einem Dorf zwischen Hamburg und Bremen lebt. In ihrem Zyklus »Reisezehrung« finden sich diese Verse.
»Ich gedenke nicht am Heimweh zu sterben./ Unauslöschlich hab ich die Bilder im Kopf/ Die hellen die dunklen. Ich kann in Palermo sitzen/ Und doch durch Mecklenburgs Felder gehn/ Auf gelben Stoppeln schwenkt mir der Bauer den Hut./ Die Schwalben stürzen und steigen vorm Fenster/ Vertraute Schatten, sie finden mich/ Wo ich auch bin und ohne Verzweiflung.«

Heimat als »geistiges Wurzelgefühl«. Hier wird Eduard Sprangers Satz in unnachahmliche Bilder gebracht. Uns kann vieles im Leben entrissen werden – etwas jedoch nicht: »geistige Wurzeln« und die Bilder, die sie hervortreiben, die Landschaft, in der sie stecken. Wo wir auch sind, wir tragen sie bei uns – es sei denn, wir verstümmelten uns wissentlich selbst.

Dieser Abend scheint mir ein Gegenbeweis zu sein: Die Selbstverstümmelung findet nicht statt, wenn wir nur wollen. Insofern ist Heimat-Bewußtsein vor allem Selbst-Bewußtsein. Dafür plädiere ich. Wir Deutschen haben wieder Grund dazu. Und, wenn ein Spaß erlaubt ist, wir Mecklenburger erst recht, geschieht doch bei uns alles Wichtige erst 100 Jahre später.

Auf dieser Basis sollten wir uns die Nähe zur Heimat erhalten. Auf dieser Basis versuche ich, die Nähe zur Heimat mit Wörtern zu gestalten. Ich bin von Herzen dafür dankbar, daß man mir diese Nähe abnimmt und mich aus diesem Grunde mit dem Johannes-Gillhoff-Preis 1982 ehrt. Denn weder Alter noch bisheriger Umfang meiner literarischen Arbeiten lassen diese Würdigung als selbstverständlich erscheinen. Und so gerät in den Dank nicht zuletzt auch der Gedanke der Verpflichtung, die sich aus der mir zuteil gewordenen Ehre ergibt. Ich hoffe, ihr gerecht zu werden.

Rede aus Anlaß der Verleihung des Johannes-Gillhoff-Preises 1982 durch den Kulturkreis Mecklenburg e.V., Hamburg.

Biographische Angaben zu den Autoren

Norbert Behnk: Geb. 1949 in Wittenburg, Schule, Metallarbeiterlehre, Metallarbeiter, 1971 Bibliothekstechniker in Hagenow, 1972/73 Wehrersatzdienst bei einer Bausoldateneinheit der NVA, 1973 Fließbandarbeiter in einem Landtechnikbetrieb, 1976 Umzug nach Hagenow, Metallarbeiter, Initiator einer kleinen Galerie im Hagenower Gemeindezentrum, 1979 1. Einzelausstellung in der Hagenower Stadtkirche, danach Ausstellungen auf Schloß Mansfeld und in der Rostokker Marienkirche, seit dem 1.3.1984 in Hamburg, Ausstellungen in Uelzen und Ratzeburg, Studium an der Hochschule für bildende Künste in Hamburg.

Rosemarie Geiger: Geb. 1924 in Plau, Schule in Plau, Parchim und Waren, 1945 Eintritt in die CDU, Malunterricht, gefördert durch ein Stipendium, kunstgewerbliche Arbeiten, Ausstellungen, Gewerbeschein für Kunstgewerbe, 1951 Flucht nach Berlin (West), Studium an der Hochschule für bildende Künste, Eintritt in die Wissenschaftlich-Technische Dienststelle, ab 1960 Hausfrau, wohnt seit 1972 in Kaiserslautern, wo ihr Mann Professor für Physik ist, bis 1972 Bezirksverordnete in Berlin, seit 1974 Stadträtin in Kaiserslautern.

Friedrich Griese: Geb. 1890 in Lehsten/Kreis Waren, Lehrer, ab 1935 international anerkannter Dichter und Schriftsteller, verschiedene Literaturpreise, wohnte in Parchim und bei Lübeck, Mecklenburgischen Kulturpreis 1964, starb 1975 in Groß Grönau.

Carl Guesmer: Geb. 1929 in Kirch Grambow b. Rehna, Sohn eines Pastors, wuchs in Parchim auf, 1948 Abitur, lebt seit 1951 als Bibliothekar und Dichter in Marburg, 1962 Fördergabe des Lessing-Preises der Freien Hansestadt Hamburg, 1976 Förderpreis des Andreas-Gryphius-Preises, wichtige Bücher: »Geschehen und Landschaft«. »Lyrische Prosa«, »Auswahl. Gedichte 1949–1979«, »Zur Ferne aufspielen. Gedichte«.

Dieter Haker: Geb. 1936 in Neubrandenburg, aufgewachsen in Schwerin, 1953 Flucht nach Berlin (West), Landwirtschaftslehre in Westdeutschland, 1956–1960 Studium an einer Ingenieurschule für Wasserwirtschaft, 1961–1971 Werkstudent an der TH Graz, Dipl.-Ing., seit 1977 selbständig, lebt in Bäk/Mecklenburg.

Hans-Joachim Huhnke: Geb. 1924 in Schwerin, 1942 Abitur, danach ein Semester Studium der Medizin und Philosophie in Rostock, dann Theologie und Philosophie in Leipzig, ab 1944 wieder in Rostock, Dienstverpflichtung bei den Dornier-Werken in Schwerin, Volkssturm, 1945–1947 Vikar an der St. Nicolaikirche in Schwerin, 1947–1949 Fortsetzung und Abschluß des Studiums, 1949/50 Predigerseminar Schwerin, 1950–56 Pfarrvikar und Pastor in Pokrent, 1956–1977 in Wismar, Versetzung in den Ruhestand aus gesundheitlichen Gründen, Ausreise nach Westdeutschland, zunächst nach München, seit 1984 wohnhaft in Fürth.

Uwe Johnson: Geb. 1934 in Cammin, Pommern, als Sohn eines mecklenburgischen Landwirts und einer vorpommerschen Bauerntochter, bis 1944 aufgewachsen in Anklam, seit 1946 in Güstrow, Abitur an der dortigen John-Brinckmann-Oberschule, 1954 Austritt aus der FDJ, 1952–1956 Studium der Germanistik in Rostock und Leipzig, 1957–1959 aus politischen Gründen ohne Anstellung, lebt von Übersetzungsarbeiten, 1959 »Umzug nach Westberlin«, Arbeit als Schriftsteller, 1960 Fontane-Preis der Stadt Berlin (West), 1962 Rom-Aufenthalt in der Villa Massimo, 1966–1968 Aufenthalt in New York, 1971 Georg-

Büchner-Preis, 1974 Umzug nach England, auf die Themse-Insel Sheerness-on-Sea, 1975 Wilhelm-Raabe-Preis der Stadt Braunschweig, 1978 Thomas-Mann-Preis der Stadt Lübeck, 1983 Literaturpreis der Stadt Köln, stirbt am 24.2.1984 in seiner Wohnung in Sheerness, Hauptwerk: »Jahrestage I–IV«, bedeutendster mecklenburgischer Schriftsteller nach 1945.

Walter Kempowski: Geb. 1929 in Rostock, Sohn eines Reeders, Oberschule, Flakhelfer, Druckereilehrling, 1948 Verhaftung und Verurteilung zu 25 Jahren Zuchthaus durch die sowjetischen Militärbehörden aus politischen Gründen, 1956 amnestiert, 1957 Abitur, danach Studium in Göttingen, lange Zeit Landschullehrer, inzwischen freischaffender Schriftsteller, lebt in Nartum bei Bremen, 1972 Wilhelm-Raabe-Preis der Stadt Braunschweig, 1979 Niedersachsen-Preis, 1980 Jakob-Kaiser-Preis, 1981 Hörspielpreis der Kriegsblinden, neben Uwe Johnson der wichtigste mecklenburgische Gegenwartsautor, Hauptwerke: »Im Block. Ein Haftbericht«, »Tadellöser & Wolff. Ein bürgerlicher Roman«, »Uns geht's ja noch gold. Ein bürgerlicher Roman«, »Aus großer Zeit«, »Schöne Aussicht«.

Friedhelm Mäker: Geb. 1955 in Wismar, Grundschule, Bäckerlehre, Facharbeiterabschluß, 1972–1973 Bühnenarbeiter am Mecklenburgischen Staatstheater Schwerin, danach verschiedene Arbeiten, 1973–1975 Hilfspfleger in psychiatrischen Einrichtungen der ev. Kirche, 1975–1978 Ausbildung als Krankenpfleger im Ev. Sophienkrankenhaus in Weimar, lebt seit dem 15.2.1985 in Westdeutschland, arbeitet als Fachpfleger für Anästhesie und Intensivtherapie am Kreiskrankenhaus Rotenburg/Fulda, wo er auch lebt; seit 1972 Gedichte und Prosa, Veröffentlichungen seit 1982 in westdeutschen Zeitschriften, Zeitungen und Anthologien.

Hansjoachim Müller-Uibrig: Geb. 1919 im Vogtland, 1939–1945 Soldat, danach Arbeit als Geflügelherdbuchzüchter, ab 1972 in Bobitz/Kreis Wismar, 1972–1981 Arbeit im Pressewesen, Kirchenbuchamt und im Archiv des Oberkichenrats der Ev.-luth. Landeskirche Mecklenburgs, 1981 Ausreise nach Westdeutschland, lebt seitdem in Oberbayern, arbeitet freiberuflich als Publizist und regionaler Leiter des Ost-West-Studienzentrums Mainz e.V.

Ulrich Schacht: Geb. 1951 im Frauengefängnis Hoheneck/Sachsen, wo seine Mutter aus politischen Gründen inhaftiert war, aufgewachsen im Heimatort der Familie in Wismar, Grundschule, Bäckerlehre, Facharbeiterabschluß, Pfleger in psychiatrischen Einrichtungen der ev. Kirche, Studium der ev. Theologie in Rostock und Erfurt, Arbeit am Mecklenburgischen Staatstheater Schwerin, 1973 Verhaftung und Verurteilung zu einer siebenjährigen Freiheitsstrafe wegen »staatsfeindlicher Hetze« gegen die DDR, November 1976 Entlassung in die Bundesrepublik Deutschland, seitdem wohnhaft in Hamburg, Studium der Politikwissenschaft und Philosophie, seit 1984 Feuilleton-Redakteur bei der »Welt«, 1981 Andreas-Gryphius-Förderpreis, 1982 Stipendium des Alexander-Zinn-Preises der Freien und Hansestadt Hamburg, 1982 Johannes-Gillhoff-Preis des Mecklenburgischen Kulturkreises e.V., wichtige Bücher: »Scherbenspur. Gedichte«, »Traumgefahr. Gedichte«.

Martin Schumann: Geb. 1951 in Laage/Kreis Güstrow, Grundschule, Oberschule, 1970 Abitur in Calbe/Saale, 1970–1972 Wehrdienst bei der NVA, 1972–1980 Studium der ev. Theologie in Rostock und Berlin (Ost), 1978 1. Examen, 1980 2. Examen, nach Ausreiseantrag Arbeit in einem Alters- und Pflegeheim des Caritasverbandes in Berlin, Januar 1982 Ausreise nach Westdeutschland, lebt heute in Köln als freier Journalist.

Georg Graf von Schwerin: Geb. 1886 in Wolfshagen/Uckermark, Jurastudium, Tätigkeit als Landwirt, am 27.2.1915 Heirat mit Vera Gräfin Schwerin und Übernahme des Gutes Zettemin, 1945 Flucht nach Aumühle bei Hamburg, verschiedene Tätigkeiten, Gründung einer Fahrschule, starb 1971 in Berlin.

Wendelgard Trampota: Geb. 1927 in Wismar als viertes Kind eines Steuermanns und einer Putzmacherin, 1934–1942 Grund- und Mittelschule, 1943 Pflichtjahr auf Poel, anschließend Arbeit als Bürogehilfin, 1948 Stenokontoristin bei der Handwerkskammer, 1950 Verhaftung, Verurteilung zu 10 Jahren Arbeitslager durch ein sowjetisches Militärtribunal wegen »Verleitung zum Landeshochverrat«, von 1951–1954 Zuchthaus Hoheneck in Stollberg/Sachsen, 1954 amnestiert, ab März 1954 Arbeit als Sekretärin, von 1962–1978 Abteilungssekretärin auf der Matthias-Thesen-Werft in Wismar, lebt seit Dezember 1979 in Hamburg, Haftbericht in: »Hohenecker Protokolle. Aussagen zur Geschichte der politischen Verfolgung von Frauen in der DDR«, (Ammann-Verlag, Zürich 1984).

Lo Warnecke: Geb. 1913 in Wismar, Gutsherrin auf Gut Kraase, Kreis Waren, 1948 Flucht nach Westdeutschland, lebt in Hamburg, Arbeit als Malerin und Schriftstellerin.

Zu den Beiträgen und ihren Quellen

Georg Graf von Schwerin: Vertreibung aus Zettemin, aus: »Zettemin. Leben und Wirken auf dem geliebten Lande«, Selbstverlag, Hamburg 1961², S. 269–318.

Friedrich Griese: Ein Dichter muß gehen, aus: »Leben in dieser Zeit. 1890–1968«, Christian-Wolff-Verlag, Flensburg 1970, S. 245–259.

Lo Warnecke: Wie eine Handvoll Unkraut
Originalbeitrag

Rosemarie Geiger: Flucht nach der Scheinwahl
Originalbeitrag

Dieter Haker: Das Zentrum der Reaktion
Originalbeitrag

Hans-Joachim Huhnke: Kirchenkampf und langer Atem
Originalbeitrag

Wendelgard Trampota: Abschied von den Gräbern, den Lebenden entgegen
Originalbeitrag

Hansjoachim Müller-Uibrig: Die Hand nach dem Horizont ausstrekken
Originalbeitrag

Martin Schuman: Überwältigt von der Schönheit des Landes
Originalbeitrag

Norbert Behnk: Die Jugendträume gingen bald vorbei
Originalbeitrag

Carl Guesmer: Geschehen und Landschaft, aus: »Geschehen und Landschaft. Lyrische Prosa«, Gotthold-Müller-Verlag, München 1967, S. 7–30; »Mühlenstraße 40«, aus: »Zeitwende 7/69«, Hansisches Druck- und Verlagshaus, Hamburg 1969, S. 479–485.

Walter Kempowski: Rostock, nach siebenundzwanzig Jahren, aus: »Der Spiegel« Nr. 38 vom 15. 9. 1975, S. 128–137, leicht überarbeitete Fassung.

Ulrich Schacht: Wismar, die Tochter Lübecks, aus: »Deutsche Zeitung/ Christ und Welt« Nr. 31 vom 27. 7. 1979, S. 15, leicht überarbeitete Fassung.

Friedhelm Mäker: St. Georgen oder Abschied vom Drachen
Originalbeitrag

Uwe Johnson: Ich über mich, aus: Rainer Gerlach und Matthias Richter (Hrsg.) »Uwe Johnson«, suhrkamp taschenbuch materialien, Suhrkamp-Verlag, Frankfurt am Main 1984, S. 16–21.

Ulrich Schacht: »Ich kann in Palermo sitzen und doch durch Mecklenburgs Felder gehn«, aus: »Die Welt« vom 23. 10. 1982, S. 1, leicht überarbeitete Fassung.

Fotos: Hans-Jürgen Wohlfahrt, Hanjo Volster, Jürgen Ritter.

Herausgeber und Verlag danken den Autoren für ihre Mitarbeit und den Verlagen für ihre freundliche Abdruckerlaubnis.